中国教育和英国教育在很多方面显然存在巨大差异，这反映了我们发展历史的不同和教育理念上的反差，但我们可以相互学到很多，就如近些年我们双方的实践经历一样，这本书是对这一过程的贡献。

巴纳比·列侬

本书给中国学校教育工作者一个看待和反思中国学校教育的多元化视角。

书中涉及的英国教育所面临的诸多问题和挑战，其实是教育界所共有的，包括提升学校办学质量、教师质量、学生培养、课程设置和考试。本书经验对中国教育具有很强的启发作用。

曹文　范晓虹

更高的标准、更大的学校自主权、充分拓展能力的考试、打好基础——近年我们实施的所有教育改革都不是建立在理想上，而是简单地什么有效做什么。这就是巴纳比·列依在本书中所探讨的对当前教育所有好的（和坏的）引人入胜的评价。

这本书对教育寄予厚望，它无时无刻、无处不在地传达着这种希望。对于任何学校领域的从业者，无论来自独立学校、独立托管学校、综合学校或者私立学校，它都是必读之物。

—— 大卫·詹姆斯（David James）

布莱恩斯顿学校（Bryanston School）副校长，《世界课堂：应对当今学校十大挑战》主编

一部如何建设一所成功学校的精彩实操指南。分析切中要害、细致入微、覆盖全面。它让你重新思考你可能抱有的假设，如果你没有时间走访很多学校或者自己开展调研，那么这本书就是为你而写。它涵盖了所有这些内容，很精彩。

—— 凯瑟琳·博巴尔西恩（Katharine Birbalsingh）

校长，麦克拉社区学校（Michaela Community School），伦敦

对于任何一个关注教育的人来说，此书必读。巴纳比·列依的丰富经验以及他对近期科研的深度了解从每一页纸上展露出来。本书对学校为提供最高水平的教育需要做什么以及不要做什么进行了严谨的探究，它毫不留情地捕捉并批驳了对教育的错误认知，并提供了从英国一些顶级学校所收集的实用建议。每个学校员工的办公室里都应该放一本。

—— 罗宾·麦克福森（Robin Macpherson）

惠灵顿公学（Wellington College），教师职业教育主管

我去聆听一位领军的政治家或者权威人士的讲座的时候，期待得到三样东西中的任意一样——亲身经历的精彩故事、详实的分析和煽情的思辨。这三样期待很少能够同时被满足，经常听完了什么收获也没有。

但巴纳比·列侬的书却非如此，它的每一页都让这三点争先恐后地跃然纸上。我喜欢直来直去的判断，它全部源自作者在办学和参与政策制定方面的扎实经历。这些判断来自他多年积累的专业经验，读起来激动人心、欲罢不能。他谈及了家长和孩子、社会和国家对教育的担忧，并且深刻地领悟了国家教育举措的复杂性，即系统层面的驱动力结合个体的行为给教育质量带来的高低差异。

家长、政治家、教育工作者都应该读一读这本书，不是为了对教育的方方面面下定论，而是引发我们的思考，为什么这个教育体系如此表现和运作。

立刻行动起来，把课程大纲中的假大空从来之不易的专业知识中剥离出去。

—— 提姆·欧提斯（Tim Oates）
剑桥大学考评院测评研究与发展中心的主任

教育的承诺

英格兰成功学校实录

【英】巴纳比·列侬 著
曹 文 范晓虹 译

华东师范大学出版社
·上海·

图书在版编目(CIP)数据

教育的承诺:英格兰成功学校实录/(英)巴纳比·列侬著;曹文,范晓虹译.—上海:华东师范大学出版社,2020
 ISBN 978-7-5760-0731-2

Ⅰ.①教… Ⅱ.①巴…②曹…③范… Ⅲ.①基础教育-概况-英国 Ⅳ.①G639.561

中国版本图书馆 CIP 数据核字(2020)第 197548 号

教育的承诺:英格兰成功学校实录

著　　者　[英]巴纳比·列侬
译　　者　曹　文　范晓虹
责任编辑　刘　佳
特约审读　李　璨
责任校对　杨月莹　时东明
装帧设计　刘怡霖

出版发行　华东师范大学出版社
社　　址　上海市中山北路3663号　邮编 200062
网　　址　www.ecnupress.com.cn
电　　话　021-60821666　行政传真 021-62572105
客服电话　021-62865537　门市(邮购)电话 021-62869887
地　　址　上海市中山北路3663号华东师范大学校内先锋路口
网　　店　http://hdsdcbs.tmall.com

印 刷 者　常熟高专印刷有限公司
开　　本　787×1092　16开
印　　张　21.5
插　　页　2
字　　数　361千字
版　　次　2021年1月第1版
印　　次　2022年6月第2次
书　　号　ISBN 978-7-5760-0731-2
定　　价　68.00元

出版人　王　焰

(如发现本版图书有印订质量问题,请寄回本社客服中心调换或电话021-62865537联系)

版权声明：

Much Promise: Successful Schools in England

by Barnaby Lenon

Copyright © 2017 Barnaby Lenon

Simplified Chinese Translation Copyright © (herein insert the year of first publication of the translation by the Publisher) by East China Normal University Press Ltd.

This translation published by arrangement with John Catt Educational, Email: enquiries @ johncatt. com and InterGreat Education Group.

All rights reserved.

上海市版权局著作权合同登记　图字：09 - 2020 - 298 号

献给佩妮(Penny),茵迪亚(India)和弗罗拉(Flora)①

---

① 佩妮为作者的妻子,茵迪亚和弗罗拉是作者的两个女儿。

中文版序

这本书涵盖了两项内容：首先，它总结了近期与学校教育相关的科研成果，以及在诸如教师质量、育儿教育和学校组织这些重要工作上的最佳实践；第二，它详细描述了英格兰一些最成功的学校所采取的方法，特别是取得了好成绩的公立学校。

本书向中国读者全面介绍了英国的教育体系，读者可能对有些概念不熟悉，因为它们源于英格兰学校的历史发展过程。书中，我们采用了脚注的方式尽量将它们解读清楚。

我走访过中国的很多学校，所以，对中国的学校教育比较熟悉，我还参与建设了其中的两所，这一经历让我可以提出一些同时适用于中国和英格兰教育的观点。

首先，我们很难对学校做出放之四海而皆准的定论，即使在英格兰这样一个地域很小的国家，学校类型也百花齐放——大的、小的、公立的、私立的、小孩子的、大孩子的、选拔性强的和更多非选拔性的，它们都各不相同。

其次，我们不可能得出描述最佳学校特点的公式，需要因地制宜。比如，一所大部分学生来自低收入家庭的公立走读学校，和一所为富有家庭的孩子开办的收费寄宿制私立学校之间，就存在巨大差异。我们常常忍不住给所有学校做总结概括，但这通常是一个错误。再举一个例子，一所学校的校长有可能非常严厉，但仍然受到爱戴，并取得成功，但如果让他到另外一所学校当校长，就有可能不被爱戴，也无法做到那么成功。这都取决于整体环境。

中国和英国在很多方面显然存在巨大差异，这反映了我们发展历史的不同和教育理念上的反差，但我们可以相互学到很多，就如近些年我们双方的实践经历一样，这本书亦是对这一过程的贡献。

巴纳比·列侬
2019 年 5 月于英国伦敦

目　录

开篇　　　　　　　　　　　　　　　　　　　　　　　　　　　1

第 1 章——成功的学校　　　　　　　　　　　　　　　　　　8
第 2 章——成功的老师　　　　　　　　　　　　　　　　　　47
第 3 章——成功的学生？　　　　　　　　　　　　　　　　　88
第 4 章——成功的课程　　　　　　　　　　　　　　　　　　120
第 5 章——成功的家长　　　　　　　　　　　　　　　　　　149
第 6 章——成功的考试　　　　　　　　　　　　　　　　　　163
第 7 章——成功的理事　　　　　　　　　　　　　　　　　　192
第 8 章——约翰佩里恩小学，伦敦艾克顿区　　　　　　　　　209
第 9 章——托盖特小学，伦敦新汉姆区　　　　　　　　　　　213
第 10 章——方舟国王所罗门学校，伦敦玛丽勒伯恩区　　　　218
第 11 章——方舟博灵顿戴恩斯学校，伦敦翰墨史密斯区　　　225
第 12 章——西伦敦独立学校，伦敦翰墨史密斯区　　　　　　234
第 13 章——麦克拉社区学校，伦敦温布利区　　　　　　　　243
第 14 章——圣玛丽莫得琳学校，伦敦 N7 区　　　　　　　　254
第 15 章——德克森国王学校，布莱福德　　　　　　　　　　257
第 16 章——托依杜尔伊斯兰男校，布莱克本　　　　　　　　262
第 17 章——伦敦出色学校，伦敦新汉姆区　　　　　　　　　268

第 18 章——布莱顿学校　　　　　　　　　　　278

第 19 章——社会流动的难题　　　　　　　　　285

第 20 章——我们该做什么？　　　　　　　　　302

附录 1　英格兰教育的分类　　　　　　　　　　312

附录 2　英格兰教育专有名词解读　　　　　　　317

参考文献　　　　　　　　　　　　　　　　　　323

开 篇

英国教育体系大有可为。对于学业在前50%的学生来说,高质量的学校考试能够让他们进入一流大学。在过去30年,女生和少数种族学生取得了巨大的进步,来自贫困家庭的学生进入大学的占比也在增加。

但是,这一体系对于学业最差的50%却略逊一筹,对于男生和很多来自更贫困家庭的孩子来说更是如此。随着英国脱欧,并寻求发展全球竞争力,我们需要一个教育体系能够在英语、数学、职业道德和职业技能方面把垫底的50%大幅提升到高水平,我们必须志向高远。

我们知道我们能够成功,因为上百所优秀的学校已经证明了这一点,但是在技术和职业教育水准上我们相差甚远,这类教育可以提振英国经济,为许多学生提供更加满意的生活,这就是为什么我们可以说这个教育体系的特点是大有可为。

我写过上千份学期总结报告,把我的学生们描述得大有可为:这个词可以传递积极的观念,但又不承诺一定成功的结果。

在过去的35年,我大部分时间是在私立学校从教,近年来,我参与了私立和公立学校两边的事务,这两个领域一直在竞争,但是有很多值得相互学习的地方。私立学校拥有生均收入的优势,公立学校则可以不受费用的影响吸引学生。

最近几年,一些公立学校的校长或托管机构的托管人去私立学校参观,向它们学习。我担任了一所公立学校理事会主席以后,决定做同样的事情。首先,我去美国参观了特许学校①,然后,在丽兹·尼克尔(Lizzie Noel)和丽贝卡·库尔森(Rebecca Coulson)的热心帮助下,我参观了英格兰一些令人感兴趣的学校,特别是那些让弱势背景的学生获得出色成绩的学校,在这本书里,我会介绍它们的做法。

我得到了牛津教育学院的帕姆·萨姆恩斯(Pam Sammons)和史蒂夫·斯特兰德

---

① 特许学校:Charter School,专指那些接受政府资助但又独立于当地公立教育体系的学校,是一种公立教育的创新模式。

(Steve Strand)教授的出色指导,还有私立学校协会①的多纳·史蒂芬斯(Donna Stevens),约翰森·帕克斯(Jonathan Parkes)和陈顺凯(Shun-Kai Chan)在数据和背景调查上给予的帮助。

在英格兰,谁在掌控公立教育体系?

1. **教育部协同财务部**确定学校的生均费用,并负责确定学校是否需要中央政府干预的衡量标准。这些标准被称为**最低标准**(floor standards),比如,2016年英格兰小学的最低标准是:"65%的学生必须在阅读、写作和数学上达到预期的水平,学校在这些科目上必须实现高过一定门槛的成绩提升。"初中学校的最低标准是八门成绩进步值②达到-0.5(见第290页),还有一类被称为"滑行③"状态的初中学校八门成绩进步值则低于-0.25。

除了最低要求,还有**成绩排行榜**(Performance tables),将每所学校相关的数据进行了更大范围的排序,包括公立和私立学校。成绩排行榜是为了方便家长了解学校,但是它被解读歪了,变成在一些衡量标准上将学校与其他类似的学校做了排名。

从2010年开始,政府加速了始于上一届工党政府的**独立托管**(academisation)项目的进程,将学校从地方当局的掌控中剥离出来,交给独立的理事会,许多这样的独立托管学校现在都成为"联合教育托管机构"(Multi-Academy Trusts,缩写为MATs)学校的一员。

教育部还决定学校的建立方式,最近几年,它热衷于建立**独立学校**(free school)——由当地的家长或老师、其他优质学校或者独立托管连锁机构、商人、当地政府或者大学建立起来的学校。希望建立独立学校的人只有证明他们有建校的能力和专业性,才能够被批准筹建。一旦开校,独立学校就成为独立托管学校,和其他独立托

---

① 私立学校协会:Independent School Council,简称ISC,它聚集了英国七个学校组织,成员覆盖了超过1 260所英国的私立学校,大约50万名学生,占英国私立学校总学生人数的80%。
② 八门成绩进步值:Progress 8 measure,是英国政府2016年全面实施的一项旨在监测学生从小学毕业到初中毕业这段时间的进步的指标,是通过将学生的成绩同那些起步阶段水平类似的学生相比较得出的进步分数。如果这个值是零,表示没有进步也没有退步,如果是+,表明取得了进步,如果是-,表示退步了。
③ 滑行:coasting,用于形容汽车在没有踩油门的情况下自动滑行的状态,这里是指没有努力做到更好的那些学校。

管学校没有什么不同。

教育部的大臣们还在学科专家的指导下确定新的国家课程大纲，甚至具体的课程方案。

2. **地方政府**。多数小学和很多初中学校仍然由当地政府运营，但是数量在稳步缩减，因为学校被独立托管机构接管了。这种情况，连同预算削减，意味着当地政府以往给予学校的服务也在逐步减少。地方政府管控的学校被称为**保留学校**(maintained school)，必须执行国家课程大纲，而独立托管学校则不用。

3. **教育托管机构**。那些被教育部批准可以运营学校的托管机构，或单个或连锁，它们比地方政府管控的保留学校拥有更大的自由度。

2002—2010年是第一次独立托管学校热潮，这些学校办得不尽人意，被称为**资助型**独立托管学校(sponsor academies)。

第二次热潮是在2010年以后，这些学校被英国教育标准局(Ofsted)[①]评为良好或杰出，它们被称为**转变型独立托管学校**(converter academies)。

4. **教会**。在英格兰2万所国家资助的学校中，大约有三分之一的学校是宗教学校，其中，68%是英格兰教会学校，30%是罗马天主教会学校。这些学校很多是由教会创建和资助的，但是后来改为地方政府资助，形成教会和地方政府双重管控的局面。近年来，英格兰教会资助了很多成为独立托管学校的学校，这样做强化了它们的权力和责任。

5. **地区学校委员会**为教育部工作，就本地区的教育情况提出建议——如何应对越办越糟的学校，如何在学生人数增加的情况下提升能力，帮助学校转成独立托管学校，鼓励学校加入或者组建联合教育托管机构。

6. **英国教育标准局(Ofsted)** 督查学校并评估打分，如果学校成绩很差，就会在相对短的时间内再接受督查，如果发现学校极其糟糕而且没有改进，教育部会采取措施把学校变为独立托管学校或者更换学校理事会的理事。

Ofsted在一定程度上独立于政府。

7. **教学培训**有多种形式。大学为本科生和研究生提供师范专业课程，许多优秀的学校运营教师培训学校联盟(Teaching School Alliances)或以学校为中心的初始教

[①] （英）教育标准局：Office for Standards in Education，缩写为Ofsted，该局定期对英国公立学校和部分私立学校进行督查，发布督查报告。

师培训(school-centred initial teacher training,简称为 SCITTs),它们为当地学校提供教师培训。

8. **英国资格与考试办公室(Ofqual)**[①]管理着考试体系,独立于政府的程度较高,考试局和它们的协调机构证书管理联合委员会(Joint Council for Qualifications,缩写为 JCQ)制定包括 GCSE[②] 和 A-level[③] 在内的公共考试。

所有的证书都划归到九个级别中的一个级别中,这样使用者就能够知道它们之间的相对难易关系,从起始级开始,然后是 1 到 8 级,如果 GCSE 成绩达到 4—9 分[④],则属于 2 级,A-level 属于 3 级,荣誉学位是 6 级,博士学位是 8 级。

9. **实习与技术教育学院**(The Institute for Apprenticeships and Technical Education)就如同它的名称所说的那样,雇主们在帮助学院建立和提供职业课程和实习机会上扮演重要角色。

10. **教育和培训基金会**(The Education and Training Foundation)为学校和老师提供职业课程和实用技能证书。

11. **标准和测评机构**(The Standards and Testing Agency)制定小学测试。

12. **大学**通过确定它们的入学资格要求对教育体系施加影响。

2015 年 12 月,我向全政党教育选择委员会(All-Party Education Select Committee)提交了一份书面文件,阐述了英格兰为各年龄阶段孩子提供教育的目的。

在英格兰,为各年龄阶段孩子提供教育的目的是什么?

1. 主要目的应该是传输重要的人类知识,采取的方法应该是确保学生们在离开学校以后能够记住其中大部分内容。

---

① 英国资格与考试办公室:Office of Qualifications and Examinations,缩写为 Ofqual,专门负责监管英格兰的考试、测评和证书,以及北爱尔兰的职业证书。
② 英国的普通中等教育证书:General Certificate of Secondary Education,缩写为 GCSE,可以理解为英国的中考。
③ 英国的普通中等教育高级证书:General Certificate of Education Advanced Level,缩写为 A-level,英国大学的录取主要看三到四门 A-level 课程的考试成绩,不同专业对课程选择的要求不同,可以理解为英国的一种高考类型。
④ 英国的 GCSE 课程大纲和考试从 2015 年开始经历了重大改革,其中包括评分系统,在改革前是按照 A*/A/B……这样的字母表示成绩等级,改革以后采用了 1—9 分制,目前两个评分体系并存,如果学生的 GCSE 成绩是字母,表示他们参加的是改革前的课程考试,如果是 1—9 的数字,则表示他们参加的是改革后的课程考试。

2. 重要的知识包括提供基本生活技能,能够让学生理解世界,为他们在离开学校以后发展相关的兴趣奠定基础,同时,能够直接或间接地引导就业。

3. 基本生活技能在很大程度上由父母传授,如果父母没有做到,学校就需要填补这一空白——阅读和写作能力、口语表达能力、基础算术、基础计算机技能、专注力、记忆力、刻苦学习、成为团队给力的一员、灵活应对困难、井井有条、建立良好的人际关系、健康地生活。那些父母得力的孩子,学校需要教授的基本技能包括英语、数学和一小部分信息技术。那些父母不怎么得力的孩子,学校要做更多的事情,包括教会孩子如何举止得体、管理自己、好好吃饭和保持健康。

4. 帮助学生了解世界,特别是历史、地理、科学和宗教教育的作用。这些学科让我们读懂世界和我们在其中的位置,赋予我们看待事物的视角。

5. 为发展课外兴趣打下基础,是学校所有课程的作用。所有课程都能物尽其用,包括运动、艺术、设计技术、戏剧、音乐、语言和文学——这些人类所从事的领域都是让生命拥有价值的一部分。拉丁语和希腊语是两门彻底"无用"的课程,却会给能力最强的学生带来极大的享受。我教的很多学生参了军——这是他们在学校参加军训队[①]发展出来的兴趣。哈罗公学曾经激发过丘吉尔的课程是艺术、历史和哈罗步枪队——这些贯穿他一生的爱好要不是被课程挖掘出来,就会与他擦肩而过了。

6. 一些学校课程只要附加进一步的培训就可以直接就业——包括计算机编程、设计技术、A-level科学和继续教育学校[②]的职业课程。职业课程的专业化应该开始于16岁,而不是这之前。

7. 学校教育的目标可以在1万小时内实现。不是所有的目标都能够在这一时间内完成,如果你把时间专门用于性格培养、公民意识、英国价值观或者PSHE[③],那就要砍掉其他东西。家长和政治家们总想着建议学校采取"教会这件事"的方法解决社会问题,但从来不讨论该砍掉什么以便腾出更多的时间来。教育的多重目标超过了可提供的时间。

---

① 军训队:combined cardet force,由英国国防部资助的一个英国青年组织,其目标是为学校提供一个规范的组织,通过训练,提高学生的责任感,塑造独立自主、足智多谋、容忍和坚持等品格,培养学生的领导力。
② 继续教育学校:FE College,即 further education college,这与中国大学的继续教育不同,这些学校面向的是高中教育。
③ 个人、社会、健康和经济教育:Personal, social, health and economic education,缩写为PSHE,是英国教育部于2000年提出的一个综合课程。

8. 对我的建议案，有人会理直气壮地回应，诸如说"教育的目标是培养善良的人和好公民。"这些是合乎情理的愿望，但是它们更多的是家长的责任。如果你将视线从游戏的重点——增进孩子的知识——转移，你会输掉比赛，所有学校都以培养善良的人和好公民为目标，但这是学校主要功能的衍生产品。

9. 有些人会说"教育的目标是构建一个更公平的社会"，不对，这不应该是目标，而应该是给所有孩子提供优质教育的重要附加结果，如果你将实现公平作为主要目标的话，你就没有看到游戏的重点。

目前英国的教育体系表现得如何？

1. 国际比较告诉我们三件事：整体来说英国不够重视数学，但是比东亚更重视其他科目；同其他表现优异的国家和地区相比，在能力的高分段我们做得很好，在能力的低分段我们垫底。由于我们的公共考试①结果与社会阶层关联紧密，意味着弱势背景的学生无论是同英格兰的同学相比，还是和那些弱势背景的东亚学生相比，都很糟糕。

2. 英国的当务之急是提升垫底的30%的学生的公共考试成绩，包括白人工人阶层家庭的男孩子们。

3. 取得GCSE的C/4② 成绩不难，我的一生都在教那些能力不济的男孩子，只要将严明的纪律和引人入胜的教学相结合，就能够取得比GCSE C/4要高得多的成绩。许多优秀学校的成功秘诀是：他们从认为所有学生能够而且必须取得好成绩的假设入手，英格兰大多数没有取得GCSE好成绩的孩子部分是因为意愿不强，那些让弱势背景孩子取得出色成绩的学校告诉我们他们能够做得更好。

4. 英国的教育体系容许学生在16岁的时候就专注有限的几门课程，这是好事，只要他们有足够的语文和算术能力，这种专注力可以让他们聚焦自己喜欢或擅长的科目，这可以带来动力，做事有动力非常重要。强迫16岁以后的学生学习一大堆课程，比如数学、科学和现代语言，会让很多孩子没有动力，使他们不能学习他们可以学得好的课程。

---

① 公共考试：public exam，指英国统一组织的考试，比如GCSE、A-Level等，类似中国统一实施的中考或者高考类的考试。
② 第4页的脚注已对此解读，GCSE改革前使用字母表示分数等级，改革后使用1—9的数字表示分数等级，改革前的GCSE成绩C相当于改革后的4分，可以理解为及格成绩。

5. 英国没有足够重视口语表达能力。弱势家庭的学生也许能够拿到考试成绩，但是如果他们口才不好，成绩难以给他们带来好的工作。

6. 很多学校对运动、社会和活动重视不够，这些可以培养领导力和团队合作，学校留给它们的时间太少了，而把更多的权重放在了考试成绩上，因为教育部就是用成绩考察业绩，Ofsted 的督查也对那些考试不会涉及的能力给予很少的权重。

第1章　成功的学校

研究成果一览

针对人类的每一个问题,总有一个众所周知的解决方案:有条有理、似是而非和大错特错。

——H. L. 门肯①,1920

---

① 亨利·路易斯·门肯(Henry Louis Mencken),1880年7月12日—1956年1月29日,美国记者、作家、评论家,《美国语言》的作者。

1.1 成功学校的定义

给我们所说的成功的学校下定义绝非易事。过硬的考试成绩是简单方便的衡量标准，但是孩子们的背景会对它产生很大的影响。虽然位于中产阶层居住区的学校的成绩会好于那些位于弱势群体居住区的学校，但它们可能仍然无法把学生培养出来。

成绩进步（一段时间后，学生与开始时处在同一水平的其他学生相比的进步程度）显著似乎是一种更好的衡量标准，因为一所学校只有教学卓著才能取得这样的结果。尽管如此，我们也必须要考虑到动力更足、能力更强的学生更容易取得成绩进步。

保持学生升学结果的良好记录也很重要。学生的去向（比如，他们去了哪所大学或者职业教育学校）是对考试成绩和职业生涯/UCAS① 指导质量的检验。

Ofsted 督查报告成绩也是一项衡量标准。对家长来说，它的成绩应该是一个可靠的指标，而且一般情况下确实如此。但是，教育政策研究院（Education Policy Institute）在 2016 年发表了一项报告，他们对比了 2005 年到 2015 年的学校督查结果，发现 Ofsted 的督查成绩与单纯的考试成绩关联度过高，以往的研究者也有类似的发现。那些没有弱势背景学生的学校能够取得不错的考试成绩，并获得 Ofsted 的高分评价，而那些弱势背景学生集中的学校考试成绩糟糕，督查成绩也糟糕。Ofsted 几乎没有关注成绩进步这一指标：中产阶层学校即使成绩进步不显著，也能够拿到比那些位于弱势地区但成绩进步显著的学校更好的 Ofsted 督查成绩（哈钦森 Hutchinson，2016）。

软实力也至关重要。随着上大学的遥不可及感逐步减弱，家长们更加意识到软实力的意义。萨顿信托②（Sutton Trust）对 1980 年到 1997 年私立学校获得免费或资助学位（Assisted Place）③的学生进行了调查，发现这些学生在自律、自主、志向、好奇心、交流能力、文化成熟度和自信方面超过了和他们处在相似水平的公立学校的同学们。调查总结道：这就是这些学生在后来拥有更好的职业和更高的收入的原因（萨顿信

---

① （英国）大学和学院招生服务系统：Universities and Colleges Admissions Service，缩写为 UCAS，相当于我们的高考志愿填报系统，但其所提供的服务更多。
② 萨顿信托：Sutton Trust，英国一家机构，致力于通过项目、科研和政府谏言促进社会阶层的流动。
③ 资助学位：Assisted Place，英国保守党政府于 1980 年开始实施的一项政策，学生在收费的私立学校的入学考试中的成绩如果能够达到前 10%～15%，他们可以免费或获得部分资助在私立学校就读。

托,2012)。因此,学校通过诸如运动等活动发展学生软实力的程度,也应该被评估。

有些学校拥有不错的平均成绩,但是在平均的后面存在着从高分到低分之间的巨大差距。最成功的学校会让所有学生获得好成绩：所有年级、所有种族、男孩和女孩、能力强的和能力弱的、来自优越家庭的和来自弱势背景的学生。

1.2 国际教育比较

1. 同其他国家相比,英国做得好吗?

上个世纪 90 年代中开始实施的三项测试让我们可以在国家之间进行比较,它们是国际数学和科学学习趋势测试(Trends in International Mathematics and Science Study,缩写为 TIMMS)、国际读写素养进步测试(Progress in International Reading Literacy Study,缩写为 PIRLS)和国际学生测评项目(Programme for International Student Assessment,缩写为 PISA)。这三项测试不尽相同,参与国家的排名结果也随之不同,它告诉我们依靠任何一个单一的测试都是危险之举。

英格兰[①]在 1995 年的 TIMMS 数学测验中表现不佳,在五年级和九年级都没有达到国际中位值,引发了数年后面向小学实施的国家算术提升策略。从那以后,两个年级在数学测试中的表现都显著改善,特别是五年级,现在已经远远超过了国际中位值。

2015 年,TIMMS 测试了来自 57 个国家 9—10 岁和 13—14 岁学生的数学和科学知识(格蕾妮 Greany 等人,2016),东亚国家占据了顶尖位置,英格兰和这些国家的差距在拉大。然而,英格兰五年级和九年级学生们在数学和科学的平均表现仍明显地高于国际中位值：五年级的数学在 49 个国家中位于第 10,九年级数学在 39 个国家中位于第 9；五年级的科学在 47 个国家中位于第 14,九年级的科学在 39 个国家中位于第 8。

2015 年 TIMMS 的结果暴露了英格兰学生的三个问题：同其他国家相比,他们在五年级和九年级之间的数学上几乎没有进步；在表现优异的国家中,数学和科学均取得高分的学生比例高出很多；同大多数这样的国家相比,英格兰优势背景的学生与弱

[①] 著者原文中以 England 指代英格兰地区,以 UK 指代英国国家,译者在翻译时遵循原文。——译者注

势背景学生的差距更大。

PISA 在三项国际测试中最为人知,它由世界经济合作与发展组织(Organisation for Economic Co-operation and Development,简称为 OECD)提供资助,从 2000 年开始,每三年举办一次考试,称得上是考察学校教育有效性的最严谨的项目。

PISA 采取机考方式,从每个国家抽取 15 岁学生的样本,覆盖了对阅读、科学和数学的考察。之所以从 15 岁学生中取样是因为大多数 OECD 成员国的学生在这个年龄完成了义务教育。测试的内容与学校课程之间没有直接关联。

PISA 还增加了一些问题,以便发现这些学生就读学校的情况、学生的社会经济背景以及他们对学校的态度。

教育研究国家基金会(National Foundation for Educational Research,缩写为 NFER)负责 PISA 在英格兰的实施,没有被取样抽中的学校可以作为"额外学校"付费参与 PISA 测试,所有学校都会得到结果反馈。2015 年,5194 名英格兰学生参加了测试。

自 2006 年以来,英格兰的 PISA 成绩绝对值持续保持稳定,但同其他国家相比,排名在下降。在过去的十年,威尔士的科学平均成绩和苏格兰的数学平均成绩在持续降低,在其他国家(特别是亚洲国家)进步的同时,用 OECD 教育部长的话说,英国"停滞不前"。在 2015 年的测试结果中,英国的科学在 72 个国家中位于第 13,阅读位于第 17,数学位于第 26。英国 15 岁孩子的数学能力比新加坡和中国 15 岁学生落后两个学年。

OECD 将一年的学校教育折合成 30 个 PISA 分值,所以,如果英格兰 2015 年 PISA 的数学得分是 493,新加坡是 564,意味着这之间有 2.4 个学年的差距。

在数学上,我们得分最低的学生比其他很多国家低分学生的成绩更低,在 2015 年,22% 的英国学生没有达到数学的第二个级别[①],这意味着他们"不能解决大人们在日常面对的那些问题"。

PISA 结果对全球的教育体系具有重要的影响。2010 年,英国政府启动了在英格兰的改革,在白皮书的前言中,首相说道:"同我们的国际竞争对手相比我们做得怎么样,这一点最关键。"

这个想法也影响了 2011 年英国全国课程大纲的审核,提姆·欧提斯(Tim Oates)[②]指出:"我们的国家课程大纲内容应该向那些表现优异的国家和地区的课程

[①] Ofqual 将英国的教育证书分为八个级别(level),第二个级别对应的是 GCSE 的 A*—C 的成绩。
[②] 提姆·欧提斯:剑桥大学考评院测评研究与发展中心主任。

大纲靠拢……"

　　PISA 最有价值的贡献是发现那些在成绩上进步显著的国家,由此我们可以去探究它们如何取得了这样的进步。德国在 2000 年的 PISA 测试中成绩不佳——被称为 PISA 之警醒——之后实施了明确和统一的课程大纲,界定了每个年龄段学生的具体学习内容,这一举措在提升成绩和保障公平(指不同年龄段组学生的分数差别)上发挥了作用。

　　大家对于 PISA 的主要担忧就是它的影响力太强了,部分原因是媒体钟爱 PISA 做出的这样的成绩排名。PISA 并不测试创造力,或者其他那些令人幸福和成功的特质,但是很多国家和地区都把 PISA 目标作为它们国家计划的一部分,甚至有些地方,比如迪拜,把 PISA 成绩作为他们国家吸引潜在投资人和雇主的手段。

　　不要天真地认为亚洲国家在 PISA 测试上的优异成绩归功于它们的课堂行为,这很可能与它们要对学生学业成功负责的大文化①有关。因此,要求英国学校采取亚洲国家的课堂教学方法被社会学家称之为"范畴错误"。

　　在有些国家,PISA 享有更高的重视度,它们针对 PISA 考试修改课程大纲,试图提高 PISA 成绩,然而,它们在 PISA 成绩上的成就并不意味着它们拥有"卓越"的学校。

　　很多在 PISA 考试上表现优异的国家或地区小且社会形态相似:如新加坡、芬兰两国,以及中国上海、香港和台湾地区。不应该把它们与那些地域广阔且种族多样的国家或地区相比较。

　　PISA 基于成绩和其他因素之间的相关性发布很多报告,比如,PISA 声称成绩高的国家和地区给予学校更多的自主权(这一观点影响了现在的英国政府),但是,我们都知道相关性并不意味着因果关系,珍妮特·奥斯顿(Janet Ouston)(1999)发现一所学校的盆栽植物数量和考试成绩紧密相关②,有些 PISA 结论有可能误导我们。

　　我们好好研读一下 PISA 的报告,就会发现它的排名存在很大的偏差。一个国家可能实际排名在第 19 到第 27 之间,但媒体报道时,会说取得了第 23 名。

---

① 大文化:Wider culture,即指对于学校教育的理解不是仅限于课堂与成绩的范畴,而是有更广阔和多元的文化理解。
② 作者想表明我们不能基于这样的发现,就引进盆栽植物,期待它们能够带来学校成绩的提升。

为什么中国和日本的学校比美国学校更出色？

读者可以阅读史蒂文森（Stevenson）和史蒂格勒（Stigler）(1992)以及克兰汉（Crehan）(2016)的著作，进一步了解这些国家和地区的教育与英格兰教育之间的比较。

文化因素

1) 中国人和日本人更看重学业成功，学校可以指望家长给他们的孩子学业上的支持。

2) 美国人相信智商的重要性，所以，如果一个孩子成绩不佳，就怪能力不行，因此，学校动力不足。中国人和日本人相信努力的作用，如果一个孩子成绩不佳，意味着老师和孩子要更加努力，从而学校动力十足。

3) 美国学校被要求面面俱到：健康教育、社会教育等等，而东亚的家长会承担这些教育，学校则集中教授传统的课程。

4) 美国老师缺乏社会地位，教师在中国和日本被视为重要的职业。

5) 美国的家长感觉游离在学校生活之外，而中国和日本的家长深度参与他们孩子的学校事务。

6) 美国人对于他们孩子所达到的学业水平持有不切实际的乐观态度。

学校因素

1) 美国老师的培训比较肤浅，没有共识的知识体系（不像其他职业）。在中国和日本，学校提供老师的培训，在有经验的老师的指导下长期持续进行。

2) 美国的班级规模很小，这意味着要想让学校系统在财务上可持续运作，老师们必须承担更长时间的教学工作。在中国和日本，班级规模大，老师们可以有更多的时间设计高质量的课程，并且向其他老师学习。在美国，老师平均每周的上课时间是26.8小时，日本是17.7小时。

3) 美国关注个体，很多精力用于帮助那些弱势或棘手的孩子，中国和日本关注集体，所以有更多的整班教学。史蒂文森和史蒂格勒在研究美国的老师时发现，他们将46%的时间用于全班教学（其他时间他们用于个别学生或者小组），在中国台湾，这个数字是 90%。整班教学可以让所有孩子取得进步。

4) 在美国，老师们相信最好的老师是那些对孩子的需要保持敏感的人，中国和日本则认为最好的老师是那些清晰讲解知识的人。

5) 在美国，学科教育开始得很早，许多孩子缺乏学会这些的认知能力。在中国和日本，早期教育聚焦在扩充词汇、社会能力和课堂常规上，学科教育一旦开始，这些可以让孩子们学得更加顺利。

6) 在美国，学校试图快速制定一个面面俱到的课程大纲。在东亚，他们稳扎稳打，确保每个孩子掌握了课业之后再继续学习。

7) 在美国，由于人们相信基因智商的重要性，孩子们会被根据能力分班。在日本和中国，由于他们相信所有的孩子都能够成功，他们不按能力分班，这预示着只要自我努力，就能够成功。

8) 在美国，没有跨州的统一课程大纲，因此教学资源的研发和完善比不上所有孩子都学习统一课程的日本，中国和日本的教材比美国的要好很多。

9) 在美国，学生在校时间是每天 7 小时，而日本和中国是 9 小时，美国一学年是 180 天，日本是 240 天。

10) 在美国，孩子们的课后作业要少很多。

11) 在美国，孩子们的课间时间不足，导致他们上课无法集中精力。

12) 中国和日本的孩子要学习常规纪律，比如：如何在一堂课开始时做好准备。在美国，他们不给孩子讲这些，结果很多时间都被浪费在了维持纪律上。

13) 在亚洲，学校强调把同班的孩子分成小组，每个组负责监管各自的行为，相互合作以取得好成绩。

2. 麦肯锡公司（McKinsey）的全球调研

迈克尔·巴伯（Michael Barber）爵士曾是英国首相托尼·布莱尔（Tony Blair）首任期间的英国教育大臣的首席顾问。在他的授意下，咨询公司麦肯锡完成了一些优质的国际比较研究:"世界表现最佳的学校体系如何成为最佳"(2007),以及"世界进步最大的学校体系如何持续进步"(2010)。

最有趣的是,这些报告指出以下这些因素对改善教育的作用并不大:

1) 降低班级规模并无很大作用

研究早就发现班级规模和成绩之间相关性不高(见第71页)。在美国,1970年到2005年期间,学生和老师的比例从58∶1降低到42∶1,但是阅读成绩并没有改善。

原因之一是降低班级规模就需要聘用更多的老师,而好老师数量有限,因此,学校不得不聘用更多的老师,而其中能力弱的老师的数量也就越多。

绝大多数老师更喜欢小班教学而非大班授课,原因不言而喻,因此,他们总会投票支持降低班级规模。但事实上,让你的孩子在大班跟着一名出色的老师学,比在小班跟着一名能力弱的老师学更好。

2) 按照能力分班或分流会伤害能力弱的学生

能力强的学生可能会从中受益,但被分到底层的学生通常比他们在混合能力班级的表现更糟。

3) 上学时间早晚没有很大影响

在芬兰,学校教育从七岁开始,最初两年每天只有四小时在校时间。但是,到了15岁,他们的PISA成绩居欧洲之首。

当然,这一发现可能不适合贫穷背景的孩子,因为他们在家里得不到什么教育。至少在英格兰,有很多证据表明早期的学校教育干预会让这些学生有很大的不同。

4) 中央政府管控的松紧程度没有很大影响

在具有杰出教育成就的新加坡,学校受到统一管控,而在教育成就同样杰出的芬兰,学校独立于政府。

真正改善教育的是教师的质量。2007年,麦肯锡的调研报告指出:"所得到的证据表明,学生在学校学习的不同表现最主要的驱动因素是老师的质量。"

这似乎显而易见,但却是值得反复强调的显而易见。为了应对英格兰最大的教育问题(30%垫底的男生),我们不需要重新组织学校,或者推翻课程大纲,我们只需要培养或者聘用优秀的老师来教这垫底的30%。特别是小学阶段极为重要,因为一旦学生掉队,他们就会一直掉队。在英格兰,那些在测试中没有能够达到最低水平要求的11岁的学生,大都无法继续取得GCSE的好成绩。

麦肯锡报告建议采取以下两个方法确保教师质量:

1）只聘用好老师

大多数优质教育国家严格控制教师培训的入门课程。在芬兰，只有前 10% 的毕业生才能成为老师，而且只有十分之一的教师培训申请者能够被录取。由此，教师的职业地位被提升，国家教育也因此进入良性循环。

在所有最佳教育体系中，包括英格兰的教育系统，年轻老师的待遇很高。人们不会因为想挣钱而从教，但作为职业地位，起始薪资与国家毕业生的常规待遇接近非常重要。

老师的聘用容易出错，有些进入了教师培训课程的老师被发现能力不行，因此，大多数最佳教育体系为学校解聘这样的老师提供了便利。英格兰实施了一项政策来强化教育体系：老师需要通过一年试用期后才能够获得授课资质（合格教师资格）。

2）培养招聘来的老师，使他们保持优秀。

但是麦肯锡的跨国调研表明：让老师改进或者让他们采取不同的方法教学并非易事。绝大多数老师一旦建立了一种做事习惯，就不太情愿去改变。

这些国家采取了以下一些方法，成功地促使现有老师提升了教学能力：

a) 组织专家级的老师进行课堂观察，就观察到的现象给予一对一的反馈。这很有效。

b) 老师们一般都独自工作，但是，在优秀的学校，老师们在编写教案和研发资源上相互合作，并且相互听课，相互辅导，把对最佳方法的反思当作工作的常态。在芬兰，老师们每周会有一个下午的时间和同事们开会。这很有效。

c) 英国针对小学的国家语文战略始于 1998 年，聚焦在每个孩子每天一小时的英语课程上。经过培训的专家团队深入到学校，培训每一位老师运用合成字母拼读法教阅读。三年之后，学生的阅读能力得到显著的改善。这很有效。

d) 所有研究都表明，一所学校如果没有一位优秀的校长就难以成功，优秀的校长能够给一所薄弱的学校带来蜕变。世界上表现优异的学校给予校长充分的时间来培养他们的老师，他们花很少的时间做行政，更多的时间做教师培训。这很有效。

麦肯锡发现所有优质的学校体系都具备如下共同点：

1）他们对学生抱有高期望值，他们为学生设定清晰和远大的可实现目标，他们相信所有学生都**能够表现出色**……聪明的学生会前进得快一些，不是那么聪明的学生只是因为不够努力或者教学不给力才难以成功，而不是因为他们自身的能力。

在芬兰,如果学生掉队,就会被请出课堂,享受一对一或者小组辅导直到他们跟上。难以置信的是,有30%的学生都曾在某年接受过这样的支持服务。额外的辅导由专业教师担任,同其他老师相比,他们要接受多一年的培训,并享有更高的工资。如此高比例的学生接受额外的辅导,我们可以这样认为——有时优秀的学生也被送去接受额外课程,因此,这并不是只为学习不好的学生提供的服务。

2)他们在小学阶段注重语文和算术教育。

3)他们确保教育目标可以被衡量和监测,因此,学校需要对教学结果负责。

3. 为什么芬兰如此出色?

芬兰为我们理解学校成功因素的复杂性提供了很好的样板。2001年12月,PISA发布了2000年的测试结果,芬兰升格为全球表现最佳的国家,人们蜂拥而至,试图找到它如此出色的原因。他们观察学校原本的状态,得出了一些结论,然后照搬到自己的国家:芬兰学校拥有高度的自主权,没有国家级的督查和测试,没有私立学校等等。

提姆·欧提斯(2015)和加布里埃尔·海勒·萨尔格林恩(Gabriel Heller Sahlgren)(2015)深入调研了"芬兰奇迹",得出的结论是,芬兰在2000年PISA测试中所取得的成就,实际上是上个世纪60年代、70年代和80年代教育改革的结果。战后初期,芬兰很贫穷,它经历了内战,整个国家缺乏文化认同。政府寻求通过教育来解决这三个主要问题。芬兰的学校迅速进步,就像上个世纪80年代的韩国和新加坡一样。改革将芬兰的办学水平提升到了很高的水平。但是,到了2000年,很多这样的改革都被放弃了——自2000年以后,芬兰在PISA的排名一直下降。

换句话说:一个体系出成果是以往所采取的举措的结果,基于现状所得出的结论可能是个错误,完善一个体系需要数年的时间,它所带来的收益停止发挥作用也需要数年的时间。

比如,现如今芬兰的学校很独立自主,但是,直到上个世纪90年代,芬兰的教育体系还是中央集权并由政府管控。国家课程大纲曾经非常规范和详细,所有教材必须审核通过才能使用。老师们需要经历长时间的培训,并要求他们按照小时将所教内容记录下来,用以证明他们讲授了规定的内容。学生们必须听从安排和刻苦学习。去集权化开始于1985年,测试成绩表明芬兰的学业崛起发生在教育体系最集权的时期。

迪拜：一所13 000名学生的印度高中

我参观这所学校，是因为它巨大的规模，同时也是因为PISA数据显示它是迪拜和全球表现最好的学校之一。它的学生年龄从3岁到18岁。

1961年学校创建的时候，迪拜只不过是一座位于沙漠边缘一条小河边的地方，比村庄好不到哪里去。当地一些商人资助了这所学校，为印度裔社区的人们提供教育，采用的是印度国家课程大纲和考试体系。从创建到现在，学校只经历了两任校长，现在在任的校长阿史克·库马尔（Ashok Kumar）博士已经在职22年了。

迪拜的许多学校都是私立，并且属于盈利性质。无论什么类型，所有学校每年都需要接受迪拜政府知识和人类发展局（Knowledge and Human Development Authority，缩写为KHDA）的优秀学校督查服务，这一服务目前使用6分制的评价方式。这所印度高中连续几年都被评为最高等级（杰出）。

学校的学费是每年800英镑——同其他迪拜顶级学校的2万英镑学费相比微不足道，绝大多数家长都享有高薪，因此这个费用远远低于他们的承受能力。这是一个不为盈利的学校，他们采取四项措施保持低收费：

1) 他们的班级规模是30人（幼儿园是25人），因为学生行为规范，所以这个班级规模完全可控，学生都来自支持学校办学的中产印度家庭。
2) 13 000名学生使学校拥有很好的规模效益。
3) 他们从印度聘请教师，教师的工资高于印度的标准但也没有超出太多，但在迪拜，居民不用上税。学校在所有老师来之前就为他们安排好了住宿。很多老师的聘用采取的是在岗老师推荐以前的同事，库马尔博士和他的同事通过Skype面试他们，然后去印度，到那些优秀老师所在的学校听他们讲课。

和很多国际学校不同的是，这所学校的员工保有率非常出色，库马尔博士将此主要归功于学校对老师的关怀，例如，如果一名教师生病了，学校有的时候会负责医药费。

很多老师都在课外承担了私下辅导课程，这使他们的收入翻倍。

4) 教材和其他资源需要另外付费。

学校通过以下方式管理着13 000名学生：

1) 学校根据学生年龄分为四个学部，每个学部有一名学部主任，相当于校长。
2) 女学生从早上7:20到下午1:20在校，低年级男生从早上9:00到下午3:00在校，高年级男生从下午1:20到晚上6:40在校。
3) 他们有160辆校车。
4) 他们有一支团队专门独立地监控后勤的有效性，例如食堂、技术、医疗、卫生、交通和所有物资。

学生到16岁的时候参加印度初中教育中央委员会（Central Board of Secondary Education，简称为CBSE）的考试，到18岁的时候参加五门科目的考试。过了16岁，学生们选择艺术/人文、商务或科学中的任何一个专业方向，参加全印度高中证书考试（All India Senior School Certificate Examinations）。

学生毕业后继续在迪拜、英国、美国、加拿大和澳大利亚上大学。

如果学生缺课，他们需要在周六的8:30到11:30到校补课，这对学生是免费的，但是老师会拿到额外报酬。

每间教室有一台投影仪，学生们可以自带电子设备，但是平板电脑和学校服务器相连，防火墙会阻止他们进入不宜网站。学校希望学生使用教材学习，因为学校相信它们在信息交流上比屏幕更有效。

所有新老师在开始上课前都要参加为期15天的培训，所有在职老师每学期必须完成18小时的职业继续教育。

4. 一项在加拿大误入歧途的实验项目

从1999年开始，魁北克的学校实施了一套新的课程大纲和教学方法。改革者希望学生"为日常生活中出现的问题寻找答案，发展个人和社会价值体系，养成负责和逐步独立自主的行为"。

"学生需要积极主动，动手实践，而不是被动地听老师的教诲。他们需要花更多的时间针对他们感兴趣或者关注的领域开展项目、科研和解决问题，他们要更多地参与工作坊、团队学习以发展更广泛的能力。"

十年过后,海克(Haeck)等人(2014)发现改革不仅远没有改进学习情况,反而极大地降低了考试的分数,还增加了学生的焦虑感和多动症。

"我们的数据让我们可以根据改革的年限和时间段来区分其影响。我们发现,改革在所有时间点的技能传授方面对学生的成绩都有负面影响,参与改革的时间越长,这种影响就越大。

成绩低的学生受到的影响最严重,尤其是在学生从小学升到初中这个阶段影响更大,这种广泛的负面影响令人担忧,表明改革也许已经给那些最有教育需求的人带来了伤害。"

海克的研究仅是类似研究中的一个,他们指出众人相信的探索性学习、合作学习以及以孩子为中心的学习是错误的。

5. 法国教育水准的下降

赫士(Hirsch)(2016)研究了1989年以来法国小学教育水准下降的现象。很多年以来,法国的小学教育都称得上是世界上最成功的,学校使用内容详尽和统一制定的课程大纲,确保了全法国的小学生学习同样的学科知识,达到良好的水平。但是,1989年法国通过了一项新的法律,即利奥·若斯潘(lio Jospin)法,它以法国教育大臣的名字命名,要求小学停止讲授国家课程大纲,而是开始采用地方确定的课程大纲。更有甚者,还鼓励学校研发自己学校的版本,命名为他们的项目。

利奥·若斯潘改革还鼓励学校更多关注学生个体,将教学重点从学科知识转移到一些普遍性的技能,比如思辨能力。

法国教育部现在已经掌握了自从利奥·若斯潘改革20年以来10岁学生的学业水平数据,它们显示了在所有衡量标准下教育成效陡然下降的趋势。这一改革影响到了所有社会和经济阶层,但对于贫穷的学生打击最大——贫富学生之间的学业表现差距被拉大。

赫士的研究很清楚,这一下降趋势的原因和美国学校自1960年以来教育水准下降的原因同出一辙。1960年到1980年期间,美国学校所有年级的学业成绩比标准差[①]下降了超过25%(幅度非常大),从此一直保持这样的低水平。诸如埃利奥特·麦

[①] 标准差:Standard deviation,这是统计上用来衡量一组数值中某一数值与其平均值差异程度的指标,用它可以评估成绩的变化或波动程度。

德里奇(Elliott Medrich)(1992)进行的国际研究表明,就像日本所有的孩子在同一个时间按照同一个课程大纲学习一样,那些让小学生遵守完全一致的教学大纲的学校体系会让学校更快乐,学生更成功。

根据赫士的观点,引发灾祸的以孩子为中心和以技能学习为基础的教育是基于以下三个理念:

1) **杰恩·皮亚杰(Jean Piaget)(1896—1980)有关早期教育应该与孩子的年龄相适应的理论**,学校所讲授的有些话题对于某个年龄段的孩子"不适合他们发展"。赫士对此辩驳道:这是伪科学,孩子看似的不成熟其实只是因为缺乏对世界的了解,尤其是低收入家庭中的孩子们。伪科学断言他们还没有"准备好",由此而不让他们接触更富挑战性的话题,这其实是损害了贫穷背景的孩子的教育。杰罗姆·布鲁纳(Jerome Brunner)(1960)以及罗伯特·西格勒(Robert Siegler)等人(2003)证明了发展心理学并**不**支持根据学生不同的发展水平而提供不同的教育这一概念。

2) **个性化教育:孩子们各不相同,有着不同的兴趣和学习风格的观点**,因此,他们也需要如此这般接受不同的教育,个性化教学替代整班教学,这样的教学被称为"区别对待",而且这是英格兰 Ofsted 督查所倡导的一个教学特点。赫士指出,尽管个性化教学听起来很美妙,但同整班教学相比,它是一种低效的教学方法。老师在做一对一辅导的时候就会置整个班级于不顾。丹尼尔·威灵汉姆(Daniel Willingham)(2005)和林恩·沃特豪斯(Lynn Waterhouse)(2006)指出没有证据支持个体学习风格的观点。在整班教学中,学生集中做一件事,是比单独辅导更高效的一种教学方法。

3) **相信教育的目标就是教授普遍性的技能**,例如思辨能力、解决问题的能力、团队合作和创造力,而不是学科知识。赫士否定了这一观点,认为它尤其害人。菲尔托维持(Feltovich)等人(2006)的研究表明,没有多少普遍性的技能可以运用在学科学习中,绝大多数技能都属于"特定范畴",也就是说它们适用于某些具体课程的教学大纲的某个具体部分,思辨能力不可能同学科内容割裂开。

在丹克尔(Duncker)(1935)著名的辐射实验中,他展示了当人们被告知在某一特定范畴如何解决一个问题,他们并不能在另一个范畴解决同样的问题。这项实验问实践者这样一个问题:

"假如你是一名面对患有胃癌病人的医生，手术已经不可能了，但不消除肿瘤病人就会死，有一种射线可以用来摧毁肿瘤，如果将射线足够密集地照射在肿瘤上，肿瘤就会被摧毁。但遗憾的是，如果这种密集度射线在照射肿瘤的同时穿过健康组织，会把健康组织也摧毁了。如果采取低密集度射线，对健康组织无害，但是也不会作用于肿瘤。应该使用什么样的方法让射线摧毁肿瘤，同时又避免伤害健康组织？"

丹克尔发现，无论应答者了解多少类似的情况，比如战争中的军事策略，他们都无法回答这个问题，除非他们非常了解射线的工作原理。这表明技能是基于特定范畴的。

很多知名学校的网站上学校的使命中会提到诸如"我们希望所有的学生拥有出色的思辨能力和解决问题的能力"，它们很少会说学生实际上从科学、历史或者法语课程中学到了什么。

当诸如麦克拉社区学校（Michaela Community School）（第 13 章）和西伦敦独立学校（West London Free School）（第 12 章）讲述它们"以知识为核心的课程大纲"时，它们确实开诚布公——每一个孩子如果要像成人一样有效地作为，就需要学习基础知识体系，即那些中产阶层家庭自然而然教给孩子们的知识。对于弱势背景的孩子，学校必须教会他们这些。这不是"仅学习知识"，因为教授知识可以妙趣横生，而且由于它需要调动长期记忆才能够有用，所以非常棘手，要求很高。那些**懂得**很多历史、地理、法语、数学、音乐和科学知识的孩子更有能力发展有用的技能，比如分析性思考，也显然是受过更多教育的人更能发展的能力。教育的成功是由学生们学有所获来定义的。

赫士（2016）解释说，**基础水平**的教育的主要关注点应该是对传统学校科目词汇的掌握。中产阶层家庭的孩子从他们父母那里获取大量的词汇和对世界的了解，贫困家庭的孩子在这方面处于劣势，如果学校不帮助他们，他们就永远赶不上。死记硬背相对来说不是教授词汇的有效方法——应该把它们放在具体的学科教学中，通过在上下文的场景中聆听和使用，他们才能够更好地理解词汇的意思。

1.3 对英国学校的研究

1. 12所杰出的初中学校

彼得·马修斯(Peter Matthews)(2009)承担了一个 Ofsted 的研究项目"12 所杰出的初中学校",这项研究旨在为回答这一问题提供实证:"为什么有些学校战胜一切不利因素取得了极大的成功,而另外一些拥有得天独厚条件的学校却要挣扎?"马修斯挑选了 12 所非常成功的学校,它们在 Ofsted 督查中都被评为"杰出",所有学校享有学校免费餐①的学生人数都高于平均值。

马修斯发现了这样一个事实:这些学校经历了几个进步阶段,它们成功的特质可以被分成以下三个阶段(见表 1-1):

表 1-1　从 12 所杰出的学校总结出的实现、保持和分享最优的特质

实现最优	保持最优	分享最优
具有视野、价值观和高期望值; 吸引、聘用、留住和发展员工; 建立有秩序的学习行为; 确保教学和学习的质量; 引领和构建领导力; 提供与目标相关的和引人入胜的课程; 测评、监测进步和目标设定; 包容:把学生当作一个个的个体对待	领导力的持续性; 保持强大的团队文化; 持续发展教学和学习; 培养领导人物; 丰富课程设置; 提高语文能力; 与学生、家长和社区建立良好关系; 不让任何一个学生掉队	领导力的体系化; 和一所面临困境的学校结伴,帮助它改进; 成为社区领袖,与其他学校建立关系; 建立和主导一项成功学校不断完善的合作项目; 成为变革的动力或专家型领导者:引领全国教育发展

来源:马修斯,2009

当然,我们想把好的做法传播到其他的学校,但是这并非像它看上去那么容易做到,原因如下:

1) 它取决于学校的领导者是否愿意接受另外一所学校在某些方面比自己的学校

---

① 学校免费餐:Free school meals,英国学校对那些家庭收入没有达到一定标准的学生提供免费餐,一所学校中这类学生所占百分比常常被用来反映这所学校学生的家庭背景情况。

强,并且以谦逊和坚决的心态复制那些有效的方法。
2) 仅了解其他学校的方法是不够的,更多是以细节取胜。比如,说一所出色的学校拥有"高期望值"等于什么都没说,因为大多数校长可能都认为他们有高期望值。只有观察到拥有高期望值的学校究竟为此做了什么,这句话才有意义。真心想这么做的校长需要去访问这些学校。
3) 最终,如果你没有拥有能力和激情的老师去教学,你将不能达到最佳学校的水平。

2. 伦敦效应

上个世纪 90 年代末,伦敦的学校是这个国家最差的学校。如今,它们超过了英格兰其他地区的学校,在 GCSE 考试中取得好成绩的学生比例最高,获得 Ofsted "杰出"的学校占比最多,贫穷背景的学生取得了最好的 GCSE 成绩。

格里福斯(Greaves)等人(2014)的调研显示,同英国其他地区相比,伦敦市内弱势背景学生在 2004 年以后的 GCSE 高分主要归功于他们在小学毕业时的第二关键阶段①考试中取得了好成绩。因此,2004 年以后取得 GCSE 好成绩的伦敦学校应该归功于上个世纪 90 年代末和本世纪初伦敦小学所发生的变化,诸如"伦敦挑战"②项目的倡议不太可能发挥了作用,因为它们实施得很晚。

伦敦学校 11 岁学生第二关键阶段考试成绩的提升与"国家语文和算术提升策略"的推出几乎发生在同一个时间段,伦敦当局为这些项目开辟了很多实验区,格里福斯指出,这是 GCSE 成绩提升的原因。

英国教师中心(CfBT)③(2014)也探究了 2000 年到 2014 年期间伦敦学校进步显著的原因,但他们得出了不同的结论。他们发现,四项学校改进干预措施为改进提供了原动力:"伦敦挑战"项目(2003—2011)、"教学第一"项目(2003 年以后)、独立托管化项目(2002 年以后)以及地方当局不断改进的支持服务。他们还发现,这种改进不

---

① 关键阶段:Key Stage,英格兰教育体系分为五个关键阶段,第一关键阶段为 5—7 岁,第二关键阶段为 7—11 岁,第三关键阶段为 11—14 岁,第四关键阶段为 14—16 岁,第五关键阶段为 16—18 岁。每个阶段都有相应的考试,用于学生进入下一个阶段的达标标准或筛选标准。
② 伦敦挑战:London Challenge,伦敦政府为提升教育质量所实施的改革举措之一。
③ 英国教师中心:Centre for British Teachers,简称 CfBT,现已经成为教育发展基金(Education Development Trust),为提升全球教育而服务。

是因为伦敦比其他地区拥有一些特别的优势，比如社会阶层的组成，学生的种族组成，或者活跃的就业市场。

博格斯（Burgess）（2014）得出这样的结论：学校改进多半是由于孩子们的种族组成。2004 年，伦敦 45% 的 11 年级学生是英国白人，他们是表现最差的群组。到了 2012 年，伦敦只有 36% 的 11 年级学生是英国白人（英格兰其他地区这一比例是 84%）。其他种族学生拥有更强的学习动力，把伦敦的成绩拉了上去。然而，这个论证忽视了一点，那就是在 2002 年以后，不仅是那些少数种族，伦敦英国白人孩子的 GCSE 成绩也飙升了。

相反，布兰顿（Blanden）等人（2015）发现尽管多种族学生的差异可以解释他们优异表现中 1/6 的原因，但更多是因为前段学习成就的提升（11 岁学生进入初中的时候的成绩日益出色），还有伦敦学校帮助学校免费餐学生获得好成绩的工作越做越好了。

英国教育部推动的"伦敦挑战"项目是将伦敦社会背景类似的学校的考试成绩进行比较，如果其他接收类似学生的学校表现得更好，那么表现不佳的学校就得心服口服，相信实现显著改善的可能性。运用这样的数据，可以让学校积极和紧迫地对待改变的需求。

一个重要的因素就是让学校接受这个观点，在思想上认同提升弱势背景学生的成绩势在必行。改进工作需要**和**他们一起做，而不是做给他们。

"伦敦挑战项目"的重点是**提升现有教师培训的有效性**，由外聘专家和区内的优秀老师来承担，主要**成本**是承担让老师们有时间停下工作去培训或者接受培训的费用。

教师培训学校承担这些培训工作，主办学校老师为所支持的学校 15 名左右的老师提供培训，每位来自被支持学校的老师有一名指定的驻校导师，帮助他们在回到学校以后继续职业发展。

每所学校都不尽相同，因此，学校的顾问会提供为学校量身定做的解决方案。这些顾问一般由英国教育标准检查员[①]、资深教育咨询师、儿童服务机构的前主管们担任。他们是解决问题的专家。他们和学校校长合作，培养学校不断内部改进的工作能力，这样他们不再提供支持的时候，学校依然能够保持进步。

"伦敦挑战"项目的一些核心要素包括：

[①] 英国教育标准检查员：女王陛下的检查员，Her Majesty's Inspector，UK educational standards inspector，简称 HMIs。

1) 关注数据以及数据解读和运用能力。

2) 建立问责文化。

3) 营造更专业的工作文化。

4) 培养一切皆有可能的集体意识。

5) 引入高效的一线实践者引领的职业发展。

另外一个重要因素是建立一个伦敦城区丰厚的薪酬体系，可以有助于把优秀的老师留在首都。

Ofsted 一项报告总结了"伦敦挑战"项目的效果：

"和来自面对相同挑战的学校老师一起工作，跳出自己学校的禁锢，让老师可以开诚布公地讨论他们自身在教学中的优势和劣势，不用担心绩效考核或者同事的反对。特别是他们拥有了很多时间来反思和审视自身的教学，以及对教学法的理解。这些教会了老师成为反思型的实践者，他们开始在驻校导师的指导下，和自己学校里的同事们分享教学技能。"(Ofsted，2010)

独立托管化项目也在提升伦敦教育水平上发挥了作用，因为它将一些表现最差的学校从地方当局的管控中转移出来，最成功的案例是将它们交给成效显著的独立托管机构来运营。

"教学第一"项目也发挥了作用，因为它招聘了一些最优秀的大学毕业生，把他们分配到伦敦最糟糕的学校——他们现在已经占到伦敦整个教师群体的6%左右，在伦敦城区，这个比例更高。

一些地方当局，比如塔村区①(Tower Hamlets)的工作也非常到位，他们完善对学校的支持服务，并更换了很多不称职的学校校长。

CfBT调研还把伦敦的成功归功于杰出的领导者们——提姆·布莱豪斯(Tim Brighouse)领衔的"伦敦挑战"项目、布莱特·维格多兹(Brett Wigdortz)从开始就领衔的"教学第一"项目。成功的独立托管学校联盟，例如"方舟联盟学校"(Ark Schools)以及"哈里斯联盟学校"(Harris Federation)都发挥了出色的引领作用，一些地方当局也功不可没。

---

① 塔村区：位于伦敦东部的一个区的名称。

由此可见，伦敦的成功可能是多种不同因素复杂交织作用的结果。

3. 一所不更换老师而实现蜕变的学校

在大多数学校，总是有那么一两个"明星"教研室，学生们在这些科目上的成绩比其他科目都要耀眼。罗伯特克拉克学校（Robert Clack School）的历史教研室就是这种情况。这是一所 11 岁到 18 岁的男女混合的综合学校的分校，位于伦敦边上的达格纳姆区（Dagenham），学校所处的学区公营住宅①和单亲家庭的比例在英格兰和威尔士最高。1993 年，学校的 GCSE 考试中 A—C 及格比率在东南英格兰地区所有学校中垫底，只有 8% 的学生得到五个或更多 C 和 C 以上的成绩。

学校首席督查官克里斯·伍德海德（Chris Woodhead）形容这所转变前的学校"就是全国最糟糕的学校之一，校园欺凌是家常便饭，四处兜售毒品，纪律根本不存在"（伍德海德，2000）。

但是，这所学校的历史教研室正好相反，GCSE 和 A-Level 的成绩都不错，这门课程也颇受学生欢迎。海登（Haydn）（2001）通过采访学生发现了原因：

> "你能够看出来他们在一起学习，没有人捣乱，你从来不觉得这是浪费时间。"
> "你知道你学好并且取得好成绩的机会很大。"
> "它从来没有像其他课程那样让你觉得是'消磨时间'。"
> "你不会瞎捣乱，每个人都知道如果你这么做了，他们会一起搞定你。"

保罗·格兰特（Paul Grant）对这个教研室领导有方。1997 年，他被任命为校长，他的挑战是把一个教研室的经验用于整个学校。到 1999 年，学校的考试成绩已经得到了大幅提升，学校越来越受欢迎，督查报告也充满褒奖。格兰特对待捣蛋的学生和他们的家长非常强硬，最终学生的行为得以改善，老师们觉得他们可以安心教书了，有些老师头一回有这样的感觉。在格兰特任校长的初期，每个月都要开除 100～200 名学生，当地领导对此的支持至关重要，学生们有了新的行为规范，老师们得到关照和支持。

---

① 公营住宅：Council house，英国政府为低收入家庭提供的租金低廉的房子。

现在,教学不再被打扰,老师们真心享受他们的工作。"罗伯特克拉克学校的最新情况告诉我们,老师的福祉和职业满足感,以及他们所感受到的支持是影响教育结果的因素,在学校发展进步中需要得到充分考虑。"(海登,2001)

这所学校营造了教师相互帮助而不是相互埋怨的文化氛围,认同合作文化,在这样一个氛围中,那些可能被贴上"薄弱"标签的老师会变得得力。

这里,关键点是这所彻底改变了学生表现的学校没有更换他们的员工。

"罗伯特克拉克学校最新情况表明,学校要想改进,需要把向内看作为其中一部分,而不是主要依赖基于学校表现的对比数据分析、成批更换员工、空降一名'英雄式'领导、或者其他外部的干预措施。"(海登,2001)

4. 扭转一所失败的学校

希尔(Hill)等人来自牛津(Oxford)和金斯顿(Kingston)大学的卓越表现研究中心(Centre for High Performance),他们研究了 160 所 Ofsted 要求实施补救措施后由独立托管机构管理的英国学校的转变[①]。

以下是他们对发现的有效(以及无效)举措所做的总结:

"**不要先改进教学**。这是常犯的错误。许多学校在仍然与行为不端的学生做斗争、跨校区运营、或者主管校长很糟糕的情况下试图改进教学,你不可能期待老师们自己来解决这些问题——你需要先创造一个适合的环境。

不要先改善管理体系、领导班子或组织结构。否则,你把优秀的老师放在了他们注定要搞砸的事情上——他们会在完成或者管理错误的事情上浪费时间。

不要缩小班级规模。小班制虽然有效,但这不是充分利用资源的最好方法,这样做成本很高。你可以通过改善学生的学习动力和行为达到同样的效果,而这需要调动很少的资源。他们发现只要做好学生的行为规范,30 人和 15 人的班表现是一样的。

改善学生的行为和学习动力。给优秀的老师营造适合的教学环境最好

---

① 哈佛商业评论期刊,希尔(Hill, A.)、梅隆(Mellon, L.)、湖人(Laker, B.)、戈达德(Goddard, J.)(2016)"如何扭转一所失败的学校"。

的方法是改善学生的行为和学习动力。他们发现达到效果的最快捷的方法是把行为不端的学生排除出去,哪怕是给这些学生建一个全新的小一些的学校。然而,尽管这种'快赢'的方法可以带来即刻的效果,它不是一个长久解决方案。更好、更持续的做法是把行为不端的学生转移到学校的另一个通道,这样可以以不同的方式管理他们,等他们的行为改善以后再融入主流通道中。

建立一所'一条龙'的学校。把学生从5岁一直教到16岁或者18岁再离开,这样,学校领导就可以在很早的时候营造正确的文化,以确保不端行为根本无法滋生。同时,这也会让初中阶段的教学更易实施,因为你不用把对行为规范持有不同观念的高年级学生往一起融合。

不要聘用超级校长。许多学校空降一位来自一所成功学校的'超级校长'来实现自己的转变,也许这会带来短期积极的效果,但不能为长期可持续改善打下良好的基础。这些'超级校长'一般只会任职一到两年的时间,只会盯着被考核的年级(15—16岁)和科目(数学和英语)的变革上,因为这样他们可以实现快速提升,获得荣誉,然后走人。

在所有案例中,'超级校长'一走,考试成绩就跌,三年以后才又开始好转。

让所有年级的学生取得进步。尽管学校可以聚焦在马上有考试的班级上,以便提升短期成绩,但除非他们关注所有年龄段的学生和所有的科目,否则他们不可能创造可持续的进步。

不要认为城区内的学校更棘手。另一个共识是转变一所城区内的学校更棘手。然而,我们发现这反而更容易,因为它们更容易拥有优秀的领导、老师和学生。

要对农村和沿海学校增加更多投入。农村和沿海地区更难吸引优秀的领导、老师和学生。这些地区的进步非常缓慢。

不要期望投入更多的钱就可以更快速地解决学校问题。更多的资源可以帮助我们应对具体的挑战,比如吸引优秀的领导和老师,但是至少在这160所独立托管的英国学校中,在进步的整体速度上,最要紧的是按照正确的顺序做出正确的改变。

……但是,同时,不要期待不花更多的钱就能实现改变,至少在短期内不太可能。要改进学生的学习,学校必须具备基本的资源来改善学生的行为,为吸引优秀老师而提高薪酬,聘用员工来应对家长,这样老师能够有更多的时间教学,领导能够有更多的时间引领。财务表现在短期内会下降,学校对此要有准备。把财务表现凌驾于运营表现之上不会给学生带来长期优质的教育。"(希尔等,2016)

1.4 学校类型有影响吗?

1. 独立托管学校和地方政府学校

根据"2000 学习和技能法案",上一届工党政府启动了将公立学校的运营职责从地方政府转移到独立委托组织的进程(这些学校被称为"独立托管学校"),这一进程在 2010 年联合政府以后得到了飞快的提速。

独立托管学校取得的成就喜忧参半——有些学校做得非常好,有些则逊色一些——但是大多数独立托管学校或者学校联盟比较新,匆忙对它们任何一所学校做出判断是不公平的。本书的第 8—17 章节告诉我们,地方政府管控的学校和独立托管学校都有杰出的样板。独立托管机构拥有强大的统一愿景和管控,比如"方舟联盟学校"和"哈里斯联盟学校",都取得了最佳成绩。在 2015 年的第四关键阶段考试中,超过半数以上的联合教育托管机构学校的成绩进步值远远低于平均值,但是很多都是历史上成绩不佳的学校(教育部 DfE,2016)。

伦敦政治经济学院的斯尔娃(Silva)、埃尔斯(Eyles)、海勒·萨尔格林恩、马奇恩(Machin)和萨恩迪(Sandi)调研了独立托管学校的 GCSE 成绩(埃尔斯等人,2015)。一旦一所学校成为独立托管学校,其所招收的学生性质就会发生变化——因此,任何进步**要么**归功于改善之后的教学和体系,**要么**归功于更多有能力的学生加入了学校。基于这个原因,他们只研究了那些在学校成为独立托管学校之前就已经在读的学生的表现。

在 2010 年以前的第一批独立托管学校是那些失败的学校,被称为"资助型独立托管学校",它们的 GCSE 成绩毫不意外地得以提升——在五门课程中相当于提升了一个年级的水平。2010 年以后的独立托管学校被称为"转变型独立托管学校",对于那些已经获得 Ofsted"出色"评估成绩的学校,两门 GCSE 课程的成绩提升了一个年级的水平,对于那些 Ofsted 评估为"良好"、"满意"或"改变不足"的学校,成绩上没有提升。

2016 年,教育政策研究院(Education Policy Institute,简称为 EPI)和伦敦政治经济学院发表了一项调研结果,运用八年的成绩数据,比较了 2010 年 5 月份以后的 205 所"资助型独立托管学校"和同一时间的 49 所非独立托管学校的成绩,他们发现独立托管学校在托管发生的前一年和后一年成绩有提升,但是这种提升在大约三年之内"逐渐变小到零"。

他们不知道为什么在托管发生前一年会有成绩的提升,但表示也许是因为在托管前一年,学校为了避免被托管,高度关注 GCSE 成绩的结果。

独立托管项目让很多学校受益。大批最差的学校得到了改善,许多最佳的学校由于获得了更大的独立性而持续发展。然而,成为一所独立托管学校不是让学校进步的必要或者充分条件,一些非独立托管学校表现出色,而一些独立托管学校差强人意。独立托管化是有用的工具,但不是万能药。

成为一所独立托管学校是提升学校自主性的一种方式。但事实上,有些学校反而比它们在地方当局的管控下少了更多的自主性:他们现在处于联合教育委托机构的股掌之间。

独立学校又怎样呢?尽管有些独立学校没有成功,一般来说,独立学校比其他公立学校更可能被 Ofsted 评为"杰出"——在 2016 年,这一比例是 28% 比 21%。在第一关键阶段的考试中,它们超过了所有其他类型的公立学校。16—19 岁年龄段学生的独立学校的 A-level 考试成绩位于所有公立学校之首。

然而,2016 年,32 所独立学校在 GCSE 考试中八门成绩进步平均值为 -0.02,但可以理解,这些学校是第一拨独立学校,这是他们第一年 GCSE 的考试,我们不能在第一年就判断一所学校的表现。

2017 年,政府宣布准备在全国开设专业数学高中独立学校①,目前这样的学校有两所:伦敦国王学院(King's College London)和埃克塞特大学(University of Exeter)。

---

① 专业数学高中独立学校:Specialist sixth-form maths free school,指获得大学直接支持的高中,一般专注于某个特定的专业,仅开设与这一专业相关的 A-level 课程,录取的学生需要在这一专业上有突出的表现。

学生人数很少——两所学校不到 100 名学生在 2016 年参加了 A-level 考试——提供有限的 A-level 课程让这样的学校不太能产生很大的影响。

工作室学校(Studio Schools)是独立学校的一个特别类型,现在大约有 40 所,它们是为 14—19 岁学生开设的小型学校,这些学生希望学习职业教育课程。学校与当地雇主有着紧密的联系,专注在就业准备上;雇主会在辅导、实习和课程设计上提供帮助。它们的课程大纲中,基于项目的学习占了很大的比重,很多行业和专业人员都参与到学校中——从太空探索到计算机游戏、从建筑到工程、从体育到卫生保健以及会计。这些学校最主要的问题是从 14 岁开始招生——在这个年龄段招收学生很难,除非他们所在的学校要赶他们走。

2016 年,17% 的独立学校是为有特殊需求的学生而开设的,绝大多数都建在英格兰不发达地区。

在第 8—17 章中涉及的一些学校是独立学校。

2. 联合教育托管机构

联合教育托管机构是独立托管学校集团——也就是说,是那些独立于地方政府管控的学校。我们从众多的研究(比如教育政策研究所 2016 年的研究)中得知,一所独立托管学校或者联合教育托管机构成员学校本身不能提升教育水平,但是,作为联合教育托管机构的一份子,会给学校带来有益的影响。马修斯等人(2014)的研究对此进行了探索。

> "例如,一个联合教育托管联盟学校使用它自己的学校改进模型来改变那些成绩不佳的小学。这一模型专注在教和学上。"

他们是这样做的:

> "首先,校长以及任何副校长或者校长助理有四周的时间来展现他们能够给学校带来什么变化,联合教育托管机构的主管很清楚他希望看到什么变化,比如在课堂和孩子们的书本里,如果他们不能带来这些变化,他们就走人。

候选校长常常关注两件事：联合教育托管机构是否想代替他们来管理学校，他们会得到什么支持？他们被告知两样都不用担心，管理模式专注在结果上，校长们可以拥有资源和权力来管理他们自己的学校。

一旦被任命，校长会得到一笔专门安排好的给学校的资金，以及在技术、财务和人力方面的支持配置；咨询顾问到校天数；中层领导的支持。一周两天，托管机构还会派一个商务经理来学校工作，因为'表现不好的学校通常预算也是一团糟'。

对教学的关注是坚定不移的。拥有数年教学经验的老师如果教课仍然不能令人满意的话，必须快速改进。联盟有它自己定制的从'需要改进'到'满意'的培训项目，老师们可以连续六周每周得到咨询顾问在课堂上的支持。若不能改进，就得回炉经过整个流程的重新培训。

对于优秀的老师和持续优秀的老师还有一个'大使项目'，他们可以成为学习的领导者。这个项目由六个1.5小时的课后时间组成，用于与同事们使用视频教学一起工作，同时还提供有关领导力以及如何成长为一名伟大的学习领导者的课程和资源。这些项目备受老师们的欢迎，它能从那些常常充斥着能力不足的老师的薄弱学校中发现一些能力强但一直'被雪藏'的老师。

对学校的监测和被监测也是一丝不苟的。联盟要求学校每六周测试一次学生，并向家长汇报。咨询顾问团队每周都开会，但每六周审查一次每所学校学生层面的数据，他们基于这些数据给校长写评语，然后和校长一起讨论。这样，这些学校没有一个孩子能够漏网，没有进步还不被察觉。成绩管理聚焦在被重点点名的那些孩子的进步上。"（马修斯等，2014）

优质的联合教育托管机构具有如下优势：
1) 他们能够实施学校管理层或者地方政府从未有过的快速和严谨的学校改进体系。
2) 他们可以提供外部的支持，不仅是那些显而易见的资金支持之类的事情，还有每个科目的专家级教师。
3) 他们可以在系统内提供优质的培训和职业发展，包括成长为未来的校长。这帮助他们把优秀员工留在了系统内。系统内的学校都有教师培训学校和委培合作单位①帮助补充老师。

3. 文法学校、直接补贴学校和选拔性学校

1944年教育法案建立了文法学校、现代初中和技术学校三轨制。1965年,这三种类型的学校开始关闭,因为综合学校得到青睐。

在上个世纪60年代和70年代,英格兰最成功的学校是直接补贴学校,它们常为历史悠久的文法学校,比如布莱福德文法学校(Bradford Grammar)、利兹文法学校(Leeds Grammar)和曼彻斯特文法学校(Manchester Grammar)。这些私立学校根据学生11岁+的优异考试成绩来录取学生,低收入家庭的孩子由地方政府来承担学费,这一直接补贴学校体系让最好的私立学校向有能力而非富有的学生敞开了大门。

1974—1979年,工党政府废除了补助,大多数直接补助学校成为全费学校,增加了付费家长的人数,剥夺了很多贫困孩子的机会。

在1975年之前,人们错误地认为公立文法学校是最好的社会阶层流动阶梯。事实上,文法学校只接受极少量来自工人阶层的学生,而且这些学生的学业也很糟糕。由于现代初中学校办得不好,我们有理由相信同类型的文法学校其实是巩固了社会经济阶层。1975年以前,只有不到0.3%学习了两门A-level课程的文法学校毕业生来自没有专业技能的工人阶层家庭。

2016年,政府宣布恢复文法学校。那一年,在英格兰大约3 000所公立初中学校中只有163所文法学校,北爱尔兰有69所,学生总数为16.7万,占所有公立学校学生人数的5%,而且多数位于中产阶层居住区。

克里斯·库克(Chris Cook)(2013和2016)的一项调研显示,由地方当局管控区域的文法学校,本区域选择文法学校的学生占少数,他们的学业成就比他们在综合学校可能取得的成绩要好,如果文法学校不存在,那么大多数留在综合学校的学生的学业成就会比他们能够达到的水平要差。

综合学校比不过区域内的文法学校的原因是所有好学生都剥离出来了,这就使让学生努力取得高分以及吸引优秀老师变得更加困难,那些被文法学校拒录的学生(占大多数)没有了学习动力。库克深入到设有文法学校的肯特(Kent)和麦德威

---

① 委托合作单位:School Direct partnerships,指学校与一些教师培训机构合作,委托他们招聘和培养老师,然后直接到学校就业。

(Medway)地区,发现贫穷的孩子落后于他们能力所及,富有的孩子勇往直前——那些垫底学生的损失要大大高过那些顶尖学生的收获。

"根据 PISA 测评的结果,世界上表现优异的学校体系是综合性学校。英格兰表现出色的行政区和郡也是如此——尤其当你看到贫穷孩子的考试结果的时候。"(库克,2016)

OECD 的调研(PISA,2014)发现,学生学习动力高低与每个国家是否存在根据能力把学生分流到不同学校的做法有很强的负相关性,总的来说,成绩优异的国家采取的是综合学校体系。

博格斯(2016)比较了有文法学校的白金汉郡(Buckinghamshire)以及没有文法学校的汉普郡(Hampshire)的 GCSE 成绩,发现中等学生在选拔性强的教育体系中表现欠佳。

波特(Porter)和西蒙斯(Simons)有关政策互换的研究(2014)显示,低收入家庭背景的学生考入文法学校的人数寥寥无几,所以,不能说文法学校促进了社会阶层的流动,原因是很少有享受学校免费餐的学生在 11 岁的时候学业水平达到前 20%,而中产阶层父母给孩子聘请家教来准备入学考试。教育政策研究中心(2016)发现,在选拔性学校,2.5%的学生符合申请学校免费餐的要求,而在所有政府资助的初中,这个比例是 13.2%。13%进入文法学校的学生在之前就读的是私立学校,85%的学生为了准备 11 岁+的入学考试而做过私下辅导。

PISA(2015)的测试还发现,"如果弱势家庭背景的学生生活在一个选拔性的初中教育体系的国家,没有证据表明他们更有可能成功。"(杰里姆 Jerrim 和舒尔 Shure,2016)

对文法学校的争论还集中在 11 岁+的考试上,学生们在 10 岁或者 11 岁的时候参加这一考试,据称这个考试误差很大,把很多学生送到了不适合他们的学校。而且,在学生 11 岁的时候测试他们,就是假设他们在之后不会发生变化。

这也许是因为有些人相信有利于整个社会发展的做法(文法学校的反对者),其他人相信有利于个人发展而忽视整个社会发展的做法(文法学校的支持者),所以他们的目标是达成个人和教育之间的契合,而不太关注对整体的影响。

2010 年到 2016 年期间的保守党联合政府反对文法学校,他们认为最好应该专注于把综合学校办好,为更有能力(以及不太有能力)的学生提供教育,像国王所罗门(第 10 章)这样的学校证明这一点可行。这所位于伦敦城区的学校有大约一半符合学校免费餐资格的学生取得了五门或更多的 GCSE 课程 A*—C 的分数,这个比例比伦敦以外学校超出了一倍。文法学校似乎为优秀的学生提供了进步和施展的机会,但是它是以增加不公平性为代价的。相反,伦敦城区成功地提升了考试成绩,同时降低了不公平性。这说明同文法学校相比,伦敦学校为促进社会阶层的流动提供了更多的经验。

有些学校采取部分选拔政策。沃特福德女子文法学校(Watford Girls Grammar)就是一个例子:25%的学生是通过入学考试来选拔,10%是根据音乐特长,其他学生则根据距离学校的远近。2016 年,这所学校 55%的学生取得了 GCSE A* 或 A 的成绩,90.6%取得了 A*—C 的成绩,八门成绩进步值为 + 0.47。

针对文法学校效能的分析需要考虑这样一个事实:74%的文法学校是单性别的学校,这一特性影响考试结果,我们很难将这一因素的影响与按照能力挑选学生的影响分开考虑。

容许开设更多文法学校的政治考虑是什么?绝大多数摇摆选民是地方低收入的中产阶级——C1/C2 类选民①,由于这类选民众多,各党派都知道要优先考虑他们。他们占英格兰总人口的半数,以及摇摆选民的半数。在民意调查中,C1/C2 类选民支持文法学校,尽管他们的孩子考不上。他们把文法学校与传统、校服、学术严谨以及纪律严明联系在一起。因此,尽管文法学校不太可能促进社会阶层的流动或者提升学业成绩,想争取选票的政党会倾向于建立更多这样的学校。

我们还需要注意到这种学业选拔不只发生在学生 11 岁进入文法学校的时候:

1) 在学校内部建有把学生分到不同通道和班级的选拔机制,它常常关系到学生们选择什么课程,以及在 GCSE 阶段选择哪个级别的考试。
2) 很多综合学校被容许根据学生的特长(比如科学)来选拔不超过 10%的学生。
3) 学校根据学生住所离学校的远近来筛选部分学生,成绩好的学校会因此抬高房子的价格,如此这般就建立了一种社会性的选拔机制:只有更富有的父母才能够承受得起住在离最好的学校更近的地方。
4) 具有宗教性质的学校在选择学生的时候会设置宗教标准。一旦他们这么做,就会让更多中产阶层家庭入选,通常如果没有这项条件,就不会有这么多的中

---

① 英国人口统计中将工作性质属于顾问、职员和初级管理者、行政人员、专业从业人员以及技能型劳动人员标注为 C1 和 C2 类型。

产阶层家庭能够入学。

5）几乎所有公立高中都会根据学业表现来选拔学生。英格兰多数综合学校只容许一定比例的 11 年级学生继续就读 A-level，所以，那些为综合学校教育据理力争的人主要是为 11 到 16 岁这个年龄段的学生争取权益。

因此，即使没有文法学校，公立学校也存在很多选拔机制。

最后，我们需要提醒自己的是，多数根据学业表现选拔学生的学校会得到最好的考试成绩，而且 这一点儿也不让人吃惊。那些崇拜排行榜顶端学校的人其实也是在崇拜他们的市场、声望和入学政策，这些学校的老师可能很优秀，但 并不一定是这样。

4. 继续教育学校

2015 年，71% 16—18 岁的学生继续他们的全日制学业（教育部 DfE，2016），教育的提供者主要是继续教育学校（48.4 万学生）和带高中的学校①（43.3 万学生）以及仅有高中的学校②（15.7 万学生）。

因此，继续教育学校是英格兰教育体系中的 一个重要组成部分。每年，有大约 10 万名 16 岁的学生进入一所继续教育学校学习技术或者职业课程，但是它们却很少被媒体提及，政客们也很少关注。它们的预算被削减，它们的课程质量高低参半。在 2016 年，Ofsted 督查报告指出，前一年被督查的继续教育学校有一半以上的课程"没有达到良好"（Ofsted，2015/2016 年度报告）。在很多学校，教学要求不高，出勤率很低。

迈克尔·威尔肖（Michael Wilshaw）公爵在他担任学校首席督查官的最后一次演讲中表达了一个观点，针对英国技能短缺和许多继续教育学校质量堪忧的情况，他说："半个世纪以来，继续教育学校一直是被教育政策的制定者所忽视的学校类型，我们不能再承受如此规模宏大的教育表现得却如此平庸。"（威尔肖，2016）

他有些悲观，Ofsted 的数据表明有很多非常好的继续教育学校，但是这一领域普遍需要更多的资金和更多的关注——它对于我们 16 岁以后的很大一部分孩子非常重要。

---

① 带高中的学校：School sixth form，可以是从幼儿园一直到高中，也可以从 13 岁以后到高中的学校，类似中国的 12 年制学校或者完全中学。
② 高中学校：Sixth form colleges，指那些只为 16+ 以上学生提供高中或职业教育的学校。

5. 大学技术学院

英格兰有大约50所大学技术学院,它们由大学和当地雇主资助,为14—18岁学生提供教育。大学技术学院的课程设置包括一到两门专业技术课程,与其所在地区缺乏的技能紧密关联。例如,2013年9月在银石(Silverstone)跑马场开校的银石大学技术学院(Silverstone UTC),就以高质量的工程和活动管理课程为特色。

除了核心学术课程以外,学生还学习GCSE、A-level以及其他与这些专业特色相关的证书课程,继续教育学校特别关注科学、技术、工程和数学,它们的技术、学术和实践学习是为在实际工作中运用而设计的。

继续教育学校需要很费劲地吸引学生,因为很少有学生在14岁的时候愿意换学校,也很少有学校希望学生在那个时候离开。但是继续教育学校这个想法是好的,在未来,他们可以改成招收更多16岁的学生。

6. 公立寄宿学校

英格兰有40所公立寄宿学校,主要招收11到18岁的学生。这些学校很少被媒体或者政府提及。多数这样的学校是为英国那些需要让孩子寄宿的家庭创建的(比如,父母双方都需要长时间工作或者频繁地更换工作地点——例如军队的家属),一些学校会招收海外学生作为收入来源,这些学校一般学业成绩良好,费用通常是那些私立学校的三分之一。

寄宿学校还有另外两个优势,它们营造了紧密的社团关系,身处其中的很多学生由此茁壮成长,同走读学校相比,它们能够提供更多样和更深入的辅助课程活动。沃克尔(Walker)(2016)调查了8 000名学生,发现那些在寄宿学校的学生由于拥有了寄宿经历,社会成熟度更高,而且对学校、特别是他们所属的宿馆有着更强烈的归属感。

7. 私立学校[①]

私立学校学生人数占到总学生人数的7%,但是却占到参加A-level考试人数的

---

① 英国的私立学校被称为:Independent schools, private schools或fee-charging schools。如果直译,可以翻译成:独立学校、私有学校和付费学校。Independent School的最高决策机构是学校理事会,但private school的决策者是学校的拥有者。

14%，走读学校的平均学费大约是一年1.3万英镑。

私立学校比公立学校的历史要长。最近这些年，多数私立学校都不遗余力地资助贫困家庭的孩子就读，因此，尽管它们的费用很高，但其实很多家长不需要付费。

对于英国教育系统的改革一般都是基于私立学校的有效做法，独立这一概念（等于独立托管学校和独立学校）就是指专注于传统学术课程、性格培养、软技能和课外活动。私立学校更青睐iGCSE①，它是近期GCSE改革的产物。

杜伦大学的评估与监控研究中心（Centre for Evaluation and Monitoring，简称为CEM）针对GCSE成绩进步所做的调研（恩达吉Ndaji等人，2016）显示，私立学校比公立学校更能够取得大幅度的成绩进步，并指出在私立学校就读的学生到了16岁的时候等于多接受了两年学校教育，如果用国际PISA考试成绩来衡量私立学校的话，它们可能超过表现最好的欧洲国家，与日本和韩国相提并论。

2015年的PISA考试发现，即使在控制了学生所来自的社会阶层这个因素以后，在英格兰表现最好的学校仍然是私立学校。"它们在科学上的表现与那些处于前列的国家比如新加坡15岁的学生持平。私立学校的学生比成绩仅次于他们的转变型独立托管学校学生要高出相当于一个学年的水平。"（杰里姆和舒尔，2016）

2016年基于每个科目的A-level考试成绩显示，在100所英格兰顶级学校中，81所是私立学校（教育部2017年成绩排行榜），私立学校平均A-level成绩进步值是+0.15，而公立学校是-0.12。

英格兰高等教育基金管理委员会（Higher Education Funding Council for England，简称为HEFCE）在2015年的调研发现，82%私立学校的学生在大学获得一等或者二等一②的成绩，而公立学校学生的比例是73%（HEFCE，2015）。在所有关键衡量指标中（获得学位；获得一等或二等一学位；就业或继续读研；达到毕业水准的就业），私立学校的学生在大学都表现有加。

萨顿信托公司和安瑞琪（unReach）慈善机构在2015年的一份报告指出，大学毕业六个月以后，即使考虑到年龄、性别、所上大学和所获学位的不同，私立学校的毕业生在社会地位高的工作岗位上的年收入比从事相同工作的公立学校毕业生高出670英

---

① iGCSE：i = international，即国际GCSE。这原本是为英国本土以外采取英国课程体系的学校所提供的课程考试，内容与GCSE不尽相同，但作用与GCSE相同，即检验学生第四关键阶段的学业成就，同时是进入下一阶段学习的敲门砖。
② 英国大学本科的学位根据学生成绩分为一等、二等一、二等二和三等。

镑。三年以后,这个差距加大到前者的年平均收入要比后者多 2 198 英镑。

这一区别一半要归功于之前的学业成就和所上大学的类型,但是,另外一半不是这个原因——更有可能是非学术因素,比如善于表达、坚定不移以及其他一些重要的软实力。

三分之一私立学校的学生享有学费减免。在过去的十年中,一些学校建立了助学金,比如,2016 年,曼彻斯特文法学校有 220 名学生享受了助学金,平均资助了 93% 的学费。

40% 英国私立学校学生的父母并没有上过私立学校,所以私校教育并不是一小群精英的传统。

私立走读学校 29% 的学生来自少数种族背景(ISC 统计数据),在伦敦和伯明翰的很多私立学校,大多数学生不是白人,这些学校为他们提供了他们的父辈和祖辈来到这个国家的时候展望和向往的通向繁荣的阶梯。

既然媒体如此关注不同类型学校的学生进入牛剑①的比率,我们也不妨看一看具体数字(见表 1-2)。

表 1-2　牛津和剑桥大学 2015/2016 年本科生录取情况　　　　(单位:%)

学校类型	剑桥	牛津
综合学校	19.8	31.7
文法学校	17.1	2.7
高中	6.7	7.8
继续教育学校	1.9	1.5
英国私立学校	27.5	37.7
海外学校	18	9.2
其他学校	9	8.9
总计(n=实际录取人数)	100(n=3449)	100(n=3216)

来源:2015 牛津大学录取数据;2016 剑桥大学录取数据

英国下议院图书馆分析了历史上的数据(博尔顿 Bolton,2014),发现在 1959 年,来自国内公立学校的学生在牛剑的比例是 26%,20 世纪 70 年代是 43%,1981 是

---

① 牛剑:Oxbridge,牛津大学(University of Oxford)和剑桥大学(University of Cambridge)的综合写法,中文一般说牛剑,是英国最好的两所大学,也是世界各排行榜前十的大学。

52%,以后一直在提升。现在公立学校的学生考入牛剑的数量要少于文法学校鼎盛时期的数量这一说法是误传。

8. KIPP 学校和方舟联盟学校

KIPP[①] 指的是美国"知识就是力量"项目,在美国低收入地区有 180 所 KIPP 学校,57%的学生是非洲裔美国人,其余多数为拉丁裔。学校期望所有的学生上大学,而且成功的几率很高。除此之外,学校还期望培养学生的性格和个性,专注在激情、毅力、乐观、自我控制、感恩、社交能力和好奇心。

KIPP 学校是美国称作特许学校的样例——特许学校指的是接受政府资助,但是独立于已有的公立学校体系。美国有超过 7 000 所特许学校,这些学校的表现喜忧参半。最成功的是"没有借口"特许学校(No Excuse charter schools),这些学校对学生的行为高要求,有着严格的纪律和更长的在校时间,它们就是为了大幅提升弱势背景孩子的考试成绩而建立的。

2016 年,方舟联盟在英格兰运营着 34 所学校,博灵顿戴恩斯(Burlington Danes)(第 11 章)是其中的第一所,这一联盟还包括国王所罗门学校(第 10 章),他们是英格兰表现最佳的连锁学校。方舟联盟学校的学生们取得五个 GCSE 好成绩的可能性是全国平均的两倍,这一联盟受到了美国特许学校办学理念的影响。

1.5　办学之道

1. 学校个性

我很幸运可以在彰显个性的学校工作。由于很多学校是新建的——比如新开始的独立学校,处于发展初期的独立托管学校——它们仍然在发展自己的个性。

学校个性有很多展现方式,但只要你穿过学校的大门就能够为之一振。个性是好东西,因为它能够激发人们对学校的忠诚和强烈的归属感。

[①] 知识就是力量:Knowledge is Power Programme 的缩写 KIPP。

学校的个性从哪里来呢？

它可能来自于一系列令人瞩目的活动，除了"演讲日"，还有学生盼望的其他定期活动，家长也常参与其中——比如辩论比赛、诗朗诵大奖、歌唱和器乐比赛、戏剧、艺术和设计技术展、宗教活动、名人演讲、募捐行动。学校一旦建立了活动模式并且有效推广，它很快就会成为"传统"的一部分。

有些校长建议用唱歌作为培养学校归属感的方法，当然，你需要一名能够吸引大把学生的优秀音乐老师。但是，即使你必须聘用一些音乐人，如果你想在学校营造强大的积极向上的精神，没有什么比歌唱比赛或要求学生必须参加威尔第的安魂弥撒曲合唱队更好的方法了。

所有优秀的学校都觉得自己在做特立独行的事情——"约翰佩里恩风格"（第8章）、"国王所罗门风格"（第10章）、"麦克拉风格"（第13章）（"我们摒弃大多数学校的做法"）。让孩子们为他们的学校感到骄傲，并认为它是最好的学校，这一点比什么都重要。

2. 宿馆制

在寄宿学校，宿馆（House）是学生们居住的地方。我在伊顿公学和哈罗公学工作期间，家长们既选择学校，也选择宿馆。确实，有一批家长觉得选宿馆比选学校更重要，如果他们不能进入他们想选择的宿馆，他们也许会去看其他的学校。

他们这样做是对的。在传统的寄宿学校，宿馆的舍监[①]会给同宿馆的孩子们的表现带来极大的影响，就如同家长们对他们的孩子的表现所产生的影响一样。当然，宿馆的舍监决定了宿馆的氛围，能力弱的舍监容忍违纪行为，必定令人不快。优秀的舍监会成为孩子们终生尊敬的朋友。

舍监的影响可以在前一任退休、新一任开始的时候反映得最明显，我曾见证了宿馆在一年内如何转变了他们的考试成绩、他们的运动战绩、他们的音乐或戏剧水平。因此，寄宿学校的一个问题就是招聘充足的优秀舍监。

在寄宿学校，虽然宿馆只是学生们居住的地方，但是很多学校的比赛是以宿馆为

[①] 英文中负责宿馆的老师有多种叫法，如 House parent（宿馆父母）、House master（宿馆男舍监）、House mistress（宿馆女舍监），他们与所在宿馆的孩子们同住在一幢宿舍楼里，像父母一样照顾着孩子们。

单位进行组织的。在我工作过的学校,宿馆之间的对抗会激烈到校长不得不采取特殊的措施以息事宁人。在哈罗公学,我必须阻止男孩子们在早上六点以前为军训队的对抗赛开展训练,橄榄球教练目瞪口呆地看到那些在学校间橄榄球比赛中谦让的学生在宿馆间的橄榄球七人赛上变成了速度和传球的野兽。十几岁的男孩子一般不愿意在其他同龄伙伴面前演唱,但是在哈罗公学,唱歌比赛是所有活动中最受欢迎的。

史蒂文森和史蒂格勒(1992)详细描述了成为团队一员的那股动力。在美国学校,家长们以他们孩子个体独立而骄傲,中国和日本则更多地强调成为团队的一员,包括班级中的小组,学生们被调动出极强的愿望确保团队的出色。这就是忠诚于宿馆的益处。

在走读学校,宿馆主要用于激发这样的动力,但这比寄宿学校要难,因为这些宿馆是人为组建起来的,没有其他目的。但如果有得力的员工来负责管理,也可以发挥作用。

3. 创新

2005 年,我参观了布兰特(Brent)的首都城市学校(Capital City Academy),他们想与哈罗公学建立合作。该校于 2003 年开校,是第一个也是最贵的一所独立托管学校,由诺曼·福斯特[①]设计。同布莱尔时代开校的一些独立托管学校一样,这所学校需要表现它的"创新性"以获得政府的批准,但是学校第一年就麻烦不断,不得不更换校长。新校长告诉我,他的工作就是"把它变成一所正常的学校"。

我无数次看到创新型的独立托管学校——例如,班级规模大、将大量电脑用于教学——这些创新让它们变得比能力所及更弱小,就像在诺斯利(Knowsley)的那些学校。诺斯利是英格兰拥有最糟糕的教育记录的地方当局。2005 年,当局基于学生要有"自己喜欢的学习风格"这一观点决定新建 7 所初中学校,所谓风格就是他们不愿意端坐桌旁,而是在上课的时候来回走动。教室都没有建围墙,用滑轨帘子隔成不同的区域。学校在 2009 年开学,自然,随后的那些年都用在了把学校(被称为"学习中心")变回有墙和楼道的正常学校。

[①] 诺曼·罗伯特·福斯特男爵(Norman Robert Foster)(1935 年 6 月 1 日—),英国知名建筑设计师,曾获得过皇家金质奖章,于 1999 年获封终身贵族泰晤士河岸的福斯特男爵(Baron Foster of Thames Bank)。

如果创新奏效没有问题,但是政府不应该坚持把费用给到那些只是因为有创新的学校,因为**很多创新都无果而终**。学校 90% 的时间应该用在已经建有所成的事情上——严格的纪律管束、活跃的教学、定期的测试,以及充满活力的辅助课程活动安排。

4. 政府的成绩排行榜

英国教育部的成绩排行榜部分是为潜在的家长提供信息,部分是用在教育部施加其对公立学校表现的影响上。

但是,教育部的成绩排行榜可能有误导作用——有些拥有最佳考试成绩的学校在排行榜上的排名却很低。

只有首次 GCSE 考试成绩会被"计入"成绩排行榜,这是因为政府对于学校让学生提早考试、如果需要再补考的行为感到(理所当然的)恼火。因此,成绩排行榜中很多学校的成绩并没有反映出它们实际做得有多出色——许多学生提早参加 GCSE 考试(计入成绩排行榜),但是随后再考会取得更好的成绩。在哈罗区(Harrow)①的维特摩尔高中(Whitmore High School)就是一例,这是一所出色的学校,但是它的成绩没有被准确地反映到教育部的成绩排行榜中,因为那里的学生提早参加 GCSE 的考试。

许多雄心勃勃的学校让学生参加 iGCSE 考试,因为它比 GCSE 挑战度更高。但这样做就很吃亏,因为 iGCSE 考试成绩不会计入政府的成绩排行榜。许多优秀的学校,比如哈罗公学、温彻斯特公学和伊顿公学,让学生参加 iGCSE 的数学和英语考试,结果被记录成没有通过这些科目的考试。政府不将 iGCSE 计入成绩排行榜是不鼓励公立学校提供这些课程,他们担心如果公立学校选择 iGCSE,会影响它们参与改革后的 GCSE 考试,2017 年和 2018 年是 GCSE 改革后的首考年份。

总的来说,一所学校 GCSE 和 A-level 的原始成绩反映了学生的真实情况。许多学业选拔性学校明显做得更好,这就是为什么成绩排行榜要显示成绩进步数据,这**非常有**价值,因为它部分反映了学校的教学质量。但是成绩进步数据还远远不能衡量一所学校的表现,因为学生的成就不仅取决于之前的水平和办学效能(成绩进步的两个组成部分),还有其他影响因素,包括学生的家庭生活。

英格兰在第二关键阶段的时候检验数学、阅读和写作在 7 岁到 11 岁之间的进步,后面,又会将这些成绩通过八门成绩进步值(即学生最好的八门 GCSE 成绩的进步值)

---

① 位于大伦敦地区。

的方法同他们的 GCSE 成绩相比较,这非常有价值,尽管英语和数学拥有两倍的权重,因为大臣们认为这两门课程比其他科目重要两倍(也许是,谁知道呢?)。学生 18 岁时候的成绩进步是将 GCSE 与 A-level 的成绩相比较。

和其他单一的衡量标准一样,八门成绩进步值的衡量方法也有瑕疵,一小部分薄弱学生的成绩有可能抵消掉更多学生的良好成绩。因此,有特殊需求的学生会对这种计算方式产生不成比例的影响,这是不公平的,尤其是对那些让有特殊需求的学生相对他们的能力取得了长足进步的学校。

政府还检验 GCSE 中被称作 EBacc 科目(数学、英语、科学、计算机科学、现代语言、历史和地理)中取得好成绩的学生占比,这些科目在 A-level 中被称为"提升科目"(facilitating subjects)——因为它们被罗素集团①中的优质大学所青睐。这么做是因为政府希望推动学校向主流学科发展,而且很奏效——这是政府不花钱就实现变革的一个经典案例。

运用成绩排行榜和 Ofsted 评估成绩来决定一所学校的未来这一做法给薄弱学校带来改进的压力——确实是好事。但是,却由此产生了一些在**有悖常理的动机**驱动下不希望看到的后果:

1) 2016 年以前,教育部主要统计的是取得五门 GCSE 的 A*—C 成绩的学生的占比,从而鼓励学校关注成绩处在 C/D 之间的学生,而忽视了那些成绩大大超出或者远远低于 C 的学生。

2) 由于 GCSE 成绩排行榜非常重要,很多公立学校将第三关键阶段缩减到两年(本应是从 11—14 岁三年的时间),将第四关键阶段拉长到三年。这就意味着在某些学科,学生们所学习的课程范围比理应选择的范围更窄,他们会在 13 岁而不是 14 岁的时候就弃选历史和地理这样的科目。

3) 八门成绩进步值的衡量方法鼓励学校排除差生,一小部分有着特殊需求的学生对拉低学校八门成绩进步值的影响,超过了大部分学生取得了进步从而提高了八门成绩进步值的影响,因此,学校不愿意接收或者为这一部分孩子提供支持。

4) Ofsted 成绩的重要性意味着学校理事们和校长们会花费过多的时间专注在"下一次 Ofsted 检查的准备上",却顾不上做更值得做的事情。例如,Ofsted 对

---

① 罗素集团:Russell Group,成立于 1994 年,由英国最顶尖的 24 所世界一流研究型大学组成,是全世界产生诺贝尔奖得主最多的名校联盟。

课外活动的关注不足,这就是为什么运动、音乐、戏剧、军训队和社会活动在太多的公立学校非常薄弱的原因。或者可以这么说:学校领导越来越认为,如果他们在政府督查项目上做得好,他们就是把该做的事都做好了。

5. 选老师比选学校更重要

在学校内部学生进步的差异要大于学校之间的差异。PISA 成绩表明英格兰是世界上学校内部差异最大的国家之一:学校之间的成绩差距低于 30%,其他都是校内差距(OECD,2016)。比如,2015 年英格兰 PISA 科学考试成绩中有 77% 的差异是学校内部产生的,23% 是学校之间产生的(杰里姆和舒尔,2016)。

教育部的一项研究表明,在第二关键阶段,学校内部的差异比学校之间差异高出 5 倍,在第三关键阶段则高出 11 倍,第四关键阶段高出 14 倍(教育部,2010)。

换句话说,如果家长们能够为他们的孩子选择老师而不是选择学校,对他们会更有利。特别是低收入家庭的孩子:

> "对来自弱势背景的孩子来说,高质量的教学效果更加明显。如果老师得力,一年的学习相当于 1.5 年,而能力弱的老师可能就把一年变成了 0.5 年。也就是说,对于薄弱学生来说,一个好老师和一个差老师的区别是一整年的学习效果。"(萨顿信托,2011)

这就是为什么这些学校以及联合教育托管机构始终如一地关注学校内部高质量运营是正确的做法,学校明确地告诉老师期待他们做什么,而且实施严密的监测,正如约翰森·西蒙(Jonathan Simon)(2016)所说:"学校工厂"是一种贬义的标签,但是学校内部保持一致的管理会给学生带来极大的益处。

英格兰过于关注在学校类型上的争论了(文法学校、地方政府管控的学校和独立托管学校等等),其实在每间教室里发生的事情才更为关键。

第 8—18 章是我参观了一些学校后的报告,它们因各种原因被视为特别成功的学校,但它们不是"英格兰最好的学校"。它们被选中,只是因为考试成绩优异、成绩进步大,或者看似以一种教育创新方法获得了成功,每所学校都因为一个具体的原因而被选中来阐述一个特别的观点。我其实可以再加 100 所这样的学校。

第 2 章　成功的老师

　　当你谈论教学时，很容易让人觉得你是在说显而易见的事情，因为……当然，你确实如此，但其实这是一种棘手的显而易见。

——约翰森·史密斯(Jonathan Smith)，2000，《学习的游戏》

2.1 我的成长经历

当我开始教书的时候(在伊顿公学),我们几乎没有入职培训。我教的第一节课就是我平生教的第一节课,新老师在他们的信箱中会看到校长给的一页纸,内容如下:

> **教学和纪律须知**
>
> 1. 与男生①的关系
>
> 和学生保持友好但不是哥们的关系,在课堂不得直呼学生的名字,在学生面前提及同事时要使用"先生"或"你的导师"这样的称谓,而且要求学生也这么做。不要过度谈论你的同事或者其他学生(学生干部,比如宿舍长);学生们很擅长蛊惑你采取轻率的言行,用一名老师对付另外一名老师。当学生告诉你"X先生说如果你同意就行",你最好和X先生沟通确认。不要让学生对你不敬,如果你在任何时间发现学生不礼貌的行为,让学生原地等待,通知舍监。如果每位老师对学生的行为能当面指正而不仅是抱怨,这对大家都有好处。
>
> 平等地喜欢每一位学生不太可能,但是你应该尽力绝对公平地对待所有学生,在所有正式场合应当如此,在非正式场合也尽量做到。
>
> 作为老师,你需要承担维持纪律的责任。你需要熟悉教师手册和学校的规章制度手册,如果你发现一名学生犯了小错,自己处理,并且告知舍监你做了什么;如果是严重的错误,让学生到舍监那里报到,并且告诉舍监你已经让学生找他。如果你遇到学生的越界行为,要马上查看他是否得到了许可,纪律只有在有法不依的情况下才遭人憎恨。
>
> 有关学生的所有事宜需要与舍监和导师保持联系,特别是他们的学习和行为让你难办的时候,因为他们能够告诉你学生的一些相关的家庭背景,以及学生学业和其他事情上的强项和弱项。
>
> 2. 维护纪律
>
> 首先记住学生们的名字:如果你让他们按照字母顺序从第一排开始就坐,

---

① 伊顿公学是一所男校,下文中"学生"都是指男生。

就会记得容易一些。这还有更多的好处：打破学生的小圈子或一对红。当你走进教室的时候，要求学生们端坐，保持沉默。按时开课，并要求学生们按时出勤、保持整齐；还要求学生带对课本。要毫不手软地实施轻微的惩罚，树立你的权威，给违纪的学生"条子"，让他们去找舍监或导师签字，并一定送还给你。

总而言之，你的态度和要求要保持一致，稳定和一致性对学生管用，他们希望知道他们的处境，他们不信任随意性和不可靠性。

惩罚：明确发出警告，坚决执行处罚。可以评判晚交的作业，但不能给分。所有惩罚需要让舍监和导师知情，要求违纪的学生拿"条子"或者"便签"让他们签字。对于不合格的作业最好的惩罚是"重做"，如果重做还不行，第三次作业量加倍。重做的作业，要设定提交的期限。警告后的违纪行为要给予严厉的惩罚，如果你不确定如何做，可以请教舍监。如果你对一个班整体表现不满，涉及D年级和以上班级你来找我，涉及E和F年级①之间的你去找低年级的主管。

尽量不要让学生离开教室，除非在极端的情况下，更多是在和老师认错无果的情况下。有必要的话，你应该告诉舍监。你可能会需要舍监或者导师向我或低年级的主管"投诉"学生。

总之，稳妥的方式是先紧后松，学生们常常是能蒙混过关就蒙混过关。

作弊：特别是在低年级，打小抄的可能性很大，必须立即纠正。

3. 教学方法

随时咨询你的教研室主任，不要担心哪怕就教学技能的小细节寻求忠告，如果你没有获得过教师资格证书，你可以邀请教研室主任或其他同事来你这里"听课"，并问问你是否可以听他们的课。

你还可以通过以下方法来获得帮助：访问其他学校，阅读教育部各科教学手册、特定专业的期刊，比如科学教育协会的出版物。

一堂45分钟的课其实很短，你需要事先就详细计划好时间的应用，特别是预留足够但不要过长的时间来**检验**班级对知识的掌握情况。

通常，学生通过老师对**修改**他们作业的用心程度和**发还作业速度**来评判老师，在D、E和F年级（即11、10和9年级），及时评判作业比详细反馈更加重

---

① D/E/F年级分别对应的是11年级、10年级和9年级。

要。发还作业时,做一些公开的评论,在 D、E 和 F 年级,成绩也可以公开。

你有责任要求学生的作业字迹工整、格式清晰,无论是否是英语课程,都需要修改学生作业中的英语错误,拼写和标点必须正确,等等。除了测验,让学生们使用练习册来完成笔头作业,这个好处就是能够连续一学期或者一年跟踪他们的进步。

注意对于中等生不要追求速度,他们要是不能理解,不要气馁,**更不要讽刺挖苦**。新任老师常犯的另一个错误就是讲得太多,教得不够。

不要躲避或搁置学生真心的请教,你可能需要或者希望换个时间再给予解答,或者你需要承认自己的无知,但是,你应该尽力去寻找答案,和学生约定解答的时间。

4. 报告

D、E 和 F 年级(即 11,10 和 9 年级)的指令卡(两周报告卡)以及学期中报告需要简单和清晰。

学期末报告对于大多数家长来说很重要。报告应该坦率,但在措辞上不要引起不必要的担忧,不要流露任何个人敌意。完成一篇既不是老生常谈、又不冒犯家长的报告需要时间,要避免千篇一律:不能有两份报告的内容几乎一样。将学生的努力和能力分开看待,家长应该看到对他们儿子进步和成就的评价,如果可能的话,还需要让他们了解是什么阻碍了他们的孩子没有做好他们本该能够做好的事情。要给出令人信服的评价,你需要和比如在班级的水平、上学期的表现、外部考试的预估成绩等关联上。但是,对于预估成绩,如果你对此没有什么经验的话,需要格外小心。如果你需要批评,先表扬一下,无论事情多么微不足道,要知道严厉的批评也能折射出你作为老师的能力。在任何情况下,都不能在第一时间把反映学生学业不佳的极其负面的报告给到家长。如果你能够在学期期间在你的成绩册上记一些笔记,那么你的期末报告就会更稳妥、容易和快速完成。你还可以在写报告之前把学生的练习册收集上来。

学生报告的主要标题应该考虑他们的能力、独创性和主动性、对学科的兴趣、努力程度、毅力、作业的管理和呈现,以及态度(是否合作等)。

你需要给报告留一些笔记,以便下学期不写重复或者自相矛盾的内容。

打印的报告需要用墨水笔签字,不能用圆珠笔。

5. 监考是职责,不是用来做其他事情或阅读。

以上这些现在看来充满智慧、值得珍惜的提示在那个时候却没有同样的感觉。

大学毕业以后,我在滑铁卢火车站的拱廊外卖了一阵椰子以后就直接去教书了。我不想一直做老师,但很快,我发现对我来说这是一个完美的职业。我是一名地理粉,就喜欢教地理,每天都学到更多。岁岁年年,我将假期一半的时间用于阅读和备课……享受至极。

我喜欢(教学中的)表演元素,每一堂课就像是一场演出,我喜欢给学生带来改变,我知道如何在考试中取得好成绩,我也知道如何教会我的学生取得好成绩。我喜欢(教学中的)竞争元素——我的班级会不会超过其他班?我喜欢与学生和同事建立起来的融洽关系。

最后,我喜欢作为一个优质系统的一份子——一所好学校,更重要的是一个好的教研室。在 20 世纪 80 年代,在我的学校,每年有超过 100 名学生选择 A-level 地理课,我们是一个强大的团队,让这门学科妙趣横生。

2.2 好老师的标准

研究表明,对学生进步产生最重要影响的是老师的质量,而不是学校的类型或者杰出的校长。我们要知道,同平均水平相比,如果学生遇上了能力弱的老师,他们一年只能取得六个月的进步,如果遇上能力强的老师,一年可以有 18 个月的进步——因此两者之间的差距是 300%(斯莱特 Slate,戴维斯 Davies 和博格斯,2009)。

仅通过面试很难判断一名好老师。一名老师的自身教育背景和教学能力之间的关联性不高,这就是为什么在聘用教职申请人做老师之前必须看他们上课。我们现代语言课程的一位主管比较安静,很少参与交流——很难看出他能够成为一名优秀的老师。但事实上,他是幸运的学生们所能够遇到的最富启发性的老师之一——活跃、激情、强硬,对自己所教科目了如指掌。但如果只是根据面试来判断,他不会被聘用。

学校经常邀请学生来评价他们准备聘用的老师的样板课——这可能是一个错误，因为学生可能会因为非正当的原因而喜欢一个样板课。

阿泰贝里(Atteberry)，勒布(Loeb)和威科夫(Wyckoff)(2013)通过纽约市成绩进步的数据来衡量3 000名数学和英语老师在他们职业生涯的第一个五年的教学有效性，他们发现：

1) 多数老师随着经验的增加而进步。
2) 开始的时候有效性最高的老师，五年以后有效性依旧最高。
3) 一名老师在最初两年的教学表现比其他任何因素都能够更好地预测他们未来的表现。

这表明让一名老师改进比较困难，新老师一开始就会展现他们是否具备成功的特质——比如学科知识、同情心和沟通能力。老师们可以改进，但是确保你拥有优秀老师最好的方法是一开始就聘请最优秀的人。

我开始教书的时候经历了两年的实习期，实习期的目的是让雇主确定(新)雇员是否适合这份工作，以及让雇员确定他们是否想留下来继续工作。虽然法律没有规定实习期的长度，但是，要达到上述目的，雇主在确定时间长短的时候必须有合理的考虑。

让我在此重复约翰森·史密斯所言：一个人在谈论教学时说的都是显而易见的事情，但如果这些如此显而易见，为什么在唐桥学校(Tonbridge)，大家不能成为和约翰森一样优秀的英语老师呢？这是因为身体力行这些显而易见是困难的。我教过O-level[①]的木工课，我喜欢自己动手做东西，非常清楚如何做一个桌子，但我也知道做一个桌子很难，需要很高的技能以及数年的实践才能做好，我其实做不好一个桌子。

2.3 关于老师效率的研究

布罗菲(Brophy)(1979)发现所有关于老师效率的研究在众多不足中都有一个缺陷，在回顾了现有的教学研究后，他说："环境的影响被认为越来越重要。(因此)没有

---

① O-level：以前英国(除苏格兰)14—16岁学生学习的特定课程，比A-level低一个级别，1988年以后被GCSE所代替。

所谓放之四海而皆准的教学能力……在任何情况下都适用。"也就是说,面对能力差或捣蛋的学生,教师 A 可能比教师 B 做得好,但面对能力强以及表现好的学生,教师 B 可能比教师 A 做得好。

而且,这项研究还发现了一些有用的观点。

1. 《什么是优秀教学? 基础研究综述》[①]

这是一个知名的大规模调研,涉及超过 200 篇以往对教师有效性的研究,作者们发现两个因素是让学生取得进步的最强证据:

1) 老师对学科内容知识的掌握,包括他们了解学生对学科的看法以及知晓常见错误概念的能力。
2) 教学质量,包括使用有效提问、测评、复习、答案样例、给予充足时间练习以便掌握概念等策略。

另外四个与高质量教学相关的因素包括:

1) 班级氛围——师生关系的质量、对学生期望很高,同时认可他们的自我价值,把成功归功于努力而不是能力。
2) 班级管理——管理好学生的行为,高效利用课堂时间,纪律严明,都是为了最大化学习效果。
3) 老师的信念——最好的老师做事都有理有据,比如,在数学教学中,最好的老师知道出色的算术能力是什么,以及孩子们如何学会。
4) 职业表现——优秀的老师反思并发展他们的专业实践,支持同事,和家长沟通。

证明可以有效促进学业成绩的具体做法包括:

1) 鼓励学生去发现一项课堂活动的原因。
2) 提出一堆的问题,检查所有学生的回答。
3) 就某个主题把学习或练习隔开,留出中间的空档,用来忘记所学[②]。
4) 给学生测验,让他们答题,甚至在教他们要学的内容之前就考他们。

不能改进学生成绩的一些惯常做法包括:

[①] 科(Coe, R.)、阿洛伊西(Aloisi, C.)、希金斯(Higgins, S.)和艾略特·梅杰(Elliot Major, L.)(2014),萨顿信托。
[②] 作者这里是指通过间隔忘记所学,再来学习巩固,达到长期记忆的效果。

1）过度表扬。
2）让学生自主发现核心观点。
3）根据学生的能力分组。
4）根据学生们"喜欢的学习风格"呈现内容。
5）使用反复阅读或高亮作为记忆的方法。
6）如果想让学生记住什么，就让他们积极响应而不是被动聆听。
7）努力让学生增强自信或提高志向。

如何评价教学质量？科（Coe）等人提出了三个"温和效度"（moderate validity）法：

1) **课堂观察**。多数学校运用课堂观察来帮助老师进步。督查员也采取这样的方法来检测教学质量。如果使用这样的方法，课堂观察者需要培训。

   课堂观察有三大弱点——比较主观，因此，如果观察的结果很高利害，比如决定老师的薪酬，这不是一个理想的方法；第二，一个大人坐在课堂里仔细观察，这不可避免地影响一个老师的表现——你不太可能看到一堂"典型"的课；第三，成功的教学有时是基于好几周的工作积累，一堂课无法捕捉到这些积累。

2) **在一个时间段用成绩进步模式来衡量进步**。你千万不要以原始考试成绩来判断一名老师，因为有些老师的课是面对非常聪明的学生（比如拉丁语），因此可以期待高分，另一位老师也许面对数学能力垫底的一批学生，只能期望相对较差的成绩。

   成绩进步是衡量一个学生与起点和他能力相当的**同伴相比**，从一年到另外一年的进步，我们可以衡量学生从第一关键阶段（7岁）到第二关键阶段（11岁）的进步，以此类推。

   有些老师取得的成绩进步比其他老师要好，但是，研究者很难把控老师和老师之间成绩进步的差异，因为这需要他们掌握班级学生名单——这是不能公开的信息。

   成绩进步分析的效度有可能受到很多事情的影响：

   a) 美国亚利桑那州立大学的戴维·柏林纳（David Berliner）教授（2014）发现，每个老师所取得的成绩进步的幅度会由于他们所教授的班级的不同而出现巨大差异。这是因为**外生变量**的影响，比如学生本身的情况，学生所居住的社区的特点。例如，女孩子比男孩子学习更刻苦，取得的进步也就越大。所以，当一个老师的班级有更多的女孩时，他们的成绩进步就更大。一名能力弱的老师配一个能力强的班级，也许能够比一名能力强的老师配一个能力弱的班级所取得的成绩进步更大。

赫士(2016)提出这样的观点：特别是英语语言教学，大部分孩子们的知识来自于他们的父母，成绩进步衡量标准在一定程度上是衡量孩子们的父母的有效性。给中产阶层背景的孩子上课的老师会毫无争议地取得更大的进步成绩，老师不是唯一影响孩子们课堂收获的因素。

b) 学生**前一任**老师的质量。如果一个孩子的前一任老师非常优秀，他在下一个阶段的一开始就已经达到了比他"应该"达到的更高的水平，这会压低他下一个老师的成绩进步程度。伦敦的威斯敏斯特公学有时 A-level 成绩进步不明显，A-level 的成绩进步是基于 GCSE 的成绩，所以，在这所学校，取得成绩进步很难，因为出色的老师确保了他们的学生在 GCSE 大多数科目中就取得了最高成绩。

c) 被研究的学生群体的规模。如果规模很小，成绩进步就没有什么统计上的意义。在一个小班，仅仅一个或两个孩子就可以对平均成绩进步带来很大的影响。

3) **学生评价**。越来越多的学校使用学生对老师的评价，所有大学都会采用。

科等人还得出这样的结论：以下三种评价老师的方法效度有限。

a) 校长的判断。

b) 老师的自评报告。

c) 对教案、老师所留作业和学生作业的分析。

2. 《激励老师：观点与实践》[①]

这项研究观察了 36 名被他们所在学校提名为令人鼓舞的老师的做法，随后，采访了其中的 17 名老师和他们的 203 名学生。

研究发现，令人鼓舞的老师的主要特征是：

1) 对教学有热情。

2) 与孩子们关系融洽。

---

① 帕姆·萨姆恩斯(Sammons, P.)，金顿(Kington, A.)，林多夫-维杰耶德兰(Lindorff-Vijayendran, A.)和奥尔特加(Ortega, L.)(2014)，CfBT。

3) 他们投身事业,不断学习和完善他们的实践。

令人鼓舞的课堂的主要特征是:

1) 热情。

2) 纪律管理得好。

3) 明确的课堂指令。

4) 课堂进度得当。

5) 有料的反馈。

6) 学术挑战——学生的潜力得到拓展。

7) 高期望。

8) 师生之间相互信任,学生发言不会尴尬。

9) 目标明确的活动——他们从来不会偏离目标,那就是在学科上取得进步。

10) 运用广泛的教学策略以创造丰富多彩性。

优质课堂的其他特点包括:

1) 点名让学生回答问题,鼓励所有学生参与。

2) 学生们在课堂开始和结束的时候都知道该做什么,不用提醒。

3) 老师权威感强。

4) 老师拥有很强的学科知识。

5) 课堂其乐融融。

3. 有效的学前教育、小学和中学教育项目(The EPPSE)[①]

有效的学前教育、小学和中学教育项目(Effective Pre-School, Primary and Secondary Education,即 3—16 岁 EPPSE)从 1997 年开始跟踪了 3 000 多名从 3 岁到 16 岁的学生的进步。

他们发现 GCSE 优秀的成绩与以下因素有关,按照相关性大小分别是:

1) 强调学习的学校。

2) 行为规范的学校。

3) 九年级花在做作业上的时间:25%的男孩和 32%的女生每晚花 1~2 小时,这是性别之间的成绩差距的一个因素。

---

① 帕姆·萨姆恩斯,2016 年 5 月 24 日在牛津大学的一个讲座。

4) 校长的质量。

5) 学校的物理环境。

6) 学校重视学生的感觉。

他们还发现,同其他学生相比,享有学校免费餐的学生对于学校的看法没有那么正面,他们不那么开心,学术自信也不那么强,这些强化了他们的弱势。

4. "引领的自由:对英格兰杰出的小学领导力的研究"[1]

该研究的作者们分析了 20 所杰出的小学以及 84 篇 Ofsted 督查报告,他们发现:
1) 小学最优秀的校长们的信条是:
   a) 所有孩子都能成功——大多数在 11 岁的时候都能够达到第四关键阶段的要求。
   b) 小学决定了孩子们一生的机遇。那些在 11 岁的时候在英语和数学上没有达到第四关键阶段要求的学生,在学习 GCSE 阶段就会很费劲。
   c) 学生的背景不应该限制他们的学习结果。一些学校弱势背景的孩子能够取得出色的成绩。
   d) 成功的学校持续做好该做的事情。
   e) 几乎所有的老师都优秀或杰出,持续的职业发展非常重要。
   f) 教学需要清晰的学习目标,给所有学生高效的指导、反馈和测评。
   g) 学校领导力是提升办学水平的关键。
   h) 最好的校长提供模范教学样板。
   i) 对老师最给力的支持来自其他专家实践者。
   j) 教学大纲的质量对孩子们的兴趣、参与度和学习有着很大的贡献。
2) 最好的校长:
   a) 心无旁骛地聚焦教与学。
   b) 动力十足、坚定并投入。
   c) 期望很高。
   d) 不接受任何借口。
   e) 善于沟通。

---

[1] 彼得·马修斯,雷亚(Rea, S.),希尔,and 顾(Gu, Q.)(2014),英国教学和领导力学院。

f) 信任员工,并赋能于他们。
3) 领导需要做什么取决于学校处于什么发展阶段。一所有待完善的学校需要对行为举止的快速掌控以及坚决果断的行动;一所"要求改进"的学校需要构建能力、紧扣有效的做法,提升志向;一所优秀的学校需要精益求精——确保所有教与学都到位,确保每一位学生的需求都能得到满足;一所杰出的学校需要革新——在卓越的实践上持续发展(如图2-1)。

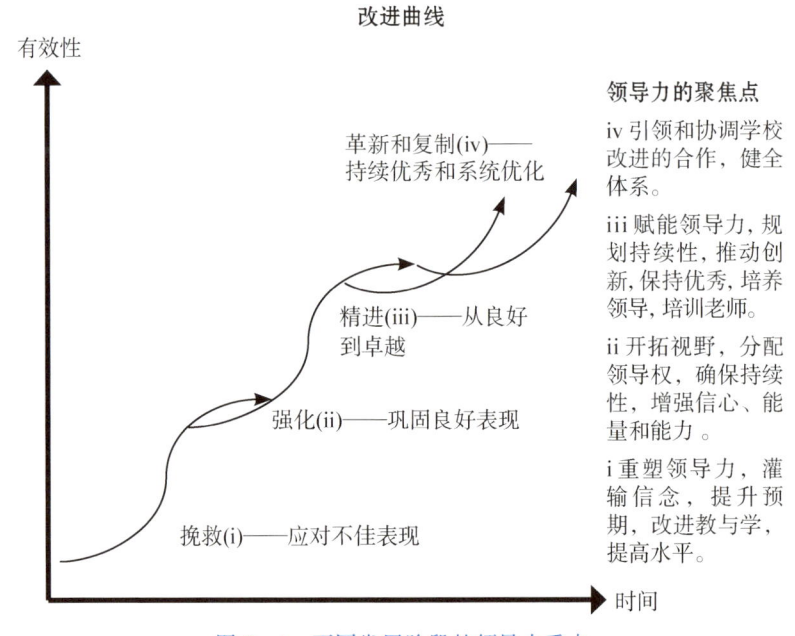

改进曲线

有效性↑

革新和复制(iv)——持续优秀和系统优化

精进(iii)——从良好到卓越

强化(ii)——巩固良好表现

挽救(i)——应对不佳表现

→时间

领导力的聚焦点

iv 引领和协调学校改进的合作,健全体系。

iii 赋能领导力,规划持续性,推动创新,保持优秀,培养领导,培训老师。

ii 开拓视野,分配领导权,确保持续性,增强信心、能量和能力。

i 重塑领导力,灌输信念,提升预期,改进教与学,提高水平。

图2-1 不同发展阶段的领导力重点

(来源:马修斯,雷亚,希尔和顾,2014)

杰出的教和学所拥有的共同点:

1) 富有启发和激情的教学能够引发学生兴趣、令他们兴奋和充满动力,加快他们的学习。
2) 对学生所为持有很高期望。
3) 全校持续保障教学质量。
4) 培养良好的学习习惯,为学生提供自主发现的机会。
5) 高度组织有序的阅读、写作和数学的教学方法。
6) 为不同需求的学生精心设计的教案。

7）激发学习热情的教室环境。

8）高频度的表扬和被珍视的奖励体系。

9）培训良好和配置合理的教学助理。

10）采取有效的评判和测评，在课程过程中对学习情况进行细查。

11）取得进步的明确证据。

5. "教育赋能基金工具包"研究项目

教育赋能基金工具包(The Education Endowment Foundation Toolkit)致力于研究在教育中"什么有用和什么无效"，为的是帮助5—16岁弱势学生提升学业水平。萨顿信托和教育部资助了这一项目。

工具包的参与者包括史蒂夫·希金斯(Steve Higgins)教授、玛丽亚·卡齐帕塔基(Maria Katsipataki)博士(杜伦大学教育学院)、罗伯·科(Rob Coe)教授(杜伦大学CEM中心)、李·艾略特(Lee Elliot)博士(萨顿信托)，罗比·科尔曼(Robbie Coleman)和彼得·亨德森(Peter Henderson)(教育赋能基金)。

在这项研究中，每项干预措施的有效性被折合成每年对每个学生的干预措施的**费用**，以及干预措施给平均每个孩子所带来的**进步**的月份数量(如图2-2)。

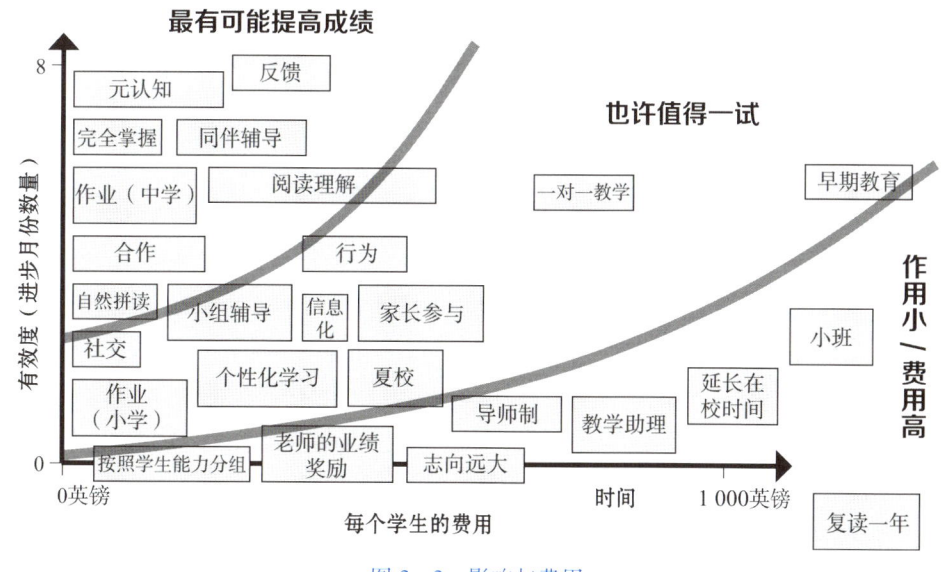

图2-2 影响与费用

(来源：杜伦大学CEM中心)

研究成果代表了很多学校的平均表现,但这并不是说它对每一所学校都适用——因此,我们应该把工具包当做思考如何办好自己的学校的参考而不是指示(见表2-1)。

表 2-1 影响 vs 费用

	干预措施带来的一年中的平均进步
无效行为	
校服政策	0 个月
根据能力分班和分流	-1 个月
拉长课程(比如变成两节课)	0 个月
复读	-4 个月
鼓励学生提高志向	0 个月
给老师业绩奖励	0 个月
改善学校的物理环境	0 个月
既没好处也没坏处的行为	
小学的家庭作业	1 个月
导师制	1 个月
参与艺术活动	2 个月
个性化教学(指给每个孩子布置不同的任务)	2 个月
采取不同的学习方法	2 个月
参与体育活动	2 个月
延长在校时间	2 个月
夏校	2 个月
能够带来进步但费用高的行为	
小班(非常贵)	3 个月
数字化教学	4 个月
改进行为举止	4 个月

续 表

	干预措施带来的一年中的平均进步
早期教育干预(非常贵)	5个月
一对一辅导	5个月
小组辅导(2～5名学生)	4个月
户外探险式学习	3个月
家长参与	3个月
教学助理	1个月
社会化和情感化学习	4个月
能够带来显著进步但花费有限的行为	
合作学习(学生们以小组方式一起学习)	5个月
中学的家庭作业	5个月
全会式学习(课程内容被分成小的单元,每个单元都有测验,学生们在进入下一个单元学习前必须取得测验好成绩)	5个月
口语教学干预(聚焦英语口语,对低龄孩子以及弱势背景的孩子很有效)	5个月
采用自然拼读教授阅读	4个月
阅读理解(对高年级不进步的学生特别有效)	5个月
元认知和自我监管(元认知是给孩子提供多种学习策略,用于他们监测和改进自己的学业成长;自我监管是指激发自己学习动力的能力)	8个月
反馈(反馈是告诉学生他们同学习目标相比做得如何)	8个月
同伴辅导(学生两人或者小组合作,相互给予明确的学习支持)	5个月

表2-1中的数据会随着新的证据不断加入而发生变化。

这个工具包是英国学校使用最多的研究成果。但是,面对这些"有用"的清单,最大的挑战是如何落地,老师们改变他们的教学方法的行动迟缓,不管怎么说,这很大程度上取决于每个具体的干预措施在细节上的落实。

布里斯托大学(University of Bristol)和哈佛大学(Harvard University)主持了

2016 年教育赋能基金**家长参与**研究（the Education Endowment Foundation Parent Engagement Project）项目，36 所英国中学的 1.6 万名学生参与了随机的控制组实验。该实验在一学年中，给家长发送了平均 30 份报告（大约一周一份），内容包括即将进行的小测验的日期、没有完成作业的警告、他们孩子的当天所学。通过这样的方式，家长更深度地参与到孩子们的学校学习中。

同那些没有收到报告的家长但水平相当的孩子们相比，那些收到报告的家长的孩子们在数学上取得了额外一个月的进步，缺课也减少了。

6.《看得见的学习》和《老师看得见的学习》[①]

约翰·海蒂（John Hattie）是澳大利亚墨尔本大学墨尔本教育研究院的主任，《看得见的学习》集合了覆盖 2.4 亿名学生、超过 5 万个研究项目的成果，海蒂比较了影响学生成就的各类因素，发现：

1) 什么不管用？缩减班级规模、个性化教学、课外活动、按能力分班、学生掌控学习、夏校、不同学习风格。
2) 什么既不好也不坏？集体教学，开放式课堂 vs 传统课堂。
3) 什么有一些帮助？探究式教学、计算机辅助教学、作业。
4) 什么有更多的帮助？合作学习、直接教学。
5) 什么帮助很大？给学生清晰的反馈、师生关系融洽、对每个学生高期望值、教授学习技能、教授学习策略。

在《老师看得见的学习》一书中，海蒂的中心思想是最高效的老师聚焦在教学所能够产生的影响上——他们不断评估自己的工作，以及学生的学业。大多数最有效的教学方法不是偶然的：它们是不断评估自己教学影响力的老师深思熟虑的策略。

最优秀的老师：

1) 不一定比稍微逊色一些的老师在学科知识上更胜一筹，但是，他们对如何组织和运用他们的学科知识有超强的领悟力。比如，他们更能够将新学科知识与学生已有知识相结合，他们更能够将他们所教的课程同学生们在学习的其他课程相关联，他们知道学生最有可能在哪里跌倒。
2) 营造一种能够接受犯错的课堂氛围，这很重要，因为只有学生不怵犯错，才能

[①] 约翰·海蒂（2009，2012）。

够从错误中学习。老师们创造了让学生想要学习并且学好的氛围。

3）研究和运用对教学有效性的反馈，由此了解何时学生们的兴趣在减弱，何时学生们没有完全掌握概念。

4）相信所有的学生都能够做得好，他们让学生深度参与，并尊敬他们。

5）赋予他们的学生这样的能力：不仅在测评中表现出色，而且对学科有着深刻的理解，并渴望成功。他们设定充满挑战的目标而不是"尽你所能"的目标。

最优秀的老师对教和学都充满激情。

"老师和学生富有激情的关键要素是他们对当学生或者当老师这件事感到欣喜若狂，伴随着教和学的过程的如饥似渴，参与教和学的活动的那种兴奋感觉……"

海蒂的发现说明，学校的改革需要专注在课堂中的活动，而不是组织构架的改革。

海蒂还无比正确地指出，读不读他的书不会给大多数老师带来改变。他说道："侃侃而谈是一回事；付诸行动是另外一回事。把本书的观点付诸行动需要有改变的愿望，需要知道成功的改变是什么样的，并且拥有让人踏实的机会来尝试任何新的教学方法。这常常需要特别的辅导。"

7. 出色教学的核心

培生教育[①]调研了 23 个国家的 1.3 万国民，问他们的问题是："你认为一位高效老师最重要的素质是什么？"

无论哪个国家、何种性别或其他什么因素，最普遍的回答是师生之间的关系最为重要。

23 个国家最珍视的五大教师素质是：

1）与学生建立相互信任和友善的关系的能力。

2）耐心、关爱和善良的性格。

3）专业性。

4）学科知识。

5）对学生的了解。

英国最珍视的十大教师素质是：

1）与学生建立相互信任和富有成效的关系的能力。

---

① 培生教育（Pearson），全球教育者有效性调研（Global Survey of Educator Effectiveness 2016）。

2）耐心、关爱和善良的性格。

3）让学生深度参与学习。

4）学科知识。

5）对学生的了解。

6）专业性。

7）课堂管理。

8）能够将观点和内容讲清楚的能力。

9）投身教学。

10）教学技能/方法的实践。

这与以下这些研究发现相得益彰：史蒂文森和史蒂格勒的研究（1992）发现美国老师把"对每个孩子的需求保持敏感"作为好老师最重要的素质，中国的老师强调"清晰解读知识的能力"，美国老师侧重个体的不同以及树立自信，中国的老师把自己看作技能高强的表演者，最高效地讲授课程。

8. 微技能（micro-techniques）

成功的老师不会在孩子们那里使用相同的教学方法。事实确实如此，大多数会同意道格·列莫夫（Doug Lemov）在《像冠军一样教学和完美实践》一书中所描述的教学技能。列莫夫观察了上百个在最棘手的美国学校中最成功的老师，找到了他们之所以伟大的具体原因。他提取出了给学生的学习和行为带来根本不同的微技能，比如，精心设计的下发和收集课堂材料的日常规范。他推荐用专门训练法来掌握这些技能。

列莫夫的许多技能都用在了学校的办学中（见第 8—18 章），所有老师都应该有一本列莫夫的书和配套的 DVD。

2.4 教师培训和职业发展

1. 英格兰的教师培训种类

英格兰有多种类型的教师培训：

> 2016/2017 学年教师培训人数：
>
> 硕士级别的课程：
>
> - 大学课程：11 992 人
> - SCITTs（以学校为中心的教师初级培训）：3 057 人
> - 委培合作（不带工资，即在学校进行的与大学或 SCITT 联合实施的培训）：7 470 人
> - 委培合作（带工资）：3 159 人
> - 教学第一项目（为吸引优秀毕业生到薄弱学校工作的项目）：1 375 人
> - 本科级别的课程：5 195 人
>
> （来源：教育部）

所有类型的教师培训都有一个目标——合格教师资格。大学提供教育硕士证书（post-graduate certificate in education，简称 PGCE 证书），它可以授予你合格教师资格，这一点最重要。

近些年，政府把很多教师培训从大学转移到了优质的学校。现在评价此事的好坏还为时过早，但可以确定地说，作为一个国家，我们仍然缺乏东亚各国的那种自信，它们拥有更长久和更精心计划的教师培训方案。我们也并没有像芬兰等国家一样让教师培训成为吸引人的选择。

在英格兰，每年有 10% 的教师退休或选择退出这个职业，这相当于 3.5 万名老师。多数离开的人是因为表现不佳，或者他们希望改善他们工作和生活的平衡。因此，每年，我们需要再聘请至少 3.5 万名老师，这相当于英国海军的数量。即使是这么大的数字，还是在没有考虑到 2016 到 2025 年学生人数 13% 的预期增长的情况下，有些地方出现了严重的教师短缺，特别是科学、现代语言、设计和技术这些科目。教学第一项目的大多数毕业生三年之内都离职了。

在英国，50 万经过培训的老师目前不在教书，如果可以兼职工作，其中的很多人也许会回归这一职业。许多人都有大学贷款[①]，全职工作会影响到还贷约定，但兼职

[①] 英国政府通过银行为学生的大学学费提供贷款，规定工作以后的工资达到一定标准需要开始还贷，但兼职的收入不计入这一工资总数。

工作则不会。

本书第 8—18 章所涉及的一些学校采取其他措施招聘好老师。有些本身就是教师培训学校，所以，它们能够从每年受训人的池子中来录取老师。有些不是教师培训学校，则从大学直接招聘，然后自己培训。有些招聘助教，一段时间以后，就培养成为全职教师。

2. "卡特教师培训回顾"

"卡特教师培训回顾"（The Carter Review of teacher training）（2015）发现教师培训的平均质量不错，尽管培训渠道的多样化令人困惑。他们主要的担心是有些培训课程缺乏对学科知识的传授——这是严重的遗漏，正是这一点让英格兰有别于那些被认为教师培训很给力的国家，如芬兰和新加坡。即使老师拥有某个学科的学位，也常常缺乏应对国家课程标准的知识广泛性，特别是小学老师，需要跨学科的广博知识。

老师短缺的科目，如数学和物理，常常让在其他学科上获得学位的老师来教，这些老师需要大量的学科知识培训，但现在他们常常没有这样的机会。

这篇回顾还发现，培训课程对孩子的行为管理、青少年发展或测评方法都重视不够。学生行为不端是老师选择离职的普遍原因。因此，行为管理显然是教师培训的基本组成，但是卡特回顾发现，有一所大学在为期一年的教师培训课程中只安排了一个小时提供这方面的建议。

3. "越过高原"报告

在"越过高原"（Beyond the Plateau）这篇报告中（2016），马特·胡德（Matt Hood）抱怨教师职业发展培训质量低劣，原因是很多老师没有成长为他们本可以成为的优秀教师，他指出我们需要打破**三个谬误**：

1）老师是天生的，而不是培养出来的。

胡德的观点是成功的老师有很多种，因此，认为老师与生俱来的性格很关键就显得不合时宜。更重要的是，他自己的经历表明，好的培训可以造就一名卓有成效的老师。

2）如果你知道，你就能够教。

第二个谬误是如果你知道什么，你就可以教什么。不是这样的，你必须懂得**如何**

讲授一门课程。光有学科知识是不够的。

3）教书并非难事。

不对，教学是显而易见的难事，需要数年才能够掌握。"和中层领导工作相比，课堂教学岗位缺乏升职到最高职位的清晰晋升路线，地位更低，薪资递增也慢。"（胡德，2016）

基于这些想法，他倡议建立新式美国风格的机构来提升英国的教学，特别针对来自充满挑战的学校的员工，并由薄弱地区的成功学校来运作，这可能比目前散兵式的教师职业发展培训要有效得多。

许多最佳教师职业发展培训是基于学科的，课程由学科委员会或者考试局来主导。这些最佳培训就是访问其他优质的学校；在另外一所学校待上一个小时所能够学到的东西，比在会议中心参加很多讲座要多得多。

新加坡的老师每年有 100 个小时的教师职业发展培训，比英格兰的老师每周要少教几个小时的课程，我们距此相差甚远。东亚的老师上课小时数比英格兰的老师要少，他们花更多的时间就如何成功地讲授知识的细节进行交流。

4. "学会教学：教学有效性衡量标准"项目

盖茨基金会（2010）"学会教学：教学有效性衡量标准"项目调研了 3 000 名老师让学生取得成绩进步的结果，并让学生参与了就他们的课堂经历所做的调研，在最高效的老师课堂中，学生们说：

1）老师掌控课堂："这个班里的学生尊敬老师。"

2）老师关心学生："我的老师确实在努力理解学生们对事情的感受。"

3）老师讲解清晰。

4）老师提高标准："在这个班里，我们每天都学到很多。"

5）老师让课堂妙趣横生。

6）老师容许学生大胆发言并分享他们的想法。

7）老师检查，确保学生全部理解。

然而，这个项目的后续项目（2012）发现，老师行为的多种衡量方法与学生成绩之间的关联很弱，比如，数学课程，跨越几年，老师行为和学生成绩进步的相关性值[①]介

---

① 相关性值越接近 1 表明相关性越高。

于 0.12~0.25 之间,同一年同一名老师的不同班级的相关性值从 0.16~0.26 不等——都很低。

相关性不高的原因是除老师*之外*的因素对学生的成绩进步有着很大的影响。比如,能力强的班级总是比能力弱的班级进步更大。甄别"最好"的老师的特性也许是圣举,但是很难用于实际。

5. 教师的自主权和质量问题

当我开始教书的时候,很多私立学校都刻意避开受过培训的申请者,因为它们觉得好老师依靠他们的学科知识就可以教书,教学法可以随着从业经历而掌握。

麦克拉社区学校(第 13 章)相信教学有特别有用的一套方法,所有老师都需要按照这一方法教学。所以,他们就被培训成一种模式。麦克拉这么做虽然有争议,但很保险——你确切地知道每个老师都应该如何表现,它意味着你不用依靠"杰出"的老师来教书。杰出的老师凤毛麟角,所以,把具有很大潜力但经验有限的老师按照"麦克拉方法"培训出来是更加安全的做法。

这样做是不是剥夺了教师的自主权?只是在一定程度上。要成为好的钢琴师必须学会读琴谱和弹钢琴,全世界的钢琴师都是按照同样的方法学习读琴谱和按琴键,最终释放而不是遏制住了他们的创作力。麦克拉的老师有很多机会来表达他们的个性,和每个学生交流,发展他们的学科知识。

6. 老师质量不是影响学生成就的唯一因素

钦戈斯(Chingos)和怀特赫斯特(Whitehurst)(2012)指出有两个变量决定学生能够学多好:老师的质量和他们所讲授的课程设置/课程大纲。如果让一名好老师去讲一个有失水准的课程大纲,效果会不及让一名能力弱的老师去讲一个出色的课程大纲。

在美国,一些旨在帮助来自贫困家庭的孩子学会阅读的项目不是基于教师的质量,而是基于详细描述的高质量课程大纲,这些项目大获成功(赫士,2016)。

中层管理

学校成功的关键常常要看中层领导者的效能,特别是年级组长和学科教研室主任。后者似乎常常不被赋予全方位的职责,但其实,他们所处的位置能够让他们比高层领导者更好地承担这些职责。

这是一所伦敦综合学校写得很好的职位描述:

学科教研室主任的职责

1. 课程设置和测评

1.1 建立工作机制,并监督教师的实施。

1.2 做好学生学业和进步的测评安排,包括内部考试的具体日程、判卷和打分,以及课程作业的布置和测评。确保定期记录数据,分析不同班级之间的不同成绩,找出原因。

1.3 及时了解学校之外的学科发展动态,介绍给同事们学习。

1.4 促进教研室内的学术探究精神,与学科组织保持联系,参与地方分会。

1.5 选定你所负责的学科的考试大纲。

1.6 每年提供给教师教学需要参照的 GCSE 和 A-level 最新版本的大纲。

1.7 考试成绩公布的时候,反馈评语和成绩单。

2. 员工管理

2.1 参与教研室新员工的聘任,起草招聘广告,撰写工作职责和教研室须知,确定入围名单,参与面试。

2.2 为教研室新教师提供入职培训,并督查执行情况。

2.3 以学生利益为先,布置教研室内的教师班级调配。

2.4 将听课作为入职培训以及绩效评估过程的组成部分,并将此作为好的做法,为教师提供建设性的反馈。

2.5 确保每个年级作业的布置和时长;作业需要按照学校的要求及时评判;在缺勤和落课的情况下需要布置临时作业。

2.6 在校长的指导下,安排教研室教师的绩效考核,协助教师后续执行考核建议。

2.7　为教研室设计并审核年度职业发展目标,并且安排好在职培训。

2.8　每年确保至少有一名教师担任第三方考官。

3. 学生

3.1　运用成绩数据追踪所有学生的进步。

3.2　确保教研室所有教师教有所学,要求学生以高标准的准确性和展现性完成学业。

3.3　只要可能,确保学生在合适的班组上课。

3.4　确保教师能够察觉学生在学习、医疗、社交或其他方面的困难,给予适当的支持。

3.5　密切关注处在考试成绩边缘的学生的进步,给他们提供额外支持的机会。

3.6　为选择你所教授的课程对口或相关专业的学生提供大学申请建议。

3.7　管理和监测选择你所教科目的拓展项目证书(EPQ)[①]的学生。

4. 教研室的管理

4.1　主持并记录例会,使它们能够促进思想交流,交换和拓展好的做法。将会议记录提交给校长。

4.2　在教研室内分配工作时,以形成团队合作的氛围、确保教研室未来发展为目标。

4.3　教师缺勤时安排补岗,确保不耽误工作。

4.4　负责联系安排教师的工作工位。

4.5　确保教室的整洁和安全,以及学校安全制度在教研室内的执行。

4.6　确保教研室固定资产的保管。

4.7　聘用和管理临时工。

4.8　管理教研室获得批准的预算,遵守学校要求的财务流程。

4.9　联系图书馆提供适合的教材。

4.10　运营一个和学科相关的社团,邀请嘉宾讲座,监督和学科相关的课外活动、俱乐部、访问和交流。

---

① EPQ:Extended Programmme Qualification 的缩写,在"成功的课程"一章中有更加详细的解读。

2.5 影响教学的其他因素

1. 班级规模的影响

英国学校的班级规模比较大——小学平均 25 人，OECD 的平均数是 21 人。

研究者们对于小班教学的作用持毁誉参半的观点。PISA 的研究说明小班教学不能提升教学水平，他们指出一些取得顶尖成绩的国家和地区就是大班教学，比如中国的小学平均人数是 37 人。安德烈亚斯·施莱彻（Andreas Schleicher）[1]经常说，政策应该"把最好的老师放到最大的班级中。"

麦肯锡的调研（见第 14—17 页）也重复了这一观点，约翰·海蒂指出，基于上百项的研究，班级平均有效规模和学生的成就呈正相关但影响很小。

教育赋能基金工具包（见第 59 页）总结了在英国的调研，得出的结论是小班教学能够提升水平，特别是在小学阶段，但是不显著而且费用相当高。

与此相反，"班级规模与师生比项目"（Class Size and Pupil-Adult Ratios project，缩写为 CSPAR，布拉奇福德 Blatchford, 2003）调查了英国第一关键阶段和第二关键阶段的学生（共计约 3.1 万名学生）。他们发现小班的孩子能够得到更多的个性化关注，课堂参与度更高，更主动，不良行为更少。老师们发现在大班教学中，他们很挫败，因为他们无法满足学生的需求，发现个别学生的问题更难，更难给予好的反馈，更难给学生个性化的任务，特殊需求的学生教得少，个性化关注少，和教学助理的学习时间长。CSPAR 项目的结论是：小班规模能够实现更好的学业成就。

美国的"学生-老师成就比"项目（Student-Teacher Achievement Ratio，缩写为 STAR，芬恩 Finn 和阿基里斯 Achilles，1990）研究了 1985—1989 年田纳西州 1.2 万名学生，他们发现小班在学术方面表现更好，特别有利于少数种族学生，从而缩小了成绩间的差距。在小班中，来自于贫困家庭的低龄孩子觉得学会如何学习变得更加容易了，学生们参与度更高，他们得到了更多个性化的关注，纪律问题更少。小班教学能够激发更强的集体感，孩子们更能够相互帮助，老师的压力更小，换老师的频次更少，老师们花更少的时间维持纪律和写各种材料[2]。

---

[1] 安德烈亚斯·施莱彻为 OECD 教育与技能部主任，被称为 PISA 之父。
[2] 一旦发生学生的违纪行为以及对违纪行为的处理，老师就需要花时间填写对情况的记录和报告等。

旨在降低班级规模的"加利福尼亚降低班级规模"研究项目(The California Class Size Reduction Program,缩写为CSR)开始于1996年,加州的立法机构通过了一项改革,目标是把学校低年级的班级规模从平均28名学生减少到最多20名学生。覆盖了1.2万名学生的田纳西州的STAR项目小心翼翼地进行了控制组实验,而加州的CSR项目涉及全州1.8万学生。杰普逊(Jepson)和里夫金(Rivkin)(2002)发现,在所有条件相同的情况下,小班提高了学生的学业成绩。将班级规模减少10名学生就提升了第三等级学生的百分比,在数学上超过了全国测试成绩中位数4个百分点,阅读超过了3个百分点。然而,在聘请了上千名新老师的情况下,所有条件不可能相同。将新老师的影响和小班的影响分开,杰普逊和里夫金发现,在数学和阅读上,新老师使他们所教授的学生超过全国成绩中位数的比例下降了3个百分点。所以,在很多学校,班级规模的缩减意味着归零,起码在短时间内是这样的。最重要的一点是,加利福尼亚CSR项目年投入16亿美元,却只收获平平。

哥伦比亚州南卡罗莱纳大学(University of South Carolina, Columbia)的退休教授洛林·W·安德森(Lorin W. Anderson)在2016年的一场讲座中回顾了已有的科研项目,他发现发生班级规模影响的差异主要是因为:

1) 参与对比的班级规模的不同(比如,25:5,25:15,40:20)。
2) 不同年龄/年级的学生,年龄越小=班级规模影响越大。
3) 学生社会经济地位的不同,越贫穷=班级规模影响越大。
4) 教授学科的不同(比如阅读vs算术)。阅读课程的班级规模的影响可能比数学课程的更持久。

史蒂文森和史蒂格勒(1992)通过详细分析得出了有关班级规模的另外一个重要观点,国家在教育资源上的投入有限,因此班级规模和教学课时常常是一场博弈。在班级规模较小的国家(美国,英国),简单经济学意味着老师们需要花更多的时间面对学生,更少的时间备课或用于职业发展。在班级规模较大的国家,比如中国(38～50人一个班),这样的体系可以让老师少教一些课,拥有更多的备课时间。

在东亚地区减少教师的教学负担非常重要,这意味着他们有时间设计出色的课程,并去观摩其他老师的教学。当然,他们必须有能力掌控大班教学——他们确实做到了,部分方法是确保学生遵守纪律,并且遵循明确建立的授课规范。学生们遵守纪律的一个原因就是课程非常精彩,所有学生参与度高。

2. 教材的影响

在英格兰,10%的10岁学生有教材,在韩国是99%。在中学的科学课上,英格兰8%的学生有教材,在韩国是88%。

为什么英格兰的学校不用教材呢?费用是一个因素,但是更重要的原因是复印的练习活页和讲义使用日益增长。练习活页有一些好处(课堂定制,学生只能把注意力集中到一张纸上),也有缺陷(容易丢失,散落在文件夹中)。课本正在消失,因为更多的材料取材于互联网。学校所强调的区别性的学习也不鼓励"一份资源满足所有"。

课本的消失呈恶性循环——如果学校不购买教材,出版社就没钱出版教材。过去,一小部分杰出的老师靠编写精彩奇妙、引人入胜的教材获得可观的收入,如今这些人已经被体系遗忘了。

那么,教材有什么好的呢?教材在以下方面要好过在线资源或纸介材料:

1) 它们更容易发放(在每学年的开始花上两分钟),而且参考起来更容易("让我们翻到去年10月我们学的第45页")。
2) 它们对后来加入课程或者落下很多功课的学生来说是重要的解决方案。
3) 它们为帮助孩子学习的家长提供资源。
4) 优秀的教材覆盖练习、问题和答案样例——对留作业和检查掌握程度都很有用。
5) 特别对于高中学生,学习根据教材做笔记是他们上大学以后的关键技能。随着讲义的问世,越来越少的学生学习记笔记了。
6) 同讲义相比,教材更便于复习(到复习的时候很多讲义都丢了)。
7) 教材**能够**用于区别性教学——所有学生使用同样的教材但可以学习进度不一。
8) 优秀的教材,如在新加坡和上海使用的数学教材,引导学生和老师非常高效地从头至尾学好课程大纲,它们节省了老师的备课时间,因为所有基础性的材料都由有经验的老师写好了。

如果你问40岁以上的人是否能够记得他们在学校的时候用过的教材,他们会回答"记得",不仅是教材的名称,他们可以回忆起在教材内的具体页数和图表,今天的孩子们能够这样谈论他们的讲义吗?

过去的教材对教育产生了极大的影响。它们不仅遵从了考试局的大纲,它们还影响了这些大纲,优秀的教材就是**大纲,它们决定了好学生能够达到的水平**,特别是 A-level 课程,考试局发布的材料并没有准确地写明学生必须掌握的内容——详细程度和深度,是教材承担了这样的任务。

罗伯特·皮尔(Robert Peal)最新的第三关键阶段的历史教材就是一个好的样例:用非常简单易学的方法深度全面地覆盖了需要学习的内容。

就像尼克·吉布(Nick Gibb)议员在欧提斯(2014)书的前言中指出的那样:

> "每一个短句子背后所要教授的内容,都会不可避免地有着广泛的多样化解读。"
>
> "比如,在第二关键阶段的科学课程大纲中,要求给九岁的学生讲'由于地球引力的影响,无支撑的物体会掉向地球',我们可以做表面化的解读,也可以讲授对其中的科学原理的真正领悟。"

学校图书馆和学校教材应该被视为所有学校必不可少的资源,好的教材有深度,它们详细阐述和清晰讲解学校教过的知识,它们铭刻在学生的脑中。

欧提斯(2014)研究了来自中国香港、新加坡、芬兰、美国马塞诸塞州、英格兰和加拿大阿尔伯塔超过 200 本教师使用的教材、教学指南和学生练习册,主要关注数学课程,但也包括地理、物理、化学、生物、历史、文学和第一语言课程[①]。

欧提斯发现,同那些成绩更加优异的国家和地区相比,英国的教材使用率在下降,比如,一项 2011 年的调研表明,英格兰 10% 的数学老师将教材作为"基础教学内容",而芬兰是 95%,在科学课程上的数据是 4%:94%。

此外,英国教材的质量也在下降。它们越来越多地成为复习指南,这是因为市场的需求:学校面对让学生取得好成绩的压力,因此所有焦点倾向于集中在考试准备上。更有甚者,很多这样的书还得到了各个考试局的"背书"。对于学校来说,很难忽视一本由主考官编写并且得到如此重视的教材。

我收集了远在 20 世纪 60 年代的教材,这些老教材比现代教材更厚,更深入,它们

---

① 英文课程,可以理解为我们的中文语文课。

很少提及考试，而现代教材似乎大部分都是关于某个考试的复习。

欧提斯解释说英格兰所面临的问题部分是因为大家对政府批准或政府推荐的教材相当不满，在其他表现优异的国家，政府确保教材编写质量（由富有经验的老师参与）和拓展学生能力是再寻常不过的事情。

3. 中学基于项目的学习（Project-based learning）

有些中学采取基于项目学习的方法，让学生开展研究、撰写报告，通常涉及一门以上的跨学科内容。这有可能激发学生的动力，增长独立科研和起草报告的技能。

一些独立学校，例如在唐卡斯特（Doncaster）的 XP 学校（XP School）和在东伦敦的 21 学校（School 21），采用了基于项目的学习，在 21 学校的网站上这样写道：

> "回想一下你的学校时光，你完成的什么课业让你感到由衷的骄傲？有可能你会想到你做了那么多除了讨好老师或者避免麻烦而没有其他任何意义的作业，想起来就心烦。在 21 学校，我们希望学校的功课赏心悦目、富有意义，并对世界产生影响。我们希望我们的学生所创作的作品，能够超越人们对学生通常的期待。
>
> 基于项目的学习是一项可以实现深度和真实学习的系列技能，其核心是学生将自己置身于丰富的学科内容或真实世界中的一个问题中，通过知识应用和技能与特质的发展，完成真正有价值的工作。
>
> 通过为真实用户生产产品并为他们所用，学习跳出了一本本练习册，被赋予了更大的意义和重要性。在课堂，基于项目的学习与传统授课会大不相同。"

2014 年 9 月到 2016 年 4 月期间，教育赋能基金承担了一项七年级学生基于项目学习的调研，采用随机控制组实验的方法，将 12 所（2 101 名学生）使用项目教学法的学校与 12 所（1 973 名学生）没有使用项目教学法的学校相比较。

他们的初步结论是项目学习对于语文能力、学生对学校和学习的参与度没有明显的影响力甚至对学校免费餐的学生的语文成绩有副作用。然而，项目教学法可能有助于提升学生口语表达、交流、团队合作和自我引导的学习方面的能力（EEF，2016）。

4. 反复练习

"反复练习"的意思是重复做一项任务直到记牢成为第二天性。
这是温斯顿·丘吉尔在哈罗公学上学的时候所采取的教学形式：

"在最低年级呆了那么久，让我的收获超过了那些聪明的男生。他们都继续学习拉丁语、希腊语和诸如此类的光鲜课程，而我则要学习英语，我们被视为笨蛋，所以只能学习英语。萨默维尔先生(Mr Somervell)——一位和蔼可亲、让我感到最亏欠于他的先生——被责令承担起教最笨的学生最被瞧不上的事情——即英文写作。他知道如何做，而且没有第二个人能像他这么会教。

萨默维尔先生有自成一套的体系，他拿出一个长长的句子，用黑色、红色、蓝色和绿色墨水把它分成不同部分，主语、动词、宾语：每一项都有自己的颜色和分类，这就是一种重复练习。我们几乎每天都做，我被留在最低年级的时间是其他人的三倍，所以我等于学了三遍，我学得很透彻。

因此，一般英文句子的基本结构深入我的骨髓。多少年以后，我的那些因能够写出优美的拉丁诗篇和精炼的希腊语隽语而获奖并成为优等生的同学，必须折回来学习普通的英语来养活自己。我不觉得自己有什么劣势。

很自然，我对让男生学英语这事偏心，我会让他们都学英语：然后我会让所有聪明的学生把学习拉丁语作为一种荣誉，把学希腊语作为一种奖励。唯一会让我鞭打他们的事情就是他们不懂英语，我会狠狠地鞭打他们。"(丘吉尔, 1939)

他后来赢得了诺贝尔文学奖。
尼克·吉布议员在 2016 年 7 月的一次讲话中提到：

"一位现在在美国一所大学居住的英国教育家在 12 月份的 TES[①] 中提出，她会'取消'乘法公式测验，并且告诉每日电讯报它们与数学无关。去年

[①] TES: Times Educational Supplement，泰晤士教育增刊，一本面向英国小学老师的杂志。

早些时候,康拉德·沃夫拉姆(Conrad Wolfram)[1]给金融时报写道:得益于21世纪的技术进步,计算是一项'过时的技能'。

最后这个观点让我想起一个有关数学发展未来的很有影响力的宣传单,名字是'我做,我懂'。这份写于1967年的宣传单提出在计算机和'简单计算器'时代,用脑算术已经成为历史,这种不切实际的想法在当时是错误的,我相信在现在也是错误的。

美国心理学家詹姆斯·罗耶(James Royer)和洛尔·特隆斯基(Loel Tronsky)回顾了前50年对认知科学的探究,发现计算机自动化和复杂的数学解题技能具有正相关的关系。"

反复练习在军队以外是个贬义词,在计算机自动化领域也好不到哪里去。但是反复练习很有效,做好了也能带来乐趣。关键是在适合的水平采用……不要太难,以至于无法实施,也不要太容易,以至于简单化。它需要带给学生征服了一个难缠的问题的满足感。公平地说,反复练习对小学数学老师比对A-level的英语老师更有用。

在《智慧世界》(克兰汉,2016)一书中,克兰汉明确地解读了为什么反复练习帮助东亚学生成为创新的思想者和本能的数学家。反复练习并不会禁锢想象力或思辨能力,它只是意味着西方儿童要费劲地进行的机械性加工,在东亚儿童那里变成了自动完成,把他们解放出来去掌握更先进的概念。

为什么有那么多的人对反复练习感到担忧?因为它不让学生自主思考,它不鼓励独立学习,它不主张辩论,它不做那些教育应该做的事情,比如性格培养和行为端正。这些都对……所以反复练习只能是教学法中的一个组成部分。

5. 数字化技术:焉知祸福

计算机和平板电脑与传统方法相比,能够帮助学生们学得更好吗?

剑桥国际考评部的一篇论文(埃尔斯顿 Elston,2013)发现,老师(就是那些应该知道很多的人)对于技术的潜能充满信心。参与调研的大多数老师相信技术帮助学生发展在现实世界中他们所需的技能,技术还可以建立更多的信心,让学生参与,并充

---

[1] 康拉德·沃夫拉姆是英国一名技术工程师和企业家,活跃在信息技术及其应用领域。

满动力。他们认为对老师来说,技术最主要的益处是可以获得丰富的内容资源,除此之外,将教室与世界相连接也是技术引人入胜之处。

2012年,教育赋能基金与杜伦大学合作(希金斯,肖Shaw和卡齐帕塔基,2012),实施了一个综合分析项目,将48项基于技术支持的各类项目所取得的效果的量化研究成果收集在一起,发现了这些项目从-0.03到1.05(-0.03是唯一一个负数,意味着有负面影响)不等的影响程度,分数越高影响就越大。48项研究中有8项的分数超过了0.5,意味着影响相对比较大。剩下的低于0.5,意味着影响比较小。结论就是,总的来说,技术能够带来积极的帮助,但还有其他类型的学习干预手段(比如同伴辅导)也能够把学习提升到更高的水平。"在这个项目中,从影响的范围来看,很明显仅有技术不会给学习带来改变,而是技术如何支持教和学中的应用才是决定其影响力的主要因素。毫无疑问,技术能够吸引和调动年轻人,但是,这一效果只有在将活动与清晰的学习目标相结合的情况下才会成为学习的优势。"

这一发现被反映在了教育赋能基金工具包中,它总结道:"总的来说,各项研究一致发现,数字技术与一定的学业收获相关。然而,在影响力上有很多的变量,证据显示,技术应该被用作其他教学方法的补充,但不应该替代传统的教学方法。"同时,计算机很贵。

最新的PISA结果(OECD,2015)表明,一定程度地使用计算机的学校比完全不使用计算机的学校可能要好。但是,计算机密集使用如果超过了目前OECD的平均水平,有可能与学生成绩更差显著关联。除此之外,报告还指出,学生在周一到周五的课外,如果每天在线时间超过六小时,很可能说明他们在学校感到孤独,他们经常迟到,或者逃课。

美国"学校效能和非均衡倡议"项目(The School Effectiveness and Inequality Initiative,卡特Carter,格林伯格Greenberg和沃克尔,2016)开展了一项研究,在美国军事学院[①]的"经济学入门"这门课程中随机选择了一些班级,禁止使用电脑设备,那些容许带电脑的班级学生平均期末考试成绩比这些学生成绩的标准差要低18%。他们发现,那些使用计算机或平板电脑的学生有时会上网浏览、查看邮件、给朋友发信息或者写本课程或其他课程的作业。

穆勒(Mueller)和奥本海默(Oppenheimer)(2014)发现,被要求使用电脑而不是纸

---

① 即西点军校。

笔记笔记的学生更低效,那些用手记笔记的学生比用键盘的学生更倾向于理解和牢记讲座内容。穆勒认为,这是因为打字的学生不动脑筋地键入所有的信息,并没有真正在听老师讲什么。

挪威斯塔万格大学(University of Stavanger)阅读研究中心的安妮·曼根(Anne Mangen)是计算机效能研究领域的领军人物,她的研究解读了为什么在学习中,手写比打字更有效。当我们用手写字的时候,我们的大脑从我们的肌肉运动中获取反馈,连同接触笔和纸的触感,这种反馈比我们接触键盘和打字所获得的反馈要更优越。

曼根(2016)对比了两组学生,一组被要求在 Kindle 上阅读一个故事,另外一组以书的形式阅读同样的故事。那些拿着书读的学生能够比那些拿着 Kindle 读的学生更好地回顾故事,以及情节发展的顺序。

那么用谷歌搜索呢?哥伦比亚大学的贝齐·斯派罗(Betsy Sparrow)等人(2011)发现,如果浏览者认为他们可以再次查阅的话,他们就不太可能记住所查阅的内容。

斯坦福大学的教育成果研究中心发布了一个针对在线学校课程有效性的大规模的调研,他们发现结果都很糟。在线学校希望学生主动开展学习,决定学习进度——激进的教师有时会觉得这些大为有益。研究者发现最大的问题是让在线学生集中精力学习。"目前,在线学校的学术优势是例外而不是必然。"(伍德沃思 Woodworth, 2015)

2016 年,伦敦政治经济学院(the London School of Economics)代表教育赋能基金公布了一项调研结果(麦克纳利 McNally 等人),涉及 51 所小学 2 241 名学生。他们发现,那些跟着纸介语文项目学习的学生比那些跟着计算机学习完全一样课程的学生的进步多 50%。作者相信线下课程让教学助理更容易调整和灵活应对孩子们的需求,计算机程序没有老师那么灵活。

因此,很难下结论说技术总能够助力学习和发展。我们能够说的是,技术应用以及其他务实的考虑,比如花费,是确保技术在教学应用中的有效性的关键。一项教育赋能基金的报告(希金斯等人,2012)指出,一些确保技术有效运用的成功要素是:

1) 通常,合作使用技术(一对或小组)比单独使用更有效。
2) 技术可以有效地作为改进学习的短期而聚焦的干预手段,长时间使用常常对提高成绩更低效。
3) 对症下药式以及辅导式的技术应用对成绩不好的学生、特殊需求学生以及弱势背景的学生特别有效。
4) 技术最好作为常规教学的辅助手段而不是替代。

5) 技术在数学和科学(同语文相比)成绩提升方面的优势更大。

英国教育资源供应商协会(British Educational Suppliers Association,简称为BESA)的研究(2015)发现,带宽不够是运用移动技术最大的障碍。此外,它发现88%的小学将平板电脑的管理和安全措施视为应用的一大障碍。在中学,这些障碍按照重要性排序是:培训和支持(91%)、经费(83%)和管理及安全措施(83%)。

如何向学生提问

高效教学的关键之一是向学生提问,研究表明最有效的提问有如下特点:

1) 给学生足够的时间来回答你的问题,你问完问题以后最有效的行动是保持安静。研究表明,老师在重复问题、强调重点和提出第二个问题之前,应该有平均少于一秒钟的沉默。

2) 在老师自己给出答案之前,让学生一对一讨论问题,有些答案就会出来了。

3) 要清楚你问问题的目的是什么,你就是想让学生重温一项内容,还是给他们提供机会理清思路,还是让他们应用或者阐述他们的想法?

4) 邀请一位友好的同事听课,就你在课堂中使用的问题数量和类型给予反馈。你的问题是不是大部分是"是与否"的问题、只需要简单陈述的答案、还是拓展和开放性的问题引发思考和讨论?

5) 使用"重复"的方法鼓励学生深度思考做出的回应,即当学生给出了答案以后,重复他们答案中的一部分内容,比如"你是在说……",然后静默。

6) 永远不要小看学生貌似无关、愚蠢或者无知的问题和答案,犯错是有用的学习方法,学生们需要感受到他们的贡献不会被嘲笑。

7) 做一个倾听者,听清学生的回答,针对理解不透彻的内容进一步提问,帮助学生发展他们的洞察力。

8) 有些学生在人数多的情况下会不吱声,叫他们回答问题,或者采取一对一和小组互动的方式给他们提供发言的机会。

9) 别人回答问题的时候学生不认真听,你应该在这之后问另外一名同学是否同意这位同学的观点,他们就会洗耳恭听了。

2.6　善待老师

上个世纪 90 年代,我去霍兰德帕克学校(Holland Park School)教书的时候,我注意到的第一件事是那里的员工没有被善待。老师的办公室很差,到处是坏了的椅子,老师的卫生间更差,老师们在课间需要自己出钱买咖啡。

现在大多数学校认识到这样的行为就是毁灭之路。只要在教师福利上投入一点,比如每个周一在教师办公室提供点心,就是在释放一个信号,这是一个能够获得一千倍回报的小花费。

位于约克的汉庭顿学校(Huntington School)的校长约翰·汤姆塞特(John Tomsett)善于此道(汤姆塞特,2015):致谢卡片、免费茶和咖啡、给生病员工送花、特殊员工午餐和庆祝活动。麦克拉学校(第 13 章)采取措施核算老师的工作量,限制那些同付出的时间相比回报有限的活动,如果老师比其他因素都重要,那么他们需要被呵护。

如果学校纠结于是否将工资与表现挂钩,有三点原因:

1) 同事间的关系。学校老师是团队作战,通常都是好朋友,他们相互支持,他们不喜欢教研室主任(通常只有两到三名员工的教研室)被要求对其他人做出评判,影响大家拿到手的钱。不管怎么说,因为同事间的关系,这种判断不太可能公平。教研室主任觉得他有义务保护员工,而不是说他们的不是。

2) 动力。丹尼尔·平克(Daniel Pink)在他的书中指出(平克,2011):老师不以金钱为动力,他们会被自主性、掌控力和目标所驱动。自主性意味着让教师自主选择他们实现学校目标的方法,试图过多控制别人会降低动力。掌控力意味着老师能够从事富有挑战的工作,全身心投入的工作,发挥潜能让他们产生聚焦和满足感。目标意味着强烈认同自己所从事的工作的价值和重要性。

3) 官僚。要实现与表现挂钩的薪酬制度的公平性,我们需要用心建设体系、可靠的业绩考核以及大量的讨论。你如何对待那些课外什么也不做但能够让学生取得出色的考试成绩的老师?或者一个班成绩特别好、另外的班成绩很糟的老师?与表现挂钩的薪酬体系很复杂,学校有时缺乏这方面的资源和时间来建立一个适用的体系。

2.7 无效行为

以下是一些我被告知老师应该做的事情，但以我的经验却认为是无效的行为……

1) 小组学习

有些老师通过学生的小组学习让他们取得很大的进步，但是我却做不到。有三个原因：第一，人们认为孩子们有能力组成小组并且认真讨论，不需要大人过多的监控（比如，28 名孩子组成四人小组，老师不可能同时监控 7 个小组），特别是男孩子，通常不愿意做学校功课——必须用老师的个性或者压力来强迫他们这样做，男孩子的小组活动的学习成果通常很有限。

第二，在任何一个小组，经常有那么一个人跃跃欲试，一旦这个人出头并且成为小组组长，小组其他人就模仿他。也许我们宣称小组活动的好处就是孩子们相互学习，但经常他们不是这样……他们学会逃避，聊闲天或者作弊。

第三，当四人小组围坐成方形，不管老师站在哪里，小组中只有一名学生面对老师，其他人都看不到正面，一名同学是背对着老师，这让控制和交流都变得更难。

2) 双人桌

要做小组活动，学校就需要购买双人桌（两个孩子排排坐），如果有这样的桌子，组织小组活动就更容易了。一个双人桌一般比两个单人桌更便宜，更省地方，所以教室可以更小。但是，双人桌可以让孩子看到彼此的功课，等于容许他们互抄（作弊）。很多能力弱或者懒惰的学生就可以通过互抄掩盖他们的弱点，特别是在老师测验的时候，这就是为什么最好买单人桌，在必要的时候，把它们拼在一起。

3) 区别化和个性化的学习

Ofsted 以前特别热衷于区别化教学，鼓励老师根据他们对学生能力（依据第一和第二关键阶段以及 GCSE 考试成绩）的分析和特殊教育的需求（学校将近 1/4 的男生归类为有特殊教育需求），给不同的学生设计不同类型的作业和问题。

这一方法的问题在于它使全班教学无法实施，这是在走 20 世纪 80 年代混合能力教学的回头路，多数人现在知道了这不可行。个性化学习——给一个 25～30 人的班级中的每个学生不同的教学内容——比全班教学要更加低效。

第二个问题是区别化一般都暗指老师对一些学生的期望低于另外一些,但是全世界有关学校效度的调研都指出,最成功的教育体系中一个显著的特点就是相信**每一个学生**只要足够努力都能成功。根据 OECD 教与学国际调研,区别化教学在东南亚那些表现优异的国家并不普遍,这是因为这一做法强化了好学生与差学生之间的成绩差距,个性化和区别化学习是 30% 垫底的英格兰男生如此糟糕的原因之一——对他们的期望值很低。

4) 独立学习

当我在剑桥大学学习 PGCE① 的时候,我们研究了 19 世纪晚期教育家约翰·杜威(John Dewey),他是动手实践或体验教育的著名倡导者之一。很多研究者还将他誉为基于项目的学习的影响者,即学生通过自主科研来学习。

杜威不仅重新思考了学习过程应该遵循的方法,还探究了这个过程中教师的角色。杜威如是说:老师不应该是那个站在教室前面讲讲这个讲讲那个,让学生被动接受零星信息的人,而应成为启发者和指导者,他这样解释道:

"老师不是在学校给孩子强加观点或建立习惯的人,而是作为团体的一员,负责选择对孩子产生影响的因素,并且帮助他们恰如其分地应对这些影响。

因此,老师是学习过程的伙伴,指导学生独立地发现某个学科领域的意义。"(杜威,1897)

过去,Ofsted 不鼓励老师讲太多。当然,冗长的讲座会很无趣,这样的课堂很难保持纪律。但是,事实上一些优秀的老师有能力做好影响力大和激发热情的灌输式教学,有能力激励孩子们**学得更快**(就像他们在大学的做法)。

2015 年的 PISA 考试评估了学生在科学课程上探究的程度,结果与科学考试成绩负相关,这意味着如果老师讲解得清楚,并马上检验学生的理解程度,学生们会学得更好,如果让他们自己去探索,他们会学得更糟(PISA,2016)。

这是 PISA 报告中的内容:

"也许令人吃惊,没有哪个教育体系中那些频繁开展探究式学习的学生

---

① PGCE:硕士教育证书(The Postgraduate Certificate in Education 的缩写),相当于一个完整硕士学位的 1/3 学分,是英国认可的一种教师资格证书。

们在科学上的成绩更高(即鼓励学生做实验或参与动手活动),考虑到学生和其所在学校的社会经济背景,在 56 个国家和经济体中,越是采取探究式学习的学生在科学上的成绩就越低。"

PISA 之所以对这一发现感到"吃惊",暴露了作者固有的想法是以孩子为中心的教学法。

独立学习意味着靠自己学习,**如果**你动力十足而且基础知识扎实,这是一个好主意——但很多孩子不是这样。独立学习在很多情况下意味着做练习题,而学不到什么。

5)电子演示稿

PPT 展示有它们的作用,但也有共同的弱点,如果每个老师都用(很多老师确实用),注意力就集中在屏幕上而不是老师身上——这让 PPT 变得无趣。如果 PPT 只是老师所教授的内容的总结(经常是这样),学生们就失去了兴趣,无论是老师的讲话还是屏幕上的信息都没有被吸收。在白板上书写的传统体系能够更加有创意,且更能够吸引学生。

2.8 结论

最好的老师会受到学生的喜爱,这意味着他们能够维持良好秩序,带着动力和志向教课,他们还——也许是表面上——善良和平易近人。

最好的老师热爱他们的学科,且有出色的学科知识(两样齐头并进)。因此,一些学校愿意聘请出色的专业(如物理)毕业生,尽管他们没有教学资格证书。他们被归类到"无资质"里,尽管他们可能拥有要教好书所需要的最重要的素质。丰富的学科知识不仅关系到你有能力给学生更多挑战,也关系到你能把给孩子们的课程上得更加有趣,因为你拥有调动兴趣的更多素材。

老师需要个性对路。教书某种程度上就是表演,表演能力会起到很大作用。哈里斯学校联盟(the Harris Federation)为受训老师提供声音和身体语言课程辅导,帮助他们在教室里展示出强有力的表现。不管怎样,你需要有能力掌控一个班级,因为如果没有好的纪律，就无法实现任何有价值的成就。因此，这意味着好老师需要得到学生的尊敬——如果有必要，老师可以有一丝威严。他们对身边在进行的活动有完全的掌控，学生们知道如果他们有不端行为，老师会注意到，如果他们的作业不全或者存在抄袭，老师会采取行动——也许惩罚学生，或者要求重做。

但最好的老师不是纪律管理员，他们外刚内柔，学生们会逐渐发现他们的热情和慷慨，但不能乱来，纪律是第一位的。

其他一些个性特征也很重要。优秀的老师工作努力，花非常大的功夫备课、评判作业以及给有需要的孩子更多的时间。他们对自己的时间毫不吝啬，他们能够应对压力，对学校和学生满怀激情，衷心希望所有人都能成功。他们严守师德——这是改变孩子生活的机会。

他们有高超的组织能力，因为在短短几秒钟从一个课堂换到另外一个课堂、追踪每一位学生、牢记他们肩负的各种额外职责、管理档案和数据库——所有这些都需要强大的组织能力。

老师们需要一定的课堂技巧，这就是为什么"没有资质"的老师需要在开始前以及教书的头两年接受培训。他们需要观摩如何有节奏和有兴趣地授课，如何确保学生遵守纪律，如何有效地使用数字资源，如何运用学生的数据，如何评判作业并记录成绩，如何撰写报告，如何讲授棘手的概念，如何有效地向学生提问，如何发现和教授有特殊教育需求的学生以及残疾学生。

最后，他们需要对学生有高期望值，这是所有最好的老师所具备的共同特点。他们认定每个学生都能够掌握某个学科，这样的态度给所有其他随之而来的事情定下了基调。不能完成令人满意的功课的学生必须重做，直到他们达到较好的水平。定期测试学生，以验证他们已经理解了或者学习了功课，那些成绩不好的学生需要重考。出色的老师相信学生的努力和教学质量决定了孩子能够做到多好，而不是取决于他们的能力。能力弱一些的孩子最终也能够成功。

就以上内容有两条忠告。有一些成功的老师几乎不具备上面的任何特征，我的A-level历史老师从来都是坐在他的扶手椅上，从来都是自己侃侃而谈，他会被如今的课堂观察评估给毙掉——但是他却是最成功的老师，学生们热爱他，为他而努力学习，他给牛剑定期输送历史学家[①]，他的性格、学科知识和声誉比他的教学方法更举足

[①] 即他的学生都考入牛津和剑桥这样的顶级大学学习历史专业。

轻重。

第二条忠告,你的教学方法取决于你学生的年龄和教授的学科,教 5 岁孩子所遇到的挑战与教 15 岁孩子的完全不同,中学数学老师需要学生们理解的东西要比英语老师多。一位优秀的劳技老师和一位法语老师具备不同的素质,一位体育老师拥有一位化学老师可能不具备的技能。

一 项 实 验

想象你要去教学校里更有动力和能力的一批学生,针对一个特定的主题把他们教成世界上最有学识的学生。

1992 年,投资人吉姆·斯莱特(Jim Slater)出版了他的书《祖鲁法则》①。他注意到他的夫人在阅读了《读者文摘》中一篇关于祖鲁人的文章后,比大多数人能够就祖鲁人的事情做更加权威性的介绍(毕竟大多数人对此并不知情)。他推测,假如她读了六本关于祖鲁人的书,然后去南非和他们住上几周,她可能比世界上任何人都更了解祖鲁人。

他将这一法则用于购买股票和经商——如果你专注在一个特定的领域(比如锌或者杏),你能够比较容易地成为该领域最有学问的人,这会在你从商的时候给予你竞争优势。

但是,还有一个原因能够让孩子们成为某个学科的专家,那就是**很多孩子的学习能力超过我们的想象**,因为我们发现说服整班的学生学习会比较费劲,所以我们就忘记了个别动力十足的孩子能够学得很多。

不久前,我在教育部一个小范围专家小组重新编写全国地理教学大纲。我们快速达成一致,应该让地理学生学习国家所处的地理位置,这是过去 20 年英格兰的地理学生莫名其妙不用学习的知识。然后,我们就需要确定到 14 岁(这个年龄以后他就有可能不用再学地理了),学生需要掌握多少国家的地理位置。世界上有大约 200 个国家,专家组的某些成员认为掌握 20 个就够了……20 个"最重要"的国家,就是美国、中国、俄罗斯、英国、法国、德国、意大利、

---

① 这本书是吉姆·斯莱特写给私人投资者的选股秘笈。

加拿大、印度、巴西、印度尼西亚……到了这儿让人犯难了。在我们对此一筹莫展之前,我建议我们应该要求 14 岁的学生掌握所有 200 个国家的位置。当然,我被否定了。但是为了证明他们是错的,我制作了一系列放在 YouTube 上播放的短节目,让我九年级的班级每周学一个大洲中的各国位置,在线测评让这个任务变得有趣,外加我的巧克力奖励机制更是生趣盎然。总而言之——他们现在知道了所有 200 个国家的地理位置,而且极有可能把其中大多数国家记一辈子。

所以,你可以试着教一教第三关键阶段那些充满动力的学生一些 A-level 水平的课程,看看你能够做到什么程度。

温斯顿·丘吉尔是一名众人皆知的懒惰学生,但是在 14 岁的时候,他背下了 1 200 行托马斯·麦考莱(Thomas Macaulay)的叙事诗《古罗马谣曲集》,并面向全校大声朗读。

这是哈罗公学一项竞赛的组成部分,它要教会学生耐心、注意力以及不达目的不罢休,它要求学生们掌握他们自己都不知道能够尽在掌握的东西,它教会他们拥有面对巨大挑战的勇气。

1 200 行,你能否让学生也背诵一篇长度只有这篇的 5% 的诗歌?

城门之守将,英勇者贺雷修斯言道:

凡立身此大地者,

死亡终将到来。

与临恐怖而亡,

何死为宜尚?

为诸父之骨骸,

为诸神之飨庙。

第 3 章 成功的学生?

> 这个男孩叫做无知,这个女孩叫做贫困。提防着他们两个,以及所有他们那一阶层的人。但最主要是提防这个男孩,因为除非那个字被揩掉,我看见他的额头上写着的是"灭亡"。
>
> ——狄更斯(Dickens),《圣诞颂歌》,1843

3.1 成绩差距的困境

2013年的PISA调研报告发现,在发达地区的几乎每一个国家,青年人比年长一些的人表现更好。差距最大的是韩国、芬兰和西班牙。这些国家在过去几十年中大幅提升了学生基础技能的水平。

然而,该报告提到:"在英格兰和北爱尔兰,年轻和年长一代的能力之间的差距微不足道。尽管这些国家的年轻人进入了一个要求更高的劳动力市场。但是,同那些将要退休的人相比,他们在语文和算术上的能力并没有好多少。"

"事实上,英格兰是唯一一个国家,年龄最大组在语文和算术上的能力要高于年龄最小组。(如图3-1)"(OECD,2013)

如果我们只看55—65岁这个年龄段的人,英格兰在24个发达国家中语文能力的排名是第三位,仅次于日本和斯洛伐克,在算术能力上排名第七。

然而,在16—19岁这个年龄段中,英格兰在语文能力上垫底,在算术能力上也几乎垫底(如图3-2)。在英格兰,三分之一16—19岁的人基础技能很低——算术能力差,语文能力更差。同他们的父母辈相比,更多年轻人接受继续或高等教育,但是他们的基础技能薄弱。同OECD其他国家拿到同等级证书的人相比,许多通过了GCSE数学和英语考试的人在算术和语文上的水平仍然很低。

在这个分析中,"低于2级水平"或"技能低"意味着无法应对简单的量化信息,比如小轿车的汽油表,或者看不懂一瓶阿司匹林上面的标签。

英格兰表现不佳的主要原因是学校教育。尽管优秀的学生做得好,但是处于尾部的差生比其他国家多。当务之急是为缺乏动力和能力的学生提供基本学校教育。

令人震惊的另外一个发现就是英格兰每十个大学毕业生中有一人的算术和语文水平低于2级。大学推断新生已经在基础教育阶段掌握了适当的算术和语文能力,但实际情况不是这样的,而且大学也不采取措施改善这一情况。

大学录取规模扩大,但越来越多的学生在算术和/或语文上能力薄弱。1998年到2015年的高等教育参与度的提升根本是通过以中等或者较低的入学条件提升了大学的招生人数,而不是提高了中学教育。

因此,英格兰比其他很多国家上大学的人都多,但是,很多学生算术和/或语文水平低(如图3-3,图3-4)。

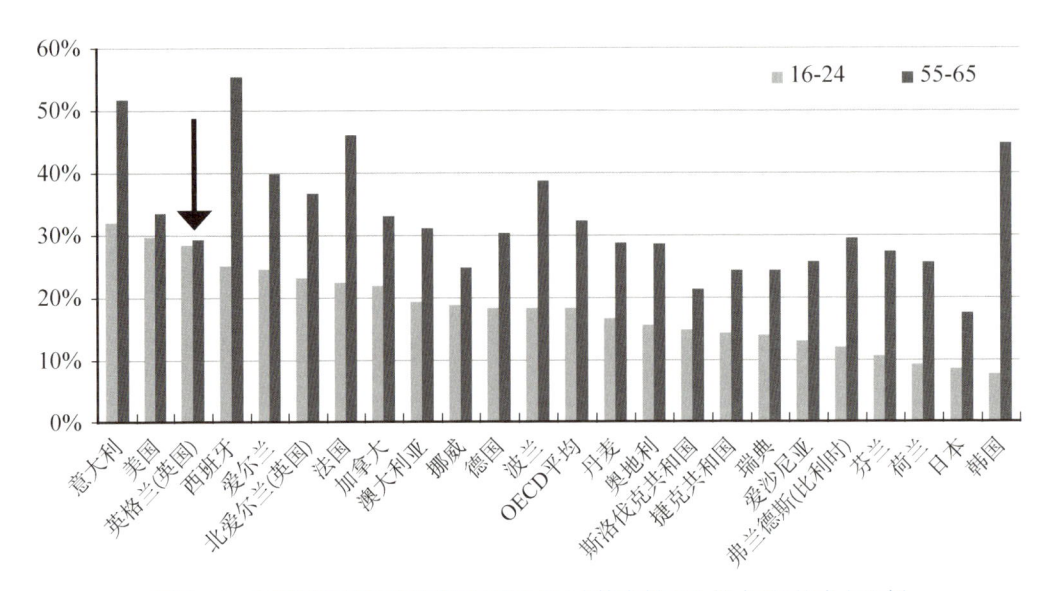

图 3-1：在不同年龄组技能薄弱（语文和/或算术低于 2 级水平）的成人比例

（来源：OECD 成人技能调研，2012）

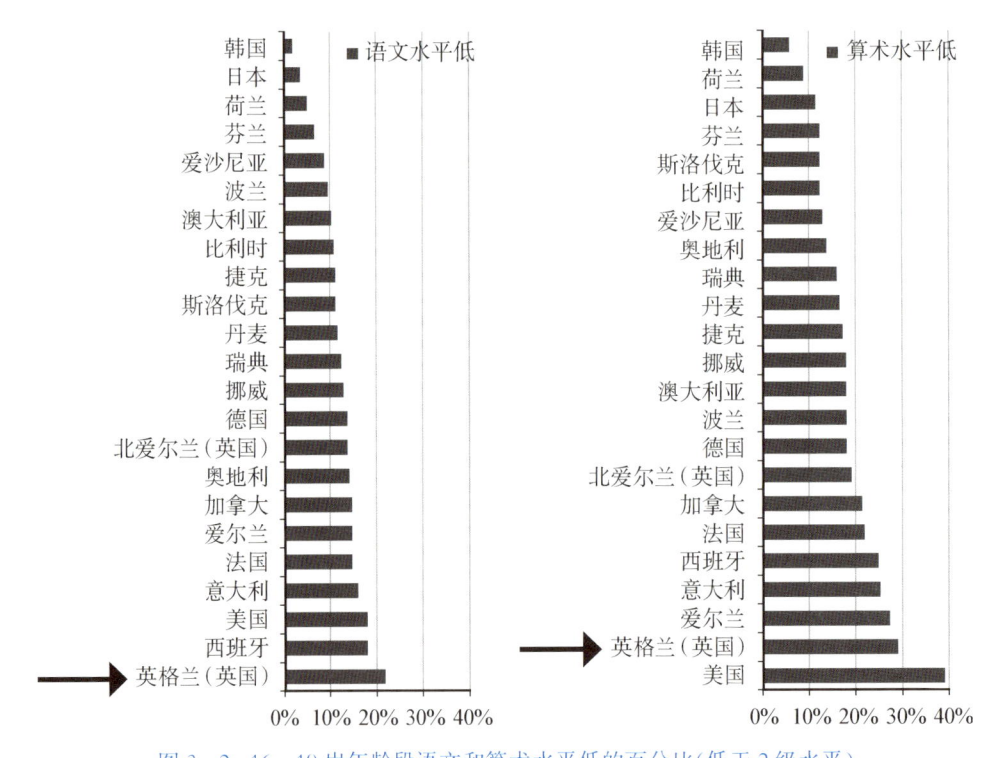

图 3-2：16—19 岁年龄段语文和算术水平低的百分比（低于 2 级水平）

（来源：OECD 成人技能调研；库塞拉 Kuczera 等人，2016）

第 3 章　成功的学生？　　91

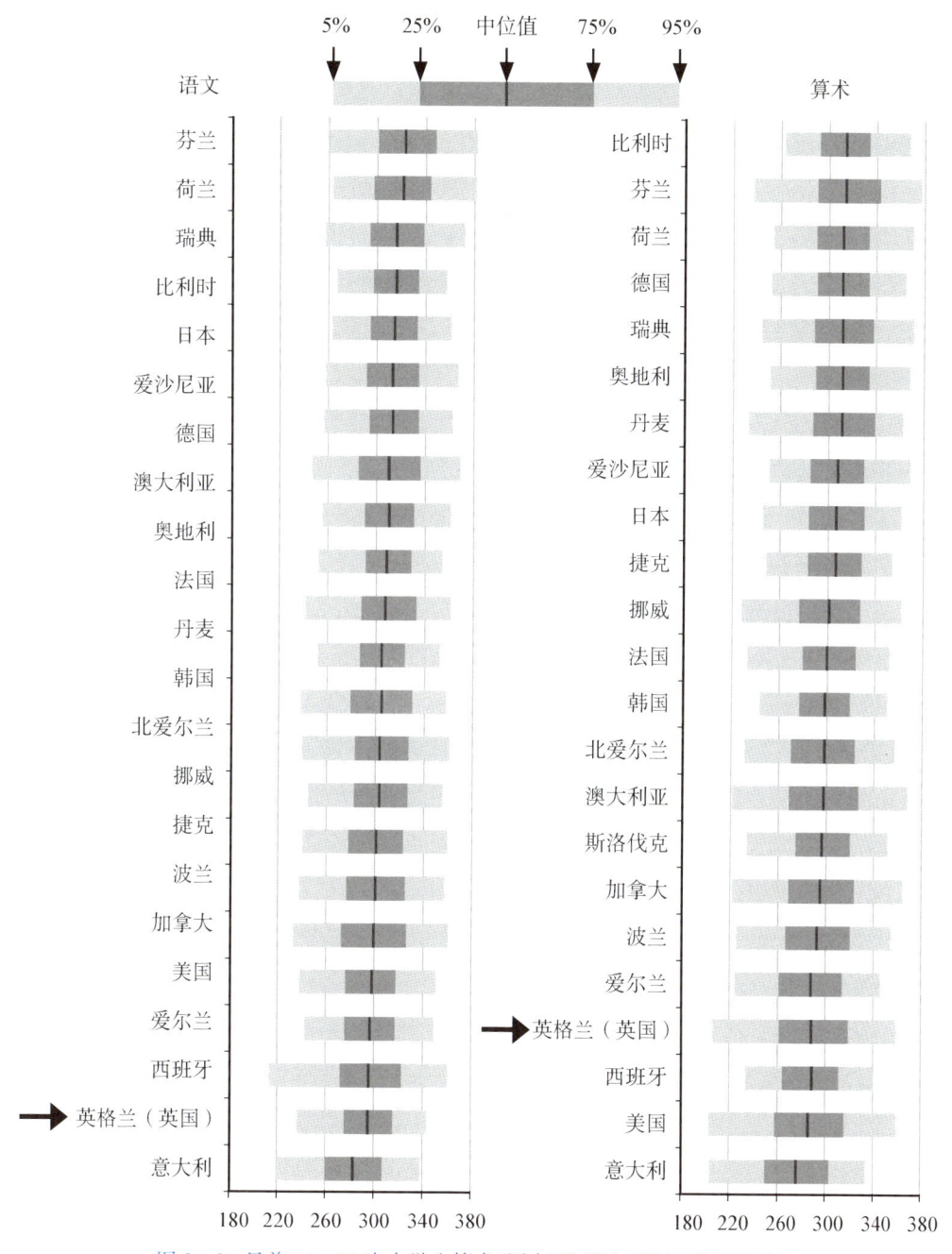

	5%　25%　中位值　75%　95%		
语文	↓　↓　↓　↓　↓	算术	

语文		算术	
芬兰		比利时	
荷兰		芬兰	
瑞典		荷兰	
比利时		德国	
日本		瑞典	
爱沙尼亚		奥地利	
德国		丹麦	
澳大利亚		爱沙尼亚	
奥地利		日本	
法国		捷克	
丹麦		挪威	
韩国		法国	
北爱尔兰		韩国	
挪威		北爱尔兰	
捷克		澳大利亚	
波兰		斯洛伐克	
加拿大		加拿大	
美国		波兰	
爱尔兰		爱尔兰	
西班牙		→英格兰（英国）	
→英格兰（英国）		西班牙	
意大利		美国	
		意大利	

180　220　260　300　340　380　　　　180　220　260　300　340　380

图 3-3：目前 16—34 岁大学生算术（图右）和语文（图左）技能的分布

（来源：OECD 成人技能调研；库塞拉等人，2016）

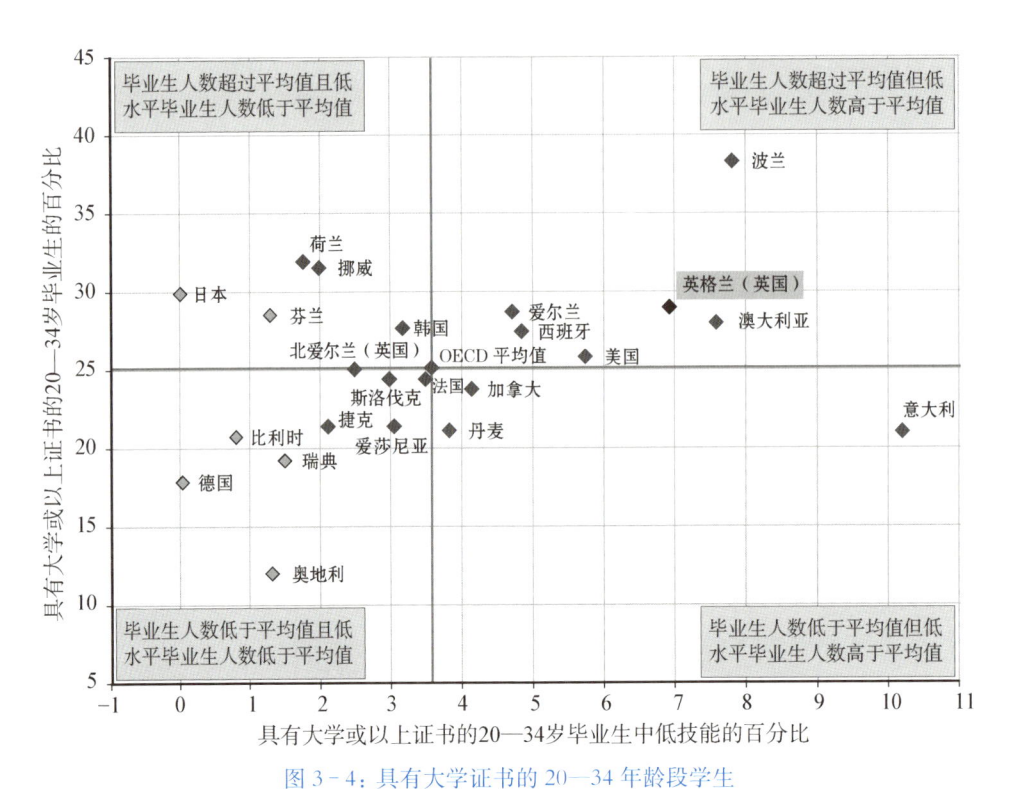

图 3-4：具有大学证书的 20—34 年龄段学生

低技能 = 语文和/或算术水平低

(来源：OECD 成人技能调研；库塞拉等人，2016)

库塞拉等人(2016)在他们的 OECD 报告中指出："通常情况下，那些基础技能低的人不应该进入三年制的本科学习，这样做既花钱又不适合这些人的教育需求，基础技能薄弱的大学毕业生削弱了英国大学学位的含金量。应该引导这些潜在的新生去接受满足他们需求的更适合的教育。"

既然英格兰那么多年轻人的表现如此平庸，你可以肯定，比他们更低一层的学生的所为更令人吃惊。本章将聚焦这一层学生——因社会-经济地位、种族和性别等不同而造成的成绩差距。

所有教育效能研究(EER)表明，学校有些学生比另外一些要做得好，学生的进步除了受到他们的学校的影响外，也受到他们的父母、邻里以及同伴的影响。

研究表明学校对弱势背景学生的**影响最大**，正面的和负面的。一所好学校能够极大地改变来自贫穷背景孩子的前途,来自更富有家庭的学生无论学校质量如何,都能够学业有成(科尔曼,1966)。科尔曼的差异化影响可以总结为"学校质量对弱势学生的影响是优势学生的两倍。"

史蒂夫·斯特兰德教授在2010年的研究中调查了不同学校7—11岁的学生所取得的进步与他们之前的成绩、种族、学校免费餐以及性别之间的关系,他采用了英国国家数据库中超过1.42万所小学的53万名学生的数据。

他发现没有哪所学校能够消除或者反转学校内部和免费餐学生、加勒比地区黑人或者英国白人相关的成绩差距。有些学校在所有学生所能达到的平均水平上做得比其他学校好,但是,不管什么学校,**差距依然存在**。

斯特兰德得出这样的结论:如果学校对英国白人学生、男生或者免费餐学生提供有效的教育,那么对加勒比地区黑人学生、女生和不享受免费餐的学生同样有效。简而言之,没有证据表明针对不同学生类型,学校的效能会有区别。

在一项2016年的研究中,史蒂夫·斯特兰德分析了57所主流学校①超过6 000名7岁和11岁的学生连续三年的全国测试成绩。这些学校均位于社会和种族迥异的伦敦市内的自治市镇。取得进步最小的学生组是享受免费餐的英国白人学生,以及加勒比地区无论是否享受免费餐的黑人学生。学校间学生平均进步的差别很大,但没有证据表明学校效能的区别与缩小免费餐、种族以及性别学生组之间的差距有关。所有学生组别受益于更具效能的学校的程度相当。

更多高效的学校"提高了水平",但没有"缩小差距",这说明学校之间"质量"的不同在填平差距上的作用不大。

为什么无论学校的成绩好还是成绩差,富有和贫穷、黑人和白人、男孩和女孩之间的成绩差距却保持不变?答案可能是这一差距和学校的相关性很小,而是家庭背景的产物。或者答案可能是学校采取的措施限制了他们缩小差距的能力,比如分班——把更多弱势背景的孩子分到低层班级,这会降低他们的学习动力。

不管什么原因,结论是,如果我们要想缩小成绩差距,我们需要像聚焦学校类型一样关注学校内部体系,"失败的学校"并不需要承担造成成绩差距的责任。

---

① 主流学校:mainstream school,针对无特殊需求的学生开设的学校,是相对于为有特殊需求孩子提供教育的特殊学校(special school)而言的。

> **学校免费餐：都给了谁？**
>
> 2016年1月，英格兰国家提供资金的学校里的孩子们可以享有学校免费餐，条件是他们的一方父母或者抚养人接受如下福利：
> - 收入救济金
> - 以收入为依据的就业救济金
> - 与收入相关的就业救济金
> - 移民法第六部分和1999年难民法规定的救济金
> - 政府养老金信贷保障
> - 儿童纳税信贷
> - 工作纳税信贷
> - 在最初福利筛选时，符合统一福利救济金条件

3.2 种族间的差距

1. 种族与成绩

根据2011年的人口统计(2011)，80.5%的英国人口是白种英国人，2.2%是混合种族，7.5%是亚洲人，3.3%是黑人。在英格兰15—16岁的6 700 000名学生中，27%来自少数种族。在伦敦市区，这个比例是82%。在伦敦新汉姆区，这个比例是92.8%。

在英格兰，2016年的GCSE八门成绩进步值中，中国学生为+0.68，黑人学生为+0.17，白人学生为-0.09（所有学生平均值为0.0）。

2015年，教育部发布了斯特兰德教授的另外一篇调研报告——"英格兰16岁学生的种族、剥夺与教育成就：发展趋势"。这篇报告研究了不同种族、免费餐资格和不同性别学生在GCSE成绩上的不同。他发现在过去20年，同免费餐学生和不同性别学生相比，不同种族学生在学业成绩上的差距显著缩小。

2004年，少数种族学生与英国白人学生之间的平均差距是18%（根据五门GCSE

课程取得 A*—C 成绩的占比计算,包括英语和数学),男孩和女孩的差距是 7.7%,免费餐学生是 28%。到 2013 年,种族间的差距下降到 7.2%,性别差距提升到 10.1%,免费餐差距是 26.7%。

我们再一起看一看单个种族学生的情况。2004 年以来,五门 GCSE 课程(包括英语和数学)取得 A*—C 的成绩(如图 3 - 5):

1) 印度和中国学生远远超过英国白人学生。
2) 孟加拉学生从紧跟到超过英国白人学生,尽管他们是社会-经济最受压迫的种族之一。
3) 非洲黑人学生从比英国白人学生低变成比他们高。
4) 加勒比地区的黑人学生和巴基斯坦学生正迎头赶上,现在与英国白人学生旗鼓相当,比没有享受免费餐的学生略低,比享受免费餐的学生略高。
5) **如果只看享受免费餐资格的学生**,其中所有种族学生都比英国白人学生成绩要好,差距越拉越大,11 岁的第二关键阶段和 16 岁的 GCSE 的成绩都是如此。

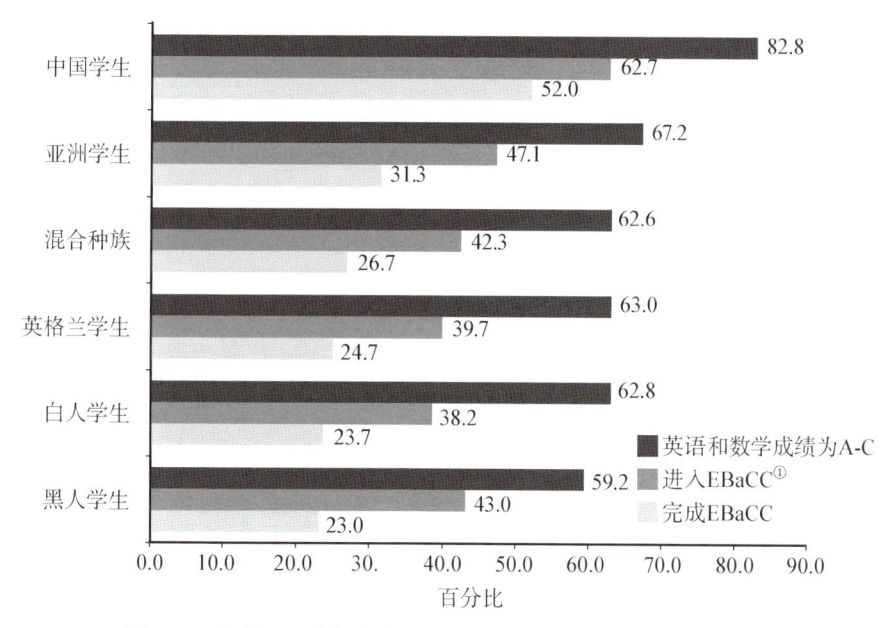

图 3 - 5:英格兰国家提供资金的学校主要种族学生入门测评成绩

(来源:教育部,第四关键阶段成绩数据)

---

① 英语文凭,见第 122 页详解。

一些研究表明，少数种族学生的家长比他们那些白人同学的家长对孩子的教育参与度更高。斯特兰德教授发现，同来自英国白人家庭的孩子相比，印度学生更有可能每周五个晚上都能够完成作业，印度家长更有可能有家用电脑，或付钱让孩子参加私人辅导课程(斯特兰德，2011)。

克里恩斯(Culliance)和卡比(Kirby)(2016)分析了 2015 年享受免费餐学生的 GCSE 成绩，这类五门或者更多 GCSE 课程(包括英语和数学)取得 A*—C 的中国学生占比最高，为 74%，紧随其后的是亚洲学生(48.2%)，黑人学生(41.2%)，混合种族(37.5%)和白人学生(28.3%)，如果不考虑旅游移动人口和吉普赛/罗姆人，英国白人学生的表现最差，为 27.9%。

享受免费餐的英国白人男生在所有主要种族中的 GCSE 成绩最低，只有 24% 达到了 GCSE 五门课程(包括英语和数学)A*—C 的成绩，享受免费餐的英国白人女生在所有主要种族女生中的成绩也是最低，为 32%。2016 年八门进步成绩值(常常是最好的八门 GCSE 成绩)数据见(如图 3-6)：

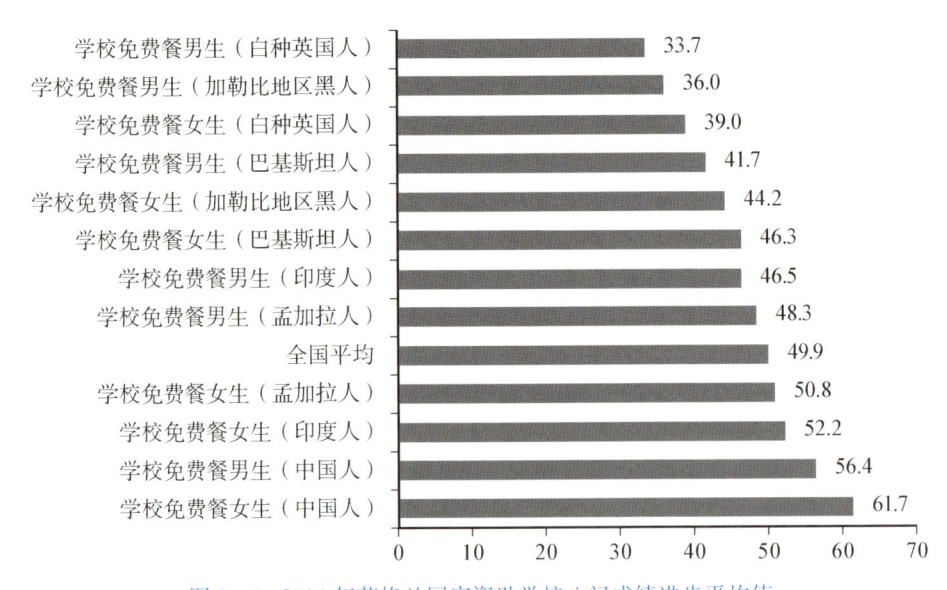

学校免费餐男生（白种英国人）	33.7
学校免费餐男生（加勒比地区黑人）	36.0
学校免费餐女生（白种英国人）	39.0
学校免费餐男生（巴基斯坦人）	41.7
学校免费餐女生（加勒比地区黑人）	44.2
学校免费餐女生（巴基斯坦人）	46.3
学校免费餐男生（印度人）	46.5
学校免费餐男生（孟加拉人）	48.3
全国平均	49.9
学校免费餐女生（孟加拉人）	50.8
学校免费餐女生（印度人）	52.2
学校免费餐男生（中国人）	56.4
学校免费餐女生（中国人）	61.7

图 3-6：2016 年英格兰国家资助学校八门成绩进步平均值

(来源：教育部，第四关键阶段成绩数据)

来自社会流动委员会(Social Mobility Commission)的肖等人(2016)发现，在小学，来自低收入家庭的英国白人和"其他"白人学生是表现最差的学生组。英国白人学生在随后的整个中学阶段进步最小,从而导致第四关键阶段的成绩更糟。在低收入家庭中,英国白人学生进入高等教育的可能性最小,10 人中 1 人上大学。相比之下,加勒比学生是 10 中有 3 人,孟加拉是 10 人中有 5 人,华裔是 10 人中有 7 人。

在伦敦,不同区的白人免费餐资格学生的成绩表现迥然不同。2015 年,在威斯敏斯特区,50%的这类学生在 GCSE 课程中(包括英语和数学)取得了 A*—C 的成绩。在新汉姆区,这个比例是 25.5%。

艾伦(Allen)等人(2016)调研了 2010 年夏季参加了 GCSE 考试的 16 岁学生的去向,发现**在 GCSE 成绩相同,并且居住区相同的情况下**,同少数种族学生相比,英国白人学生选择一所有高中的学校或者去读一所高中学校的可能性更小。

除了吉普赛/罗姆人以外,每一个少数种族群组的学生上大学的比例都高于英国白人。2016 年,只有 28.7%来自公立学校的 18 岁白人学生进入英国大学,而英国亚裔这一比例是 42.9%,英国华裔的比例是 57.9%(UCAS,2016)。

黑人学生,特别是男生,也表现不佳。肖等人(2016)发现,尽管黑人学生入学时的表现与全国平均水平相当,但他们上学后就没有保持住这一水平。他们在少数种族中最有可能 GCSE 数学不及格,最有可能被学校劝退。特别是在第四关键阶段,黑人男生比黑人女生的表现要明显逊色。在第五关键阶段,黑人学生的成绩最低。在大学,黑人学生取得一等学位的可能性不到他们白人同学的一半,而且 10 人中有一人会在第一年辍学。

在就业上,亚洲穆斯林表现得没有他们应该做得那么好,来自巴基斯坦和孟加拉背景的年轻人比以往任何时候都有可能在教育上取得成功并进入大学,特别是女孩。但是,这些成绩没有反映到他们的就业中,特别是孟加拉女性普遍找不到工作。巴基斯坦人无论男女都相对不太可能找到管理或专业类的工作(肖等人,2016)。尼文(Niven)等人(2013)发现,孟加拉家庭和其他种族相比,更有可能期待他们的女儿早早结婚生子,映射了他们来自乡村和社会保守的孟加拉锡尔赫特地区的根源。

2. 种族和学校隔离

2011 年的人口统计显示,19%的英国人口来自少数种族背景。但是,教育部 2016 年的统计发现,31%的小学生、28%的中学生来自少数种族背景。卡塞伊(Casey)回顾写道:2013 年,在校生少数种族的比例超过了 50%,成为了多数种族(卡塞伊,2016)。

Demos①和政策交流②这两个机构使用相异性指数研究了英国白人学生和其他种族学生的隔离情况。它衡量了在某个地区英国白人或少数种族学生必须更换学校的百分比，这样做是为了让这个地区每所学校的种族组成结构代表这个地区整个学生人口的组成结构。布莱克本地区(Blackburn)(见第16章)位于第一位，指数为63.6%(政策交流融合中心，2016)。

卡塞伊回顾(2016)提出了这样的观点：

"综合考虑，少数种族集中在某些居住区或者学校增加了这种可能性：孩子们在成长过程中不太可能遇到或者更好地理解来自不同背景的人。拿一个令人触目惊心的例子来说明这种隔离所造成的影响，我们访问了一所非宗教的公立中学，在一项他们实施的调研中，学生们相信英国人口50%～90%是亚洲人，这就是他们长大到那个阶段的经历。"(卡塞伊，2016)

肖等人(2016)指出，当少数种族学生集中到了某个地区的一小部分学校，而不是分散到这个地区的各个学校的时候，将降低这些学生的成绩，特别是在第二关键阶段。

3. 中国学生

我从中国香港和中国大陆录取了一批男生，并且当过他们的老师，受益匪浅。

他们在数学上比英国男生要提早两到三年。2005年，我决定与其让16岁中国香港学生到英格兰参加入学考试，不如让他们就在中国香港的一个中心参加常规的高中奖学金入学考试，这个考试旨在筛选出优秀的学生。但是，在第一年的考试中，每一位学生都得了满分。从那时候开始，我们就得专门为东亚学生准备不同的、更难的考试。

英格兰人有时候会说，"中国学生擅长死记硬背，而不能思考。"事实却正好相反。我所在学校来自中国的数学课程学生在英国数学奥林匹克竞赛中出类拔萃，比他们的英国对手更善于解决复杂问题。他们如此出色的原因是他们的数学学习采用的是全会式学习法(见第125页)，他们在有限的主题范围里深入学习，他们大量练习，形成了对数学概念本能的掌握。

---

① Demos：英国一家慈善性质的机构，发挥着政府智囊团的作用，为政府决策提供建议。
② 政策交流：Policy Exchange，英国领军级的智囊团机构。

有些同事还说,"中国学生数学好,是因为他们小的时候必须学习4 000个汉字(而不是26个英文字母),这让他们学会了抽象思维。"这种说法如同说所有中国人都具有学习数学的天生能力,也不对。中国人数学好是因为他们学习刻苦。

他们比英国学生要刻苦得多。当我问我的中国香港学生他们的假期计划是什么,他们常常回答说,"我会找老师辅导。"开始的时候,我感觉被冒犯了,相信所有在英格兰学校的老师也会感同身受。但最终我明白了这是中国香港很多青少年的日常。

我的很多来自中国香港和内地的中国学生都擅长一到更多种乐器,常常是小提琴、大提琴和钢琴。有些在13岁就达到了8级水平,英国学生在这个年龄达到这个水平则非常罕见。要想知道中国孩子为何如此擅长乐器,你可以读一读蔡美儿①讲述的在学习乐器这件事上,她是如何给她的女儿们施压的(蔡美儿,2011)。中国家长信奉学习乐器的意义,并且强迫孩子遵守天天练习的准则。这些孩子知道很难,但是一旦他们达到了一个高水平,他们就产生了自我动力。在我的学校里,擅长乐器的中国学生比英国同学练得更多,而且不用大人的鼓励。

仍然有些人会说:"他们可能知道如何照谱弹奏,但是他们具备真正的音乐才能吗?"答案是"有"。他们具备很强的音乐才能,有些学生考入了皇家音乐学院……他们要成为职业音乐家。

那么,为什么这些学生来英国上学? 主要原因是为了更容易地进入英国顶级大学,以及学习英语,但我们还教会了他们另外两件事:更多地挑战老师和表达自己的观点。在中国香港和中国大陆,他们不太会这样做。我们要求他们参加辅助课程活动,比如体育和戏剧,这些课程能够让他们达到的高水平在中国是罕见的。

在《学习的鸿沟》一书中,史蒂文森和史蒂格勒解读了东亚和美国学生的关键不同。在东亚,人们认为所有孩子只要努力到位都能够学好,而美国(和英国)则认为要不你在某个学科上有能力,要不你就不行。因此,在东亚,如果一名学生落后了,老师**和学生**都相信只要他们共同努力就能够改变这种情况(史蒂文森和史蒂格勒,1992)。当然,中国也有智商高和智商不那么高的学生,但是,智商低的学生只是要更加刻苦地学习。

而在美国和英国,如果你某门学校课程学得不好,你就会相信这是基因性无能,不可能克服,于是就放弃了。

---

① 蔡美儿:Amy Chua,《虎妈战歌》的作者。

如果你相信所有的学生都能够学好,你就不会按能力分班,因为那样有可能就把学生固化在了不同的成长路径上,薄弱学生就会在所谓的"自我设定的预言"之路上前进得更加缓慢。

中国学生比英国学生更充满动力,他们有为自己的家庭而学的愿望,他们觉得要是失败了会给家庭蒙羞,如果他们不能取得好成绩,他们的家庭会丢脸。

克兰汉(2016)精彩地解读了为什么中国学生学得好。被父母和祖父母强化的孔子哲学说,刻苦学习和遇到困难坚持不懈非常重要,因为这些会让你成为一个有道德和贤能的人。同时,失败会鞭策你更加努力,而不是成为放弃的借口。

所有论据都在告诉我们,刻苦努力和高智商一样重要。2016年,列格坦研究院(Legatum Institute)提出了一系列建议,给认知能力最高的前1‰~2‰的学生建立选拔性超高的文法学校(奥肖尼斯 O'Shaughness,2016)。这些建议让有经验的老师马上就意识到不靠谱——高智商的大人不一定是那些在学生时代智力测验中被识别出来的10、11甚至16岁的高智商的孩子。那些学习出色的学生**集合**了一定的遗传智力和刻苦努力的能力。

3.3 社会-经济地位

1. 弱势家庭背景的学生在上学之初就远远落后于优势背景学生

堪萨斯大学(University of Kansas)研究者贝蒂·哈特(Betty Hart)和托德·莱斯利(Todd Risley)(1995)走访了42组不同社会-经济背景的家庭,评估家长和孩子之间的日常交流方式如何塑造语言和词汇发展。每个月,他们对每组家庭进行一小时的观察,从孩子七个月一直到三岁,在四年的时间里,他们发现,来自高收入家庭的孩子比来自靠福利救助的家庭的孩子要多听到3千万个词汇。

根据赫士(2016)对调研的总结,克服这种在成长初期就显现出巨大劣势的方法是注重传统学校课程中的词汇教学以及内容丰富的课程大纲,他把这称为"核心知识序列"(Core Knowledge Sequence)。美国和英格兰的核心知识学校证明了如果他们聚焦在牢记知识上,弱势背景孩子能够取得可观的进步。

肖等人(2016)发现,在英格兰,免费餐学生和非免费餐学生的成绩差距持续拉大,在中学阶段比在小学阶段差距更大,弱势背景学生在中学阶段进一步落后,而不是追赶上来。2016年,免费餐学生的GCSE成绩在八门进步成绩值是-0.46,而非免费餐学生则是+0.04。

他们还指出,按照能力给孩子分班会强化这种劣势。那些成绩好的班会受益于积极的同班学生影响,这种分班方式加大了优等学生与中等和垫底学生之间的差距,从而影响到社会流动,因为低收入家庭的学生、一些少数种族的学生以及男生更可能被分到能力低的那些班。

沃德佛格和里尔登在"国际不平等"一文中[1]比较了美国、英国、加拿大和澳大利亚五岁学生组的数据,发现美国来自富有和贫穷家庭孩子的阅读成绩差距最大,弱势背景学生在学前就落后了大约一年。英国的差距稍微小一些,大约8个月。而在澳大利亚和加拿大,这种教育不平等在学前表现得不那么明显,教育最弱组比教育最好组的差距大约为6个月。

研究者还发现,在美国和英国,如今孩子们的这种差距要远远大于40~60年前出生的孩子之间的差距。在过去十年,这两个国家的这一差距有所缩小,但是仍然比之前的差距要大。

教育政策研究院的"分道扬镳:弱势鸿沟、追根溯源与学生补助[2]"(哈钦森和邓福德 Dunford,2016)的调研显示,优势和弱势背景学生在16岁的时候的成绩差距相当于19个月的教学(两个学年),这一差距具体体现在:

1) 2/5的差距在五岁的时候就已经显现,这说明要应对教育的不平等,在正式教育开始之前就需要采取更多的行动。
2) 1/5的差距产生在小学课程的学习中。
3) 2/5的差距产生在中学课程的学习中。

在所有学校,随着时间的推移,这一差距在逐渐缩小。但是,有大量弱势背景学生在读的学校进步得更快,这也许是因为他们得到了更多学生补助(2016年,这一补助的发放标准是在过去六年的任何时段有资格享受学校免费餐、或被收养、或被监管的学生)。

---

[1] 国际不平等(International Inequalities),沃德佛格(Waldfogel, J.)和里尔登(Reardon, S.)(2016),萨顿信托。
[2] 学生补助:A Pupil Premium,是英格兰学校为最弱势群体孩子提供的一定数量的补助。

约翰·邓福德引用教育研究国家基金会（National Foundation for Education Research,缩写为 NFER）的调研,得出学生补助最有效的使用方法——七大"构筑成功的模块":

1) 学校向全体学生渗透取得成功的理念,而不是将弱势背景学生定型成不太可能成功的一类人。
2) 学校在更早的时候就采取个性化的措施排除学习上的障碍,给予情感上的支持,而不是只提供一般性的支持,或者只是在临近关键阶段测试时关注学生。
3) 学校首先聚焦高质量的教学,而不是依靠课外附加的策略和活动。
4) 学校聚焦每个学生的学习结果,而不只是提供学习方法。
5) 学校配置最好的老师去帮助最弱势的学生;让教师和教学助理们提高技能,承担更多职责,而不是额外增加不了解学生的老师。
6) 学校通过经常性的测验,依据数据做决策,基于论据做出回应。
7) 学校具备建立在远大志向上的清晰和快速响应的领导力,给所有老师放权以提升成绩,而不是接受低预期的目标和各行其是的行动。

2. 家境贫寒的高智商学生

杰里姆(2017)在"全球差距：能力高强的英国学生的表现与他们社会-经济背景差距的比较"中使用 2015 年 PISA 的测试成绩来评估英国学校对顶层的 10% 学生的做法。他发现在数学、科学和阅读上,高智商但是贫穷的学生比那些高智商但家境好的学生落后两年八个月,这一差距在高智商但低收入家庭的女孩中表现得比同样情况的男孩更明显。

牛津大学教育学院的萨姆恩斯和西尔瓦(Sylva)(2015)在"背景所致：弱势背景的聪明学生如何取得更佳成绩"的调研中,追踪了 349 名来自弱势家庭的聪明学生(在第二关键阶段的测试中达到了 5+ 级)的进步,学生们在 11 岁的时候参加第二关键阶段的测试,"预期"等级是 4,达到了 5 级的学生等于达到了 14 岁学生的平均水平。

因此,这 349 名 11 岁的孩子做得很棒,为什么?

同其他弱势背景的孩子相比,他们拥有一个大学本科毕业的母亲的可能性是三倍,他们拥有一个良好家庭环境的可能性是两倍,他们喜欢参加素养提升类活动(比如参观图书馆或从事运动)的可能性是两倍,他们在家阅读的可能性是两倍,他们参加学前班的可能性是两倍,他们上过一所英语成绩进步值大的优秀小学的可能性超过两倍。

那些继续取得 GCSE 出色成绩的学生具备这样的特点:他们积极参加学校的素养提升类活动,比如出游或家庭阅读,他们喜爱自己的中学,因为学校强调学习,尊重学生,校长参与学校活动,师生关系融洽,老师深度监测他们的学业。花在作业上的时间也是他们是否成功的一项很准的指标。

这些学生极有可能取得三门或者更多 A-level 课程的优秀成绩,如果他们进入被 Ofsted 在学生学习上评为"杰出"的学校,同时在家里感受浓郁的学术氛围。花在作业上的时间仍然是成功的一项很准指标:晚上用 2~3 小时完成作业,而不是完全不花时间,取得三门 A-level 课程成绩的可能性要高八倍。

顶级大学组成的罗素集团确定的添彩 A-level 课程[①]可以为学生进入大学"开放最多的可选性",在选择一到更多门添彩 A-level 课程的学生中,"聪明+优势背景"的学生是"聪明+弱势背景"学生的近乎两倍。

这项调研最后总结道,弱势家庭的聪明学生可以从如下方面受益:

1) 参加学前班。

2) 鼓励家庭阅读。

3) 参加学校出游以及其他素养提升类活动。

4) 做作业。

5) 老师频繁地反馈作业。

6) 鼓励选择 A-level 添彩课程。

教育选择委员会(the Education Select Committee)实施了一项"成绩落后的白人工人阶层的孩子们"的调研(2014):旨在发现白人工人阶层的孩子落后于其他群组孩子的原因。2013 年,只有 31% 符合学校免费餐资格的英国白人孩子取得了五门 GCSE 课程(包括英语和数学)C 及以上的成绩。PISA 数据显示英格兰社会阶层和考试成绩之间的关系比其他很多国家都要密切。

---

① 罗素集团确定的添彩课程包括:英国文学、历史、现代语言(比如法语、德语、西班牙语等)、古典语言(拉丁语、古希腊语)、数学和进阶数学、物理、生物和化学。

如果用政府17项早期学习目标来衡量,这一差距在四岁的时候就已经很大了,到了第二关键阶段(11岁)差距更大,到了GCSE阶段再进一步扩大。享受学校免费餐的其他种族学生表现比这要好,白人工人阶层的女生表现得要比同样背景的男生好,但是,享受免费餐和不享受免费餐的女生之间的差距和男生组相同,因此,这并不是"男生"的问题。

在Ofsted评估为"杰出"的学校就学的贫穷学生取得五门GCSE良好成绩的占比是那些在评估成绩不好的学校就读的学生的两倍。然而,在大多数学校,贫富学生之间的差距依旧存在。

那么,报告发现的这一成绩落后表现的原因是什么呢?

1) **白人工人阶层家庭缺乏远大志向**。有些人指出,问题的根源并不是缺乏远大志向,而是缺乏信心——如果学生不管什么原因在学校早期就很挫败,他们就会觉得努力没有用。

2) **社会资本**。父母本身没有在学校教育中取得成功,就会缺乏支持他们的孩子以及提供有益建议的知识,家长参与学校事务以及学校功课十分重要,但白人工人阶层的参与度常常很低。

3) **家长技能**。缺乏稳定和安全家庭的孩子不太可能在学校取得成功。许多家长词汇量有限,这一点传给了他们的孩子,他们不太可能买书,不太可能给他们的孩子读书。

4) 白人工人阶层的孩子旷课率高。

5) **文化**。基于对伦敦南部的伯蒙塞(Bermondsey)区工人阶层家庭两年的调查,吉莲·埃文斯(Gillian Evans)完成了《英国教育的失败与白人工人阶层的孩子》一书。她在书中指出,白人工人阶层家庭的男孩常常背负着成为"街头"硬汉这一模式化形象的压力,以便和阳刚之气关联起来。这导致了行为不端以及学校表现不好。

6) **就业前景**。在英国高失业率地区的白人工人阶层家庭的孩子们的考试成绩更糟糕,不过在有些地方,学校成绩好和能够就业之间没有关联。

7) **遗传**。罗伯特·普洛明(Robert Plomin)博士(伦敦国王学院,行为遗传学教授)指出,学生在教育成就上的不同表现50%是遗传因素造成的。

8) **学校质量**。在白人工人阶层孩子集中的地区,取得Ofsted良好和杰出评价的学校占比要更低。

公共政策研究院①发布了一份出色的报告,名为"巨大的阻隔:缩小英格兰中学之间的差距"(约翰森·克利夫顿 Jonathan Clifton 和威尔·库克 Will Cook,2012),这份报告探究了学校在教育成就与家庭收入之间的关系上如何有所作为。他们注意到,学术研究一般将学生成就约 20%的变量归结于学校层面的因素,大约 80%的变量归结于学生层面因素(拉斯巴什 Rasbash 等人,2010)。

他们发现来自英格兰不发达地区的学生更有可能选择被 Ofsted 评估为"需要改进"或"不足"的学校就读,而来自富裕地区的学生更有可能选择被评为"杰出"的学校就读。**但即使这个国家每个学生都选择到一所杰出的学校就读,贫困背景的学生和富裕背景的学生之间的成绩差距也只能缩小 1/5。**要想缩小他们之间的教育差距,我们需要更关注诸如一对一辅导和学前教育这些干预措施。

报告还探究了英格兰的教育体系与其他国家的对比,包括芬兰、加拿大和韩国。报告发现,有一大群成绩差的学生给英格兰成为世界级教育体系拖了后腿,在全球起到引领作用的教育体系中,10 名学生中有 1 人没有达到阅读的基础标准,在英格兰,这个数字是两倍。

2015 年 6 月,社会流动和儿童贫穷委员会(Social Mobility and Child Poverty Commission)发表了伦敦政治经济学院社会边缘化分析中心的艾比盖尔·麦克奈特(Abigail McKnight)博士完成的一项研究,名为"逆向流动,机会囤积与玻璃地板②",指出中产阶层父母给予孩子支持,甚至可以让智商不太高的孩子小有成就。

出生在 1970 年一周之内的 1.7 万名孩子在五岁的时候参加了智商测验(英国定群研究),到他们 42 岁的时候,再记录他们的收入。智商不太高的中产阶层成人比在低收入家庭长大的更高智商的成人收入更高。

在战后时期,白领工作机会的增长速度要高于中产阶层规模的发展速度,因此,工人阶层的孩子可以得到中产阶层的工作。但现在不是这样了,因此,为了让有能力的工人阶层的孩子向中产阶层流动,一些中产阶层的孩子必须向下流动。然而,这样的事情没有发生,是因为"玻璃地板"效应。

麦克奈特博士指出,两大支柱支撑着"玻璃地板":

拥有优越背景的家长确保了教育机会,以便帮助他们的孩子克服缺乏能力所带来

---

① 公共政策研究院:IPPR(Institute of Public Policy Research),是英国的一个政策研究机构。
② 与玻璃天花板一样,寓意着有一个隐形的向下走的阻隔。

的后果：

1) 在教育上投入时间和资源，帮助有差成绩苗头的孩子追赶上来，取得好成绩。
2) 提供职业建议和指导——这其实解释了除了教育证书和学校经历的作用，父母的教育对他们孩子的收入的巨大影响。
3) 对精进诸如自信、果断、领导力和适应性等"软技能"的高度重视。
4) 调研和选择最好的学校，条件好的父母能够把家搬到优质公立学校所在的学区，聘请私人教师辅导他们通过11+的考试以便进入该地区的文法学校，或者提供私人教育。

拥有优越背景的家长确保孩子具备进入劳动力市场的竞争优势，家境不好的家长没有能力做这些事：

1) 帮助孩子通过非正式的社交渠道找到工作。
2) 帮助孩子找到非正式和不带薪的实习机会。
3) 给孩子的"软实力"投资，招聘过程中非常看中这些。

社会流动和儿童贫穷委员会主席艾兰·米尔本（Alan Milburn）说道，"没有人可以指责家长为他们的孩子们拼尽全力。我们都想让家长这么做，但是，英国远不是一个精英社会，能够让不太有能力的人比有能力的人活得更好。

众所周知，英国社会有一层玻璃天花板，阻止有潜力的孩子达到顶端。这项调研揭示了英国社会还有一层玻璃地板，像玻璃天花板一样阻止社会流动。"

3. 社会阶层与大学录取

过去十年，来自弱势背景的孩子进入英国大学的数量激增，但主要是进入分数要求不高的大学。这种激增源于三个原因，第一，大学投入了大量资金用于推广活动，说服适龄学生申请。第二，所有大学都设定了要录取更多弱势背景学生的目标，这一目标受到公平通道办公室（Office of Fair Access）的监测。第三，大学都在录取更多的学生。因此，在经济条件上垫底的15%的学生（享受学校免费餐的学生）得到了机会。

然而，来自弱势背景的学生GCSE以及A-level成绩相对不佳，使他们很难进入分数要求高的大学，这是国家面临的挑战——来自社会-经济底层有能力的学生取得更好的成绩，包括白人男孩。

UCAS在2016年进行了一个调研："透过学生视角：对大学的认知如何影响申请

人的选择"。在这项调研中，6 500 名申请者告诉 UCAS 他们不申请成绩要求高的大学，是因为信息缺乏让一些申请者不敢申请。

1) 将近一半(49%)被调研者认为这些大学的录取要求奇高——如果更多人知道他们有机会进入这些大学，他们是会申请的。有些学生高估了进入顶级大学的难度。
2) 41%的被调研者认为这些大学没有提供他们感兴趣的课程——因为他们缺乏对"听起来很学术"的学位课程与职业发展路径之间的关系的理解。弱势背景的学生更倾向于认为大学学位应该有职业技能方面的元素。
3) 3/4 的调研者说，如果他们能够得到旅费资助参加大学的开放日，他们会申请一所高分要求的大学。一小笔费用能够带来很大的影响。
4) 1/4 来自最弱势背景的学生之所以没有申请高分要求的大学，是因为他们觉得生活费用会很高。

这一调研还问了学生如何看待他们的大学选择和就业之间的关系。来自最弱势背景的学生有 30%的可能性认为**所学的学科课程**是就业的关键，而来自优势背景的申请者有 50%的可能性认为**去哪所大学**比找一份工作更重要。

根据鲍斯(Bowes)等人(2015)的调研，来自弱势背景的白人学生比其他人更有可能"表示最好的工作不一定给到那些上过大学的人"，而且"相信大学不是为他们这样的人开办的。"

在一项大规模调研中，艾伦等人(2016)研究了 2010 年夏季 16 岁参加了 GCSE 课程考试的学生的教育选择。他们发现，在 GCSE 成绩相同的前提下，同非学校免费餐的学生相比，免费餐的学生会：

1) 更多弃学。
2) 更多选择 16 岁以后的低一些级别的教育证书。
3) 更少进入罗素集团大学。

3.4 性别的差距

2016 年，英格兰 52%的男生取得了五门 GCSE 课程(包括英语和数学)A*—C 的成绩,女生的比例是 62%。**男生八门成绩进步值是－0.17,女生是＋0.11**,只有 26% 享受免费餐的英国白人男生取得五门 GCSE 的好成绩。

根据 OECD 最新报告,英国的男生在欣赏型阅读上花的时间比较少,51% 的男生和 70% 的女生会做欣赏型阅读。英国的男生比女生每周花在做作业上的时间要少 1 个多小时(5.5∶4.2,男女生作业时长比,单位小时)(OECD,2015)。

2015 年,男生 A-level 平均成绩折合点数为 213①,女生是 218。英国处于三无状态(无上学、无就业和无培训)②的男性比女性要多出 6.5 万人。

根据 UCAS 的统计,2016 年,年轻男子中的大约 40% 申请了大学,36% 最后去上了大学,年轻女子的数据则是 53% 和 47%。这一性别上的差别在一年一年增大,如果只看来自低收入家庭的学生的数据,差别则更大,女性比男性上大学的可能性要高出 50%。根据这一比率推算,2085 年将是最后一名男子进入大学——然后他还会辍学。

这种现象是近期才出现的,毕竟,剑桥大学直到 1948 年第二次世界大战过后才容许女学生成为大学正式的一员③。直到 20 世纪 90 年代中,女性本科生数量才超过男性(如图 3-6)(希尔曼 Hillman 和罗宾森 Robinson,2016)。

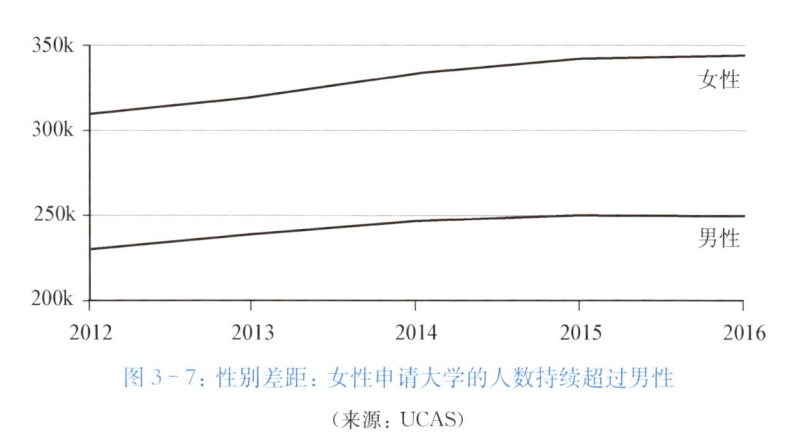

图 3-7:性别差距:女性申请大学的人数持续超过男性

(来源:UCAS)

男性和女性在进入大学教育上的差距的主要原因是女生的 GCSE 成绩比男生的

---

① UCAS 将不同证书的不同成绩折合成点数(被称为 UCAS points 或者 UCAS tariff)。比如,A-level 一门课程成绩为 A,相当于 120 个点,如果三门课程都是 A 则折合成 360 个点。有些大学在录取要求中就会明确需要达到多少点才能够申请,相当于一个最低分数线。2015 年,213 点介于三门 A-level 课程成绩在 CDD 到 CCD 之间,并不是很高。
② NEETs = Not in Education, Employment or Training,无上学、无就业和无培训。
③ 在此之前,虽然女性被容许进入剑桥大学学习,但是不能获得学位。

更好。女生成熟得更快,在课堂,她们似乎比男生更愿意讨老师喜欢。她们作业上的成绩更高,因为她们更刻苦。如果成绩不高,她们会对自己不满意。85%的小学老师和62%的中学老师是女性。如果你给男女生测验,男生倾向于高估他们的成绩,女生则低估自己的成绩。因此,女生觉得需要比男生更刻苦努力。

萨顿信托2016年6月份的报告《相信能更好》指出,更多女生上大学的原因之一是她们更容易相信大学学位的重要性,即使在九年级,65%的女生说上大学很重要,而男生持这一观点的比例是58%。在GCSE成绩相同的情况下,15—16岁的女生选择继续学习三门A-level课程的可能性是男生的两倍,因为她们认为上大学是她们的一个可行目标。

从财务角度看,女性更渴望接受高等教育是理智的,因为大学教育在财务上给女性的回报高于男性。这并不是因为女性毕业生比男性挣得更多,实际上,她们挣得更少,这是因为没上过大学的女性比没上过大学的男性挣得更少。

传统上女性选择的技能型职业,如护理和教学,在以前并不需要完整的学位文凭,当这种情况改变以后,接受高等教育的女性数量剧增。

女性比男性表现得更出色是全球趋势。2015年,OECD在《教育一瞥》中发现,女性在OECD所有国家(除了墨西哥、沙特阿拉伯、瑞士和土耳其)中都成为了高等教育中的大多数,平均达到了54%。

英国大约56%的高等教育机构的女生数量超过男生。然而,在2016/2017学年的入学政策中,除了新教师培训项目,只有两所大学设定了招收更多男性学生的目标。

在学位课程的选择上,还有一些有趣的性别影响,(如图3-8):

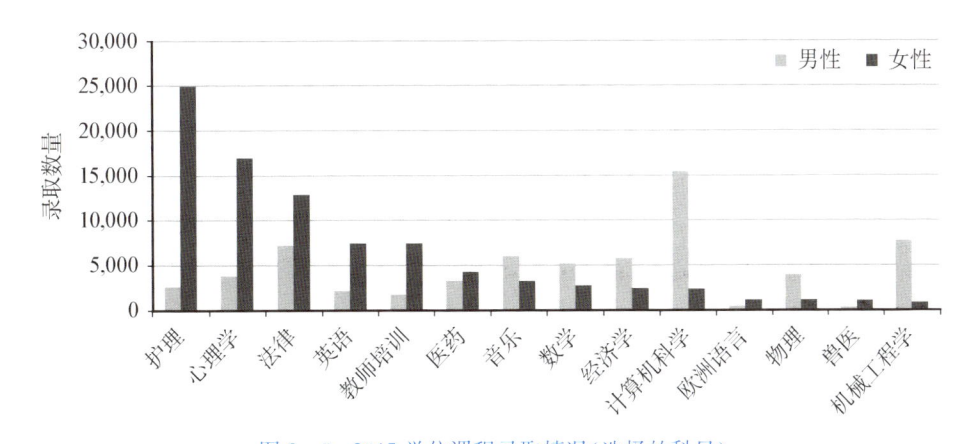

图3-8:2015学位课程录取情况(选择的科目)

(来源:UCAS)

来自高等教育政策研究院的数据也显示，女性比男性更可能获得学位，更不太可能中途辍学，或者失业。

在发达国家的所有地区——欧洲、美国和日本，男生都落后于女生。2016年，在美国，五名获得最高学位的学生中四名是女性。2006年的喜剧《发射失败》描述了全球都能够看到的现代景象——男人更倾向于在妈妈身边生活，而不是找一份正经的工作和一个妻子。2016年，在英国的年轻男子比年轻女子更有可能与父母同住，年龄在20—34岁之间的男性有31%与父母同住，女性的比例是20%(ONS①)。

布里斯托大学(University of Bristol)使用千禧年龄组研究数据②展开的一项针对学前班年龄段孩子(4—5岁)的调研，名为《迷失的男孩》(莫斯Moss，G.，和沃斯布鲁克Washbrook，E.，2016)。调研发现，每年约1/4英格兰男生——8万人——在4岁进入学前班的时候，说出完整的一句话或者听懂老师的指令都很费劲。2015年，24%的男孩在早期语言和交流上低于早教基础阶段项目(Early Years Foundation Stage)设定的最低水平，女生的这一比例是14%。因此，在进入小学时交流技能就已经落后的学生中，男孩占据了2/3。更糟的是，38%符合学校免费餐条件的男生也落在后面，没有迹象表明这一性别差距在缩小。

男孩和女孩的差距不受种族或社会阶层影响，来自富余家庭的男孩能够达到一个比较高的水平，同样背景的女孩也能够做到，因此，性别差距依然存在。

莫斯和沃斯布鲁克发现五岁的孩子如果早期语言和交流能力不佳，则：

1) 在第一关键阶段阅读测试中表现不佳。
2) 不容易集中注意力。
3) 更少为了快乐而阅读。
4) 更不喜欢学校。
5) 课堂发言更少。
6) 不够刻苦。

这就是为什么一旦男生落后，他们很难赶上。如果孩子在五岁的时候不能达到早期语言和交流的标准，同达到标准的孩子相比，到了11岁，在阅读上低于4级水平的可能性会高出四倍还多。根据莫斯和沃斯布鲁克的发现，在第二关键阶段的阅读上，

---

① ONS：the Office for National Statistics，英国国家统计局，是英国一个政府部门，负责收集国家的社会和经济数据。
② 针对2000—2001年出生的孩子的调研。

性别上的差距三分之二是由于男孩在开始上学的时候的语言水平和注意力能力就比女孩逊色。

这些男孩在后面的 GCSE 课程上也很糟糕,从此生活上都很艰难。

这不仅仅是英国现象。2015 年,OECD 所有 64 个国家和经济体中的女孩在初中结束的时候的阅读能力都超过男孩,平均差距相当于一学年的学校教育。

莫斯和沃斯布鲁克建议完善儿童早期教育和看护(Early Childhood Education and Care,简称为 ECEC)服务,增加 0—5 岁早期教育的师资。

美国博士伦纳德·萨克斯(Leonard Sax)撰写了很多关于男生表现不佳的著作,包括《性别为什么重要》(2005)和《浮萍男孩》(2007)。

他表示,最近 20 年的研究——核磁共振将其变为可能——发现男孩的大脑从一出生开始就和女孩的不同,这种基因性差别导致了男孩和女孩学习方式的不同,男孩就是不能像女孩那样那么小就开始学习阅读。因此,督促孩子在很小的时候开始阅读等于建立了男性的自卑。男生在随后的学校教育中体验到挫败的感觉。

女孩的大脑比男孩发展得快。在 20 个月的时候,女孩的词汇量就是男孩的 2 倍。女孩在 22 岁的时候就完全成熟了,男孩要到 30 岁,而且在 15 岁的时候,男女的差距是最大的,任何有经验的家长都知道。女孩喜欢读小说,男孩喜欢读非小说,女孩喜欢讲人物的书,男孩喜欢讲动作的书,男孩对明确的规则、截止日期和惩罚的警告反应快,女孩对基于感觉的解读反应快——"如果别人对你这么做,你会有什么感觉?"

萨克斯给出的另外一个解释相当惊人,现在男孩的精子数量和睾酮水平只有他们祖父的一半。部分原因是由于塑料饮水瓶的残留物。所有孩子在很小的时候就会开始使用这样的瓶子,残留物是那种让饮品感觉有些塑料味的化学物质。这些残留物让女孩更早经历青春期,因为它们类似雌激素;它们还可以作用于降低睾酮水平,从而在不同程度上影响男孩,因为睾酮负责让男性产生动力。

萨克斯还指出了另外一个因素,就是男性理想形象的女性化。随着男子气概这一概念的渐行渐远,男性已经不再扮演强壮的榜样。但他上学的时候,伟大的英雄运动员是埃里克·利德尔(Eric Liddle)(电影《烈火战车》的原型)和第一个四分钟跑完一英里的罗杰·班尼斯特(Roger Bannister)——具有超级运动能力的学者。运动对男孩很重要,但是现在有多少顶级足球运动员上大学呢?

50 年前,年轻男子具有强烈的努力工作的意识,找一份好的工作是对家庭尽责。

在欧洲和美国，多数男生认为专注学业是没有男子气概的表现，荷马·辛普森（Homer Simpson）①已经成为继道格拉斯·巴德（Douglas Bader）②之后的当代男孩的男性榜样。

父母们似乎对管好孩子感到越来越束手无策，尤其是男孩，因为他们天生就倾向于冒险和攻击性，他们需要管束。我们很多人都希望看到一代人和下一代人的代沟不断缩小——但是，在过去50年中，权威从家长那里转移到了孩子那里，男孩要为此付出代价。

同女性相比，男性更有可能学校功课学不好、上不了大学或找不到好工作，甚至可能逃避对伴侣的责任。萨克斯指出，如果男生被当做男生对待，并且以最适合他们的方式教育他们，所有这些都可以改变。但同时，我们还要面对这样一个正在显现的危机，它最终会影响到女性，尤其是那些想嫁给一个和她们一样受过良好教育的男性的女性。很快，这样的男人就不存在了③。

3.5 心理健康

1. 学生的心理问题

莱索夫（Lessof, C.）等人（2016）完成了一个重大创新的项目。2014年，他们在英国调研了3万名14岁学生的心理健康情况，并且和2005年一项类似的调研相比较，得出两大发现：

1) 2014年10年级的学生比2005年同年级的学生明显更"关注学习"。
2) 有迹象表明10年级的学生——特别是女生——的心理健康恶化，年轻人感觉他们对自己的前途没有掌控权，37%的女生有三项或更多心理抑郁的症状，比如感到不开心、没用、无法集中精力，15%的男生也面临同样的情况。

被调研的学生表示自己打算学习A-level的数量从2005年的59%增加到2014年65%。尽管大学学费增加，这组学生想申请大学的人数占比从2005年的60%增加到

---

① 美国肥皂剧《辛普森一家》中的一个虚构人物。
② 皇家空军的著名飞行员。
③ 作者在这里用夸张的表述来表达他所提出的问题的严重性。

2014年的71%。同样积极的信息是2014年的年轻人采取冒险行为的可能性大大降低,比如喝酒、抽烟和吸大麻、四处涂鸦、在商店顺手牵羊,或者搞破坏。

研究表明,2014年的年轻人更可能将努力工作和取得成功联系在一起(相信在学校刻苦学习对成功有帮助),但是他们的"控制力"更低(相信对影响自己的事情的掌控程度)。

英国国家医疗服务体系(National Health Service,简称为NHS)从1993年开始,每七年开展一次身心健康国家调查项目。

1993年,在16—24岁被调研的女性中,19%有常见的精神疾病症状,比如焦虑和抑郁,8%的同龄男性也有同样情况。2014年,这个比例女性为26%,男性为9%,因此,性别间的差距在拉大(如图3-9)。

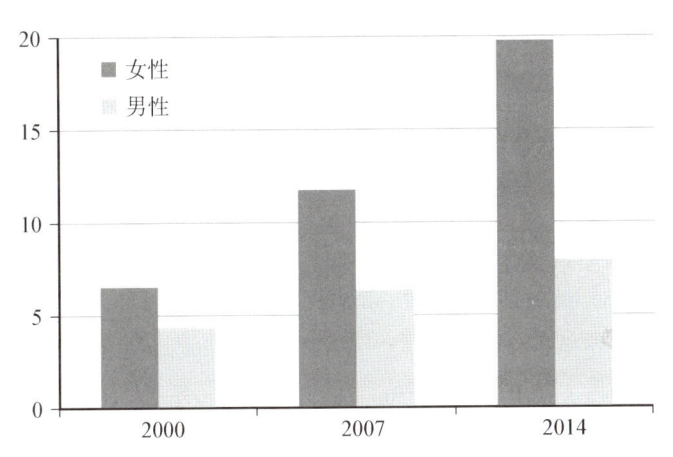

图3-9:16—24岁英格兰年轻人的自我伤害的增长情况

(来源:NHS数据)

身心健康慈善机构Mind的信息主管斯蒂芬·巴克利(Stephen Buckley)说道:"年轻人在经济充满不确定性的时代进入了工作年龄,他们更可能面临诸如负债、失业和穷困等难事,以及不断增长的社会和环境压力,这些都会影响他们的身心健康。"(英国国家广播BBC新闻网站)。他还说,社交媒体的涌现也会给人们的身心健康带来负面影响,女孩尤其容易受到社交媒体文化的伤害,这种文化鼓励她们追求完美的生活。

在《富裕病》这本书中,心理学家奥利弗·詹姆斯(Oliver James)研究了"物欲横流的社会"与精神疾病比如抑郁之间的关系。他把富裕病形容成"金钱至上,占有欲强,在乎形象(包括身体和社会两个方面)和声望"……所有这些都会引发情绪压力,年轻人、城里人和女孩最容易被影响(詹姆斯,2007)。

詹姆斯讲述了男女生考试成绩差距拉大与来自高收入家庭的女生的心理压力之间的关系。女孩所承受的压力更大,是因为她们更倾向于取悦权威——获得最好成绩——以及常向往不太可能做到的完美。考试对此有推波助澜的作用,不是因为现在考试更多(其实没有那么多),而是因为社会越来越成绩至上。那么多好大学现在要求A-level三门AAA或者更好的成绩,不给发挥失常留有余地,更是压力重重。30年前,顶尖成绩没有那么普遍,学生们可以以更低的成绩进入牛津和剑桥大学。

詹姆斯建议社会消除消极的消费主义影响,追求真正的而非幻想的需求,相信自身价值是独立于物质占有的。他特别强调家长不要鼓励他们的女儿去赢什么学业奖励,不要鼓励孩子们相信教育的目的是为了事业的发展。

很多调研发现,社交网络不仅极易上瘾,而且损害年轻人的身心健康,就像香烟一样(迈克菲McAfee,2010;格林菲尔德Greenfield,2014)。毛里(Mauri)等人(2011)展示了脸书如何让人上瘾:社交网络会向大脑释放多巴胺。

格林菲尔德教授说社交网络让年轻人创造了一个自我虚幻的形象,我们的自我认知以往是内在产生的,而现在却是通过不断与"朋友"交流在外部构建的。

社交网络滋养了青少年天然的自恋狂秉性(布法迪Buffardi等人,2008;特文格Twenge等人,2008),但有趣的是,它还与降低自尊有关(蒂格曼Tiggemann和米勒Miller,2010)。社交网络助力孩子塑造了一个自我,让他们变得更加粗鲁、性感、爱冒险并沉溺于不良行为。雪莉·特克(Sherry Turkle)在她的著作《孤独地在一起》中解释说,你与互联网的联系越紧密,就越会感到孤独(特克,2012)。社交媒体提供了一个空前的平台可以相互对比和嫉妒(克拉斯诺娃Krasnova等人,2013)。过度上网还会造成人与人之间同理心能力的降低和交流能力的减弱,包括识别面部表情的困难(恩格伯格Engleberg等人,2004)。美国康奈尔大学(Cornell University)的迈克尔·沃尔德曼(Michael Waldman)、肖恩·尼科尔森(Sean Nicholson)和诺迪尔·阿迪洛夫(Nodir Adilove)发现总盯着屏幕看与自闭症之间有联系(沃尔德曼等人,2006),网络欺凌现象也很多(勒布朗LeBlanc, J, 2012)。

2016年,英国网络安全机构"数字化意识"(Digital Awareness,简称为DAUK)与校长会议组织(Headmasters' and Headmistresses' Conference,简称为HMC)联合针对夜间数字化设备的使用进行了一次调研。调研发现小至九岁的孩子每夜会被手机不断发来的信息叫醒10多次,他们对社交媒体如此上瘾,不能忍受夜里关机,所以就把手机放在床上,造成小学生和中学生都睡眠不足,意味着他们无法在课堂集中精力好好学习。在 11—18 岁孩子中,10 人中有 1 人在睡前会花超过一个小时的时间在他们的移动设备上。

因此,我们给学校和父母的建议是,首先移除这些导致压力的设备,把每天使用时间限制在几个小时(见第 160 页)。

2. 压力与正念教育

心理医生能够诊断出来的心理疾病与普通的身心健康有区别。

越来越多的学校提供正念教育课程。正念教育(一种冥想的形式)被证明可以减轻压力,有点像吸烟所带来的作用。有关正念教育的书籍不断涌现——比如迈克尔·阿克顿·史密斯(Michael Acton Smith)的《静心》。珍妮丝·特纳(Janice Turner)在《泰晤士报》(2015 年 3 月 24 日)对此事的评论中指出:

> "尽管我觉得这么说不厚道,但是,《静心》是一本精美设计的小薄书,展现了血淋淋的显而易见的现实,即皇帝的新瑜伽裤子。难道我们必须花 9.99 英镑①才知道应该去散步、午睡、看海发呆、泡个澡、读一本小说、拥抱某人、种种花草或眺望窗外吗?才知道睡一个好觉和与家人一起用餐的重要性吗?才知道奇思妙想经常在火车旅行中迸发出来吗?难道很多人——并非是充满动力、跃跃欲试的互联网创业者——不是在做这些愉快的日常吗?这本书感觉就像把我们自己的生活重新打包,然后我们再付费给买回来一样。"

正念教育毫无疑问是有益的,但是就像其他很多要求学校做的事情一样(性教育、公民教育、性格培养、英国价值观等等),在任何学校同意引入之前,它们必须回答这个问题:"我们需要砍掉哪个课程或者活动来给它腾时间?"加活动容易,减活动却很难。

我们告诉易受影响的学生他们有问题,还特别鼓励孩子认为自己有特殊需求,这样他们就可以在考试中获得额外的答题时间。在以前,很多问题都是由授课老师来解决,但现在这属于咨询师团队的范畴。

在 2015 年 9 月《大西洋》杂志的一期中,卢基诺夫(Lukianoff)和海特(Haidt)描述

---

① 《静心》这本书的价格。

了美国对学生的身心健康推崇至极所带来的摧毁性的影响。他们引用了一项由美国大学健康协会（American College Health Association）实施的调研，54％的大学生说他们在过去 12 个月中"感到极大的焦虑"。但是对此的分析表明这是一个群体连锁反映，由社交媒体引发，被那些迫不及待想表现得政治正确的美国大学领导怂恿。他们得出如下结论：

"试图将学生与可能引起他们情绪不适的语言、观点和人屏蔽起来对学生不利。

与其想保护学生不受到他们无法躲避的语言和观点的伤害，大学应该全力以赴地培养学生在这个他们无法控制语言和观点的世界中不断成长。佛教所传授的一个真理（斯多葛主义、印度教以及其他传统也是如此）就是，你不能通过让世界屈从于你的意愿而获得幸福，但是你可以掌控自己的欲望和思考习惯。"

在 2016 年每日电讯的教育节上，加雷斯·斯特迪（Gareth Sturdy）老师说他相信学校如果关注对学生自尊的教育，就会让他们养成"为不良行为和无所作为找到借口"的习惯。

"就我的经验，这就像是一个面具，让学生不用专注于学习。
学习就是一件难事——它就是要挑战你的自尊，难以学会。"

2015 年 12 月，安普福斯（Ampleforth）学校的校长指出，正念教育只能暂时应对压力，"它并不能真正让学生找到他们真实的自我，或者找到能够引导他们解决生活中需要面临的所有问题的核心价值。"他说把学生带到他们所在社区更不堪的地方，或者从事志愿者工作，是一种教他们应对压力的更有效的办法，因为这些会帮助他们拥有新的视角，"他们就会看到也许他们自己的情况并没有他们想的那么糟糕。"

安普福斯学校的校长太谙熟此道了。过去，很多学生通过参加学校教堂的活动或者祈祷来达到这些正念大师声称可以达到的同样效果，任何把一个人忙碌的生活置于一种氛围中的方法都会有用——除了祈祷——但减轻压力还有其他方法，比如把学生拉出课堂，让他们专注于集体游戏或者体育活动。

压力有多糟？我们都知道答案——适度压力有好处,但过大就不好了。这是因为适度压力可以成为动力的一部分,很难想象如果不是压力让他们复习,男生会在考试中取得好成绩吗？压力是生活的一部分,在学校经历压力是对此的准备。压力过大不好——它降低乐趣,让人无法有效地发挥作用。因此,我们需要一种平衡,就像应对很多事情一样。

3. 校友会

优秀的学校会指定一名老生来学校授课,并提供行政支持,运营校友会组织。这包括花费很大的精力保留好以前的学生的邮件和邮寄地址,每年发送一两份简报,在大学放假的时候举办一年一度的校友联谊会。

校友常常是学校最好的宣传大使,应该邀请他们回来给在读的学生分享大学生活和事业发展。在面向潜在家长的开放日上,邀请他们演讲正合时宜。有朝一日,他们中的有些人会成为捐资助学者。

我参观过在纽约布朗克斯(Bronx)地区的特许学校,它坐落在一幢平淡无奇的大楼的顶层,不会给人什么印象,但是,学校的入口处满当当地展示着成功校友的信息——他们的大学和事业,没有比这更好的方法可以激发在读学生了。

伦敦出色学校(The London Academy of Excellence)(第 17 章)为他们的校友提供终生就业建议,双方都从这一政策中受益。

所有好学校都有校友会。

3.6 结论

近年来,不同种族之间的成绩差距已大大缩小。在大学入学上,性别的差距在加大,由于社会-经济地位造成的差距最大。

2016 年,英格兰政府资助的学校的平均八门课程成绩[①]——每个学生平均获得八个证书,多数是 GCSE 课程证书。

---

① 平均八门课程成绩：Attainment 8,即八门成绩进步值所指的八门课程的成绩。

EAL(English as an additional language)的意思是英语作为另外一种语言。弱势背景学生的定义是如果在过去的六年中(从6年级到11年级),他们有资格申请学校免费餐、至少有一天被监护过的记录,或者有被收养的记录(如图3-10)。

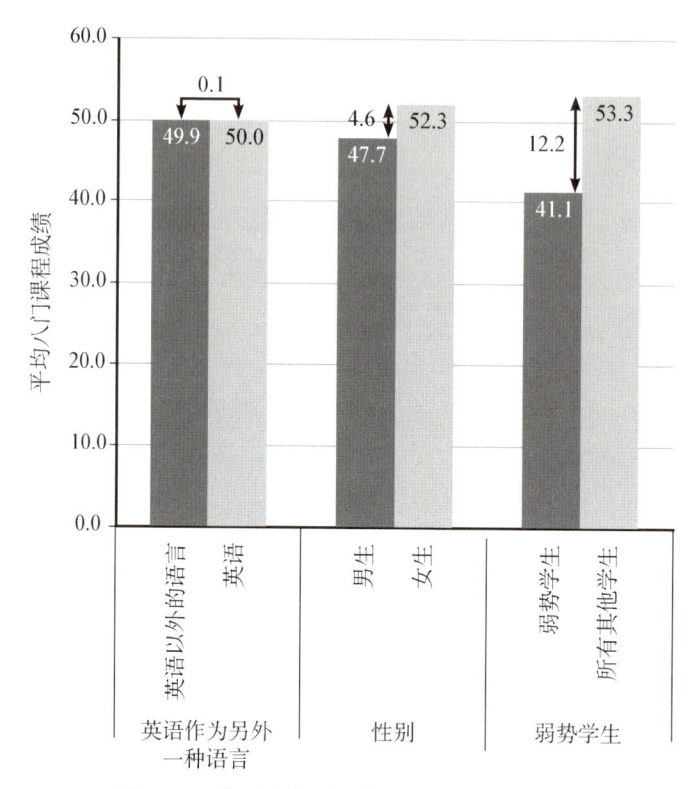

图3-10:第一语言和性别之间最小的成绩差距

(来源:教育部,第四关键阶段成绩数据)

学校仅靠自己的力量缩小这些差距会很难,因为优势和弱势学生之间的这种差距更大程度上是由非学校因素造成的,比如贫穷和家长养育不到位。认为学校有能力营造一个更加公平的社会是政策上的失误,必须在收入分配和家长养育质量上采取措施。

然而,有些学校比其他学校在帮助弱势背景学生取得好成绩方面做得更好。我们需要更多地了解这些学校,那些老师们寄予学生高期望值以及营造了没有借口的文化的学校最为成功。

以上涉及的大多数学术研究是基于已经公开的测验和考试数据。但是,培养成功的学生不仅仅是考试成绩。在我的学生中,很多学术上一塌糊涂的人都拥有了成功的事业,那些曾经在学校众所周知的学霸却没有做出太大的成就。因此,学校需要关注考试无法衡量的素质,比如想象力、主动性和领导团队的能力,这就是为什么团队体育、爱丁堡公爵奖计划[①]、励志榜样的演讲以及学校社团都很重要的原因。

[①] 爱丁堡公爵奖计划:Duke of Edinburg,英国爱丁堡公爵菲利普王子(Prince Philip)于1956年设立,旨在鼓励青少年自我完善,为国家与社会献力,实现自我生命价值。分为铜奖、银奖和金奖。

第 4 章　成功的课程

你难道没有想过莎士比亚曾经是个孩子吗？比如莎士比亚七岁的时候？他肯定在某个时间点是七岁,他在上某人的英语课,是不是？

这该多么惹人烦呀？

——肯·罗宾森(Ken Robinson):学校如何摧毁创造力,TED①,2006

---

① TED,集合了专家学者就社会各方面的话题做演讲的大会。

4.1 课程的重要性

很多有关教育的辩论都与学校架构有关：独立托管学校是好是坏？文法学校呢？问责措施是否公平？Ofsted 的督查权呢？这些是政府大臣们和媒体满脑子想的事情。

很少有人关注课堂的实际教学内容——到底在教什么，以及我们希望往 11 岁、14 岁和 18 岁孩子的脑子里装什么。

我则对学生究竟知道什么感兴趣。为什么我的很多 A-level 学生从来没有听说过马丁路德①？为什么我的 GCSE 宗教教育课程的学生似乎不知道耶稣受难是什么意思？

在某种程度上，英国孩子所掌握的知识大不如从前的孩子，这绝非偶然——这是那些理应更明事理的人所做的（错误）决定②带来的后果。

学校是做什么的？它们应该帮助学生在离开学校以后知道**如何生存**。但是，它们也应教会学生们如何活得更有价值，比如文学、艺术、音乐、戏剧和运动。这些课程不会引导就业，但是它们和那些能够引导就业的课程同等重要。

许多校长认为，应该教**按学科分类的课程**，因为这是人类进行知识分类的方法，师出有名。很多老师取得了某个学科领域的学位，可惜英格兰的教师培训不重视学科知识。如果你将教师培养与医生或者律师培养相比较，你会马上发现它们的迥异：医生和律师的培养高度重视学科知识，老师的培养也应该如此。

如果你信奉学科教学，那么紧接着是这样两个问题：

1) 你不可能讲授所有的学科课程，那么你会去掉哪些？政府或多或少地规定了直到 16 岁的孩子必修哪些课程，安排其他课程的余地很小。

16 岁以后的课程体系可以提供很多的学科课程选择，包括 A-level、Pre-U③、IB④

---

① 马丁路德：Martin Luther，1483 年 11 月 10 日—1546 年 2 月 18 日，神圣罗马帝国教会司铎兼神学教授，于十六世纪初发动了德意志宗教改革，进而引发全欧洲的宗教改革，促成了基督新教的兴起。
② 作者这里是暗指政府决策错误。
③ Pre-U：由剑桥大学考评部和各大学专家共同研发的课程证书，可以作为 A-level 的替代课程，普遍认为其难度超过 A-level，我们可以将它理解为英国的大学先修课体系。
④ IB：International Baccalaureate（国际文凭课程）的简称，由国际文凭组织（International Baccalaureate Organization）研发，它的课程体系覆盖从幼儿园到大学预科的全年龄段，最高阶段为 IBDP，两年学制，可以作为 A-level 的替代课程，相当于我们的高中课程。

以及职业证书比如 BTEC①3 级(农业、健康与社保、商务、建筑、工程和其他很多)等。选择的多样化能够给 16 岁以后的学生带来学习的动力。

2) 你准备在每个学科课程上花多少时间？课程太多的风险是学生在每个科目上所花时间少之又少,学校为了满足 11—14 岁孩子的需求,提供一份长长的课程清单：法语、西班牙语、历史、地理、宗教教育、艺术、音乐、舞蹈、戏剧、体育、劳技、计算机。一周每门课程只上一个小时甚至不到,可能谁都没有哄高兴。如果一门课程连一周分两次上、一共两课时都达不到,学起来不会有劲头。

一些成功的中学打破常规,将更多的时间放在数学和英语上。他们充分认识到这是学术课程的基础,如果想要得心应手地学好其他甚至全部学科课程,必须掌握这两门课程。这种方法的回报就是学生在 14 岁的时候数学和英语都很棒,但他们付出的代价是这两门课程占据了大部分时间,其他学科课程只有被放到第四关键阶段才顾上讲。

2013 年,爱丁堡大学的克里斯蒂娜·安内利(Cristina Iannelli)发表了一项科研成果,显示学生在学校学习的课程对他们今后人生成功的机会具有显著的影响。她选择了一组 1958 年一周内出生的人,发现他们对课程的选择比上私立还是文法学校的选择更重要。那些学习语言、英语、数学和科学的人,无论就读什么样的学校,都更有可能从事专业型和管理型的职业。课程选择非常重要。

2010 年,人们有一种担心,就是学校和大学鼓励学生选择对上大学和就业毫无价值的课程。2011 年,伦敦国王学院的艾莉森·沃尔夫(Alison Wolf)教授完成了一份报告,发现年轻人所学习的上千个职业证书是"负面证书"——换句话说,它们其实危害了年轻人进入大学或找到工作的可能性。

为了回应她的发现,政府取消了对这些专业的资助,降低了对学校提供职业课程而不是 GCSE 课程的激励措施：在政府的成绩排行榜中,曾经有很多慷慨的"相当于",比如,一个信息技术的职高专业相当于四门 GCSE 课程。这些课程常常比对等的 GCSE 课程要简单得多,沃尔夫的报告遏制了这种情况。

---

① BTEC：由英国商业与技术教育协会(Business and Technology Education Council)研发的课程证书,可以理解为类似我们的职业技术高中证书。

4.2 课程的设置

1. 英语文凭 EBacc

罗素集团中的 24 所引领性大学出台了一个学校录取指南,指出如果想被罗素集团大学录取,哪些 A-level 课程比其他课程更有用。这些被称作"添彩课程"的科目是数学、进阶数学、物理、化学、生物、现代和古典语言、英国文学、地理、历史、哲学和道德。

政府担心越来越多的学生学习非添彩课程,真实情况的确如此,尤其是来自弱势背景的学生。为了对此施加影响,政府出台了一个新的成绩排行榜衡量办法,称为英语文凭(English Baccalaureate,简称为 EBacc),显示一所学校学生通过 GCSE 英语、数学、科学、历史、地理和一门语言课程的占比。

2010 年,只有 22% 的公立学校学生进入 EBacc,只有 15% 完成了这些课程。2016 年的 GCSE 成绩显示,这一比例增加到 39.7% 和 24.7%,这是成绩排行榜对于英国学校应该开设什么课程产生重大影响的出色案例(如图 4-1)。

图 4-1:英格兰进入 EBacc 的学生百分比

(来源:教育部,第四关键阶段成绩数据)

另外一个衡量标准被称为八门成绩进步值，它于 2016 年引入学校，计算学生在八门课程上的进步，这八门课程是：英语，数学，其他三门 EBacc 课程（从科学、计算机科学、地理、历史和语言中选择），以及另外三门课程。

2016 年，EBacc 再次发挥威力。学校的八门成绩进步值被用于制定**最低标准**（即如果学校要避免教育部的干预措施，就需要达到这一标准），EBacc 为此起到了推波助澜的作用，它在八门进步成绩值中不可或缺。

2. 国家课程大纲

2010—2015 年和 2015—2020 年的执政政府都表明了决心：鼓励在校学生学习某些特定的课程而不是另外一些。2011 年国家课程大纲回顾如是说：

> "国家课程大纲应该展现严格和至高的标准，与学校提供的课程保持一致，确保所有孩子在重要学科领域掌握核心知识的机会。"

对于地方政府管理的学校来说，2014 年以后的国家课程大纲所要求的科目包括：
1) 第一关键阶段（5—7 岁）：英语、数学、科学、历史、地理、宗教教育、艺术、音乐、计算机、劳技、体育。
2) 第二关键阶段（7—11 岁）：第一关键阶段的所有科目，外加一门外语（古典或现代）。
3) 第三关键阶段（11—14 岁）：增加公民教育、性教育，语言课程必须是现代语言。
4) 第四关键阶段（14—16 岁）：英语、数学、科学、计算机、公民教育、宗教教育、性和关系教育、体育。

2010—2015 以及 2015—2020 的执政政府暗示，16 岁以前各个课程的重要程度排名如下：
1) 核心课程：英语和数学——在八门成绩进步值中给予双倍权重。
2) 其他 EBacc 课程：物理、化学、生物、计算机科学、历史、地理、古典或现代语言。
3) 其他课程：艺术、音乐、劳技、体育、宗教教育、舞蹈、媒体、社会学、商学等。

英语和数学对学习其他学科课程以及就业都有帮助，英国工业联合会（Confederation

of British Industry,简称为 CBI)的雇主们不断抱怨高中和大学毕业生缺乏基础语文和算术能力。

数学被重点强调,这是因为 PISA 考试显示,在算术上,英国学校远远落后于东亚。不仅必修的 GCSE 数学扩充了内容,数学也被加入其他课程的大纲中,比如科学、劳技和地理。

教育部的大臣们非常希望学生在高中阶段继续学习数学。他们推出了一门称为核心数学的新课程,相当于一门 AS①级别的课程,那些数学能力强,但又不足以学习完整的 A-level 的数学课程的学生可以学习这门课程。

根据罗素集团一流大学的要求,其他 EBacc 课程为大学专业提供了更大的选择空间,它们被看作比其他课程更具挑战性。

3. 英语

我的父亲是一位圣公会的牧师,我刚开始第一份工作,即在伊顿公学教书的时候,他正好从一个萨塞克斯(Sussex)的乡村教区退休。在我最开始几周的教学中,我意识到一个事实:我的学生们糟糕的英语写作水平给他们拖了后腿。那个时候,学校要求大多数学生在一岁之前就参加入学测评,因此学生的能力差别非常大。他们都在优质的小学就读过,但是他们的拼写、词汇、标点以及其他方面的语法显得很糟糕。

在我父亲退休之前,我们家聘请了贝蒂·纽(Betty New)做清洁员,她从小在一个公租房长大,没拿到什么学校证书就辍学了。我的父母退休后回到了维尔特郡(Wiltshire),她常给他们写很长的信——一直到她去世。令人吃惊的是她的信展示了比我伊顿的学生更高水平的语文能力和书写能力。在 20 世纪 40 年代,她就读的那所学校教学严谨,强调阅读和写作,这使她具备了受用一生的语文技能。

所有教授包含短文写作的 A-level 课程的老师都为他们学生糟糕的语文水平抓狂。2002 年,我和我们优秀的英语教研室主任闲聊,发现学生有可能在 GCSE 英语课程中得 A*,但语文仍然很弱。因此,我要求所有 12 年级的学生参加语文测试(拼写、语法和标点),如果他们不及格,他们大多数确实不及格,他们必须参加额外课程,直到他们达到我的要求,这一要求高过考试局的要求。

---

① AS:A-level 课程的学习分为两个阶段,第一个阶段为 AS,第二个阶段为 A2,A-level 的成绩为两个阶段成绩的综合计算,学生也可以在完成 AS 阶段的课程学习以后,放弃这个课程。

我对在高中阶段强制选课并不赞成,但是我确实认为学生如果写作不好,必须继续学习英语课程直到他们达到可以接受的水平。学校不能把还没有掌握好英语的学生送到社会上去。

4. 数学

数学这门课程有着毁誉参半的历史。2000年,新的数学大纲颁布,它难度过大,以至于很多学生在 AS 级别的考试中不及格。一时间,选择这门课程的学生数量骤减。随着时间的推移,这一数量逐步恢复到了现在的高水平。

近期的改革意味着这门课程的受欢迎程度要再次经受考验。改革后的 GCSE 难度加大,在 A-level 模块制的选课机制中,数学比其他任何课程都占尽优势,而现在的选课机制变为线性关系①,与 AS 成绩脱钩,而且把 A-level 选课数量从四门减少到三门,将导致更多数学一般的学生不选数学。

任何 A-level 数学选课数量的下降都会成为问题。英国需要更多而不是更少的学生在大学学习这门课程,数学老师的供给已经很捉襟见肘了。

2016年,政府宣布英格兰小学要开始采用"全会式"原则来教数学。这一原则源起东亚国家,比如新加坡、日本、韩国和中国。PISA 成绩显示,这些国家 15 岁学生的数学水平要比英格兰 15 岁的学生平均超前三年。

他们是如何做到的? 亚洲的老师认定所有的学生有能力在数学上达到高水平。学生们步调一致地根据大纲要求学习,老师在课堂统一讲课,使用精心设计的数学教材。薄弱学生得到支持,能力强的学生要做更多的功课加深他们的理解。但是所有人都跟着课程一起学,老师发现并解决学生们的困难或者错误的理解,经常是通过当天晚些时候的个别或者小组辅导。

教学得到讲究方法的大纲设计的支撑,精雕细琢的课程和出色的教材促进了对概念知识的深刻领悟。课程被分成小步骤来讲授,**学生必须掌握每一步以后才能够进入下一个阶段**,学生们在很早的时候就学习乘法口诀表,而且倒背如流。

练习和巩固发挥核心作用。精心设计的各类问题培养了学生对数学概念的熟练

---

① 模块制选课是将一些课程整体打包成模块供学生选择,这些模块常常会包括数学课程。所以,选择了这些模块的学生就必须学习数学课程。线性选课机制则意味着所有课程任选,那么不喜欢数学的学生就可以完全不选择数学课程。

掌握和深度理解。老师们在课堂上使用精准的提问方法来检验概念性和过程性的知识,定期测试学生以便知晓哪些学生需要干预。所以,所有学生都能够跟上。全会数学教学法的一个关键点是放慢教学速度——核心概念必须反复练习,才能够学新的东西,知识必须转化成理解。

英格兰的方舟联盟学校(Ark Schools)率先使用了全会数学教学法,现在这一方法得到广泛推广。

豪(Hall)等人(2016)实施了一项随机控制组实验,使用牛津大学出版社的《启发数学》,它根据一套大多数新加坡小学使用的教材《我的伙伴在这里!》改编,采用全会教学法,并且用于教师培训。2015到2016年间实施的这一调研包含了两个5—6岁的学生组,一共550人。他们分布在12所英国学校,第一组按照传统方法来学数学,第二组使用《启发数学》教材来学习。调研发现,后者的整体进步好于前者,全会数学教学法的确有效果。

5. 现代语言类课程

这些年,英格兰选择现代语言课程的学生总数一直在下降(如图4-2)。虽然西班牙语选课数量在增长,但是不及法语以及德语的减速。1992年,英国有31 261名学生

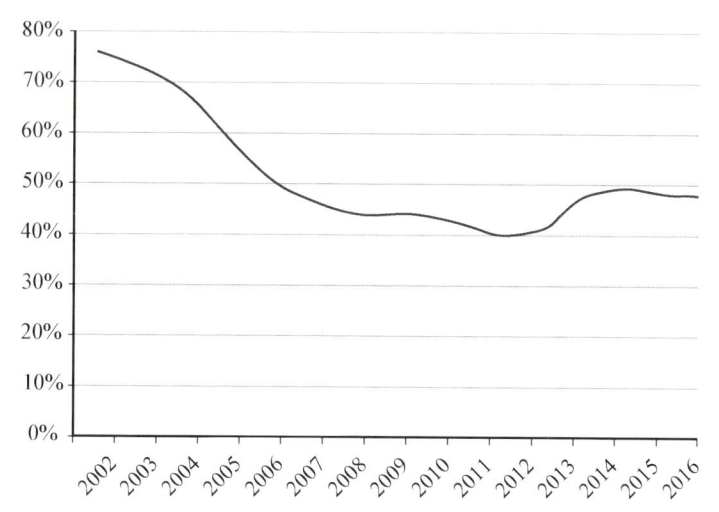

图4-2:英格兰第四关键阶段结束时参加GCSE语言类考试学生的比例

(来源:证书联合委员会)

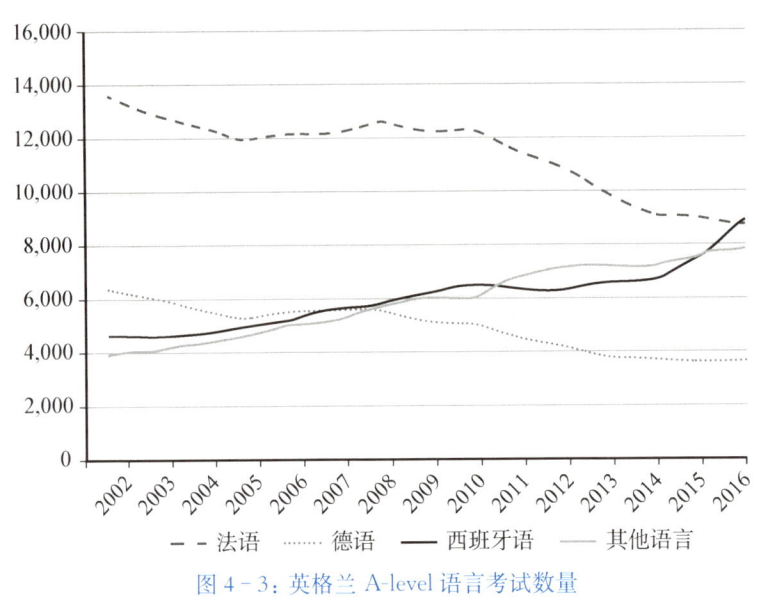

图 4-3：英格兰 A-level 语言考试数量

（来源：证书联合委员会）

参加了 A-level 的法语考试。2016 年，尽管参加 A-level 整体考试的学生数量剧增，但法语考试人数只有 9 672 人（如图 4-3）。

我们知道，这种现状部分是因为 2002 年的一项决定，即 GCSE 的现代外语成为选修课程；部分是因为现代外语比其他一些可选课程要难（尽管从 20 世纪 80 年代开始，现代语言的标准比其他学科降低得更多，A-level 的法语课程和以前的 O-level 标准几乎一样）。

更多母语是这些语言的学生来到英国，让这一体系备受压力，他们使用母语参加 A-level 考试，由于高分是配比制，这就让非母语的学习者更难获得高分，尤其是汉语。

2010 年以后，政府将现代语言作为 EBacc 其中的一门课程，选课数量出现了上升。然而，2016 年以后，现代语言成为八门成绩进步值中的可选课，选课数量可能又会下降。

学校采用的语言教学方法也有问题。老师们采用了将英语作为外语的教学法，重点放在习得的速度和口语上。用目标语言上课是一个错误，因为它把很多孩子吓跑了，没有用上他们的英语知识。教学过于偏重"咖啡馆对话"之类的内容，而很少教正式的语法，几乎没有英语到法语的翻译，对词组过度死记硬背，造成具备能力的假象。

A-level 语言教学大纲枯燥无味，没有涉及文学领域，很多内容在学术上不上档次,嚼之无味。A-level 内容咨询委员会(A-level Content Advisory Board,简称为 ALCAB)2014 年报告如实说:

> 委员会发现目前 AS 和 A-level 存在如下缺点:
> - 大纲所提出的要求具备这样的特征:它们并没有要求考试机构采用能够让学生直接接触与目标语言国家的社会情况相关的材料。
> - 文化主题的学习是 A2 阶段的可选内容,一般性主题过多,有些在 GCSE、AS 和 A-level 阶段被反复学习。尽管考试机构提供很好的练习样例,并采取启发性和被启发性教学方法,这样的安排仍让一些学生重复学习,从而导致枯燥无味和平淡无奇的学习经历,同其他相关的 GCE 课程(如英语、历史和古典语言)相比,没有那么引人入胜。
>
> **这种减少内容的后果就是影响了学生好奇心驱动的学习。**认知驱动被实际语言学习所限制,老师超纲讲授这门课程的可能性也被限制。因此,GCSE 阶段现代语言的认知挑战没有做到前后一致。这个挑战是采用越来越复杂的信息进行交流,使用越来越复杂的结构将越来越复杂的材料的观点连接起来。委员会相信这一缺点让证书的含金量减小,对优秀学生的吸引力减弱。这些,连同严格评判的要求,会挫伤学生选择一门现代语言的 A-level 课程的积极性。
> - 语言学习常常被理解为即刻的实际应用,与学生们已有的其他语言能力割裂开来,因此,也看不到鼓励学生发展对语言体系更多探索性理解的意图。

枯燥,枯燥,枯燥! 修改过的 GCSE 和 A-level 课程大纲旨在转变这一切,但也许太迟了。将 AS 与 A-level 脱钩给现代语言课程的打击可能要大于其他课程,因为 GCSE 和 A-level 之间的差距更大:AS 是一个有用的垫脚石,更何况脱钩其实就是鼓励学校在 12 年级的时候只提供三门 A-level 课程,而不是四门 AS 级别的课程[①],现代

[①] 以往,一门 A-level 课程成绩是由 AS 和 A2 两次考试成绩组合而成,AS 可以理解为课程的期中考试,A2 是期末考试,课程总分是期中和期末考试综合计算而成。在这一计分机制下,学校会鼓励学生选择四门 A-level 课程,参加 AS 考试以后,学生可以放弃其中考得最不好的一门课程,继续学习另外三门课程,等于多了一个课程备胎。但是,在新的脱钩机制下,A-level 只有一次最终的考试,备胎失去作用,所以,学校就没有必要再鼓励学生学习四门课程。

语言常常是学生的第四项选择。因此,这一改变有可能导致进一步的选课人数下降。

6. 艺术类课程

华威委员会[①](2015)有关艺术类课程现状的报告发现,2003年到2013年期间,GCSE的艺术类课程考试人数在减少(比如戏剧课程减少了23%),尽管文化和创意产业为英国经济做出了突出的贡献。2015年,这一领域的毛附加价值估计达到840亿英镑(创新学习联盟),占英国经济的10%,提供了290万个就业岗位。

根据政府劳动力调查,2011年11月到2015年11月期间,英格兰国家资助的学校在第四关键阶段的艺术教师数量下降了13.4%。与此相反,这一阶段的地理和历史老师数量增加了8.5%,这个阶段的艺术类课程授课小时数量在这期间下降了16.4%,地理和历史的授课时间增加了22.9%(费罗斯Fellows,2017)。

2016年,选择一门GCSE艺术课程的学生占比是48%(教育部,2016),意味着52%的中学生没有选择任何艺术类的GCSE课程。

人们常说EBacc设定的目标让学校缺乏开设GCSE艺术类课程的积极性,让很多资源从艺术类课程转向EBacc的课程,一些学校校长就是这样理解EBacc。但是,他们错了,新的八门成绩进步值计算方法给创造性课程留下了不少空间。

新学校联盟(New School Network)的调研(费罗斯,2017)发现,自从实施了EBacc之后,过去五年中GCSE的选课趋势显示,GCSE艺术类课程的受欢迎程度没有下降。实际上,2015/2016学年GCSE艺术类课程选课的数量高于2011/2012学年。那时,EBacc刚刚实施,这期间选择至少一门GCSE艺术类课程的学生占比增长了7.4%,而且,那些人均选择GCSE艺术类课程数量高的学校在EBacc、八门成绩进步值以及八门课程成绩中都高于平均值。

一个出色的艺术或者音乐教研室能够给学校的氛围和成绩带来很大影响。做得好的中学音乐教研室能够带来的成就包括:

1)音乐学生的家长会因为学校在音乐课程上的声望而让孩子申请就读。

2)学生选择GCSE和A-level音乐课程并且取得好成绩。

3)很多学生学习一门乐器,每年升一级。

4)很多学生参加合唱团。

---

① 2007年由华威大学成立,旨在集合华威大学专家、实践者和政策制定者共同探讨全球关心的问题。

5）很多学生参加乐队或者乐团。

6）学校每周都有唱歌或乐器表演。

7）学生参加音乐比赛。

学校如何做到这些？

1）在七年级，学校可以要求所有学生免费学习一样乐器。这需要学校投资购买乐器、存放乐器的柜子以及聘请乐器教师。学生学会识谱。位于玛丽勒伯恩区的国王所罗门学校（第 10 章）要求每个学生学一样乐器，这些学生因此获得了一项技能，以及一项可能享用一生的兴趣爱好。

   七年级之后，对于那些选择继续学习乐器的学生，学校会根据对他们家庭收入的调查结果①来决定是否资助他们继续上课。

2）日程上的音乐课程专门用于准备唱歌或者弹奏的表演。

3）优秀的音乐老师，肯为学生付出时间，并且准备好每周奉献不超过一次的演出。

4）学生有机会通过自己的表演聆听现场音乐，或者邀请演员来学校演出。

我喜欢位于温布利（Wembley）的麦克拉学校在网站上的一段话：

"在麦克拉，我们认为能够识谱、学习广泛而详细的音乐历史以及理解音乐理论组成了音乐教育，这些是我们在必修的音乐课上要学习的内容。我们训练学生们识谱，详细地讲授音乐理论——九年级末达到第四级。我们并不是通过降低预期让孩子们走近音乐，我们是按照严谨和学术的课程大纲，让音乐真正走近每一个孩子。"

7. 计算机科学

计算机科学是一门选课人数快速增长的 GCSE 课程，而且得到了政府的支持，体现在了八门成绩进步值中，因为他们担心在数字经济时代学生们缺乏这方面的技能。

2014 年国家课程大纲的改革首次加入了编程的内容，其目的阐述如下：

---

① means-tested benefit：这是英国政府的一项福利政策，这里是指如果学生可以证明他们的家庭收入没有达到一定的标准，他们可以申请政府补助。

计算机国家课程大纲旨在确保所有学生：
- 能够理解和应用计算机科学的基础原理和概念，包括抽象化、逻辑、算法和数据呈现。
- 能够使用计算机概念分析问题，具备编写计算机程序的多次实践经验，从而解决相关问题。
- 能够评估和应用信息技术，包括崭新的和不熟悉的技术，分析性地解决问题。
- 成为信息和交流技术负责任的、胜任的、自信的和创新性的运用者。

改革前的信息技术教学大纲被收回，代之以"更严谨"的计算机科学大纲。

教育部把计算机科学课程纳入 EBacc，并给予它极大的推动，这门课程势必会继续向上发展，遗憾的是女生在 GCSE 和 A-level 选择这门课程的人数很少。

第三关键阶段计算机科学大纲描述如下：

学生需要学会：
- 设计、应用和评估计算机化的抽象事务，塑造出真实世界问题的状态和行为以及物理体系。
- 理解一些关键的折射出计算机化思维的算法（例如，分类和搜索）；运用逻辑推理，比较同一个问题的不同算法的应用。
- 使用两个或更多计算机编程语言，至少其中一个是文字化的，来解决各种计算机化的问题，恰当使用数据结构（比如，列单子、列表格或者陈列）；使用流程或者功能设计和制作模块化程序。
- 理解简单的布尔逻辑（比如，**和**，**或者**以及**不**）和它在电路及编程中的一些应用，理解如何用二进制呈现数字，能够执行简单的二进制运算（比如，二进制加法，以及二进制和十进制之间的转换）。
- 了解计算机系统的硬件和软件组成，以及它们内部和与其他系统之间的交流方式。
- 了解如何在计算机系统内储存和执行指令；了解各类数据（包括文字、声音和图像）如何采用二进制的方式展示和操作。
- 运用各类设备，开展创新项目，挑选、使用、集合不同的应用程序，实现有挑战性的目标,包括收集和分析数据,满足熟手的需求。
- 为特定对象创作、再利用和修订数字化产品,或变换用途,关注可靠性、设计和可用性。
- 学会以敬重的态度,安全地、负责任地和万无一失地使用技术的各种方法,包括保护在线身份和隐私,甄别不当内容、联系和行为,知道如何反映令人担心的事情。

8. 劳技

就地位而言,劳技课程在过去的30年起起落落。2003年,选择GCSE劳技课程的学生人数是44万人;2016年,这个数字是18.5万。2016年7月,87名议员给首相写信:

"英国面临一系列的挑战:
每年短缺6.9万受过培训的工程师。
英国工程师从业人员中只有6%是女性。
我们相信解决问题之道是刚刚修订的、兼具科学性和学术性的GCSE劳技课程。

您可能意识到,GCSE劳技新课程的内容刚刚定稿,将在2017年9月实施。新的教学大纲一直在与相关行业密切合作策划,相比以前的要求做了极大的改进,它强大、科学和学术,是GCSE一个有价值的选课。

目前我们是根据学生EBacc课程中的GCSE成绩对中学进行评价,但其中没有包括劳技这门课程,这将降低这门课程教学的动力。

由于学校的评估基于他们的EBacc成绩,很多学校就督促学生——特别是那些"偏学术"的学生——尽可能多地选择EBacc课程,至少其中的五门。这样做的结果就是劳技课程被挤到一个单独或双选的可选项,与诸如摄影和舞蹈等课程竞争,让学生来选择其中之一。这在任何情况下都是个问题,但对于新出台的GCSE劳技课程更是灾难——它学术严谨,与那些EBacc课程很搭配。"

议员们很聪明,提到了摄影和舞蹈课程,因为最终这些课能否开设都与课表中是否还有空间有关。劳技是一门很棒的课程，但是它被挤出课表了。

9. 项目拓展证书：原创产品

拓展项目证书（Extended Project Qualification，简称 EPQ）在英国高中增长得很快。它借鉴 IB 的论文设计课程——学生们自选题目，得到老师有关科研方法和报告撰写的指导，就自选题目开展独立调研。调研报告可以是文字（5 000 字），也可以采用电影或者其他形式呈现。

拓展项目证书在 UCAS 分数计算中相当于半个 A-level 课程，但是它的价值远远超过这个分值。项目拓展证书为学生提供了原创性工作的机会、向大学展示独立科研能力的机会，让他们表达对未来专业的热情，以及增加对学校没有讲授的专业知识的了解，比如医药和天文学。

完成了拓展项目证书的学生需要向听众展示他们的科研成果，从而确保他们的口头表达能力和他们的所知相符。

10. 体育

体育对年轻人既重要又值得，因此需要成为必修课程。很多学生宁可什么都不做也不想运动。因此，必须强制——要仔细审查那些申请"病假"的学生。

除了保障学生健康，并培养他们一生对运动的爱好，运动还有其他作用。看一看海维康皇家文法学校（RGS High Wycombe）的网站关于运动成效的七大秘诀：

1）自信地思考——练习将负面的自言自语变成积极正面的自言自语。

2）自信地行动，哪怕是表演出来的。

3）让正面结果可见。

4）身体强壮。

5）拥有一项运动计划。

6）不惧困难。

7）有勇气失败。

这些都是能超越橄榄球场、在生活中可转换的技能。

有些学校要求学生参加每次一个小时的体育课，这有些浪费时间，因为他们需要开始时换上运动服，结束时换下运动服，这之间就没有什么时间做有意义的活动了。

如果有可能,运动应该占据两个小时的时间段,再加上课后团队的训练以及周六的定期比赛。

学校必须决策他们是否有钱招聘学科老师来带领运动队,这再好不过,因为在雄心勃勃发展体育的学校里,没有哪个体育老师组有足够的师资带领这么多的运动队。任何学校永远都不可能有覆盖所有运动的足够的体育老师,学科老师则可以助力。

学校有三个级别的体育活动:校队的精英体育、宿馆之间或年级之间的体育比赛,以及娱乐性体育运动,比如爬山和网球。最好把有限的几种运动做到位,而不是贪多。

11. 16—19岁职业技能课程

用国际标准来衡量,英国职业技能教育规模很小,部分是因为英国的劳动人口技能较低,生产力比法国和德国低36%。

在英格兰有三类职业技能课程:

1) **应用性普通证书**,它相当于 A-level 的替代课程,同样可以通向高等教育。它由 Ofqual 管理,包括 BTECs、职高文凭和第三级证书。大约 1/4 进入大学的学生拥有 BTECs。

2) **功能性技能证书**,它相当于 GCSE(第一级和第二级课程)英语、数学和信息技术的替代课程,适合不能在 GCSE 中取得好成绩的学生。

3) 工业技术教育,包括两年大学课程或者就业导向的实习(带薪工作、培训和评估为一体)。2016 年,塞恩斯伯里评论(Sainsbury Review)调研了 16 岁以后的职业教育,可以用 15 个专业取代了现存的 2.2 万个技术专业。这些专业由雇主导向的实习与职业教育学院(Institute for Apprenticeships and Technical Education)组织设计和管理,将从 2019 年开始实施。

这 15 门新的 T-level 证书的基础课程是:农业;环境和牧业管理;商业和行政;餐饮和招待;育儿和教育;建筑;创意和设计;数字化;工程和制造;美容美发;健康科学;法律;金融和会计;保护性服务;销售、市场和采购;社保服务;交通与物流。

所有专业包括英语、数学和数字化技能元素。这个名单上缺失了一些诸如零售等很显而易见的行业,这是因为根据塞恩斯伯里勋爵的说法,零售行业相关的技能和知识几乎"都为企业独有"。在这种情况下,就没有必要设置一个外部的技术专业——雇主可以做培训。需要接受技术教育的领域是那些可以应用在很多雇主企业的可转换技能。

根据这一计划,一名16岁的学生需要在学术课程(A-level)、某份工作的实习培训(比如厨师)、大学的技术专业、或在职学习(你可以有一份工作和短期培训,比如在商店)中做出选择。

实习和基于大学的技术专业之间有一个制衡。当经济旺盛的时候,雇主需要更多的员工,实习机会就会增多。在经济不景气时期,实习机会就会减少,大学的技术专业就会增加学位来填空。

如果塞恩斯伯里的建议能够得到资助,如果可以找到老师教这些课程,如果学校被要求推广16岁以后的技术和职业技能课程,这将会成为2015—2020执政政府最具重要性的教育改革。

4.3 课程教学法

1. 学术课程大纲中的技能教学

1999年去世的本杰明·布鲁姆(Benjamin Bloom)是一名美国教育心理学家,他的贡献是将教育目标进行了分类。1956年,布鲁姆编写了第一版教育目标分类图,被称为布鲁姆分类学(如图4-4)。

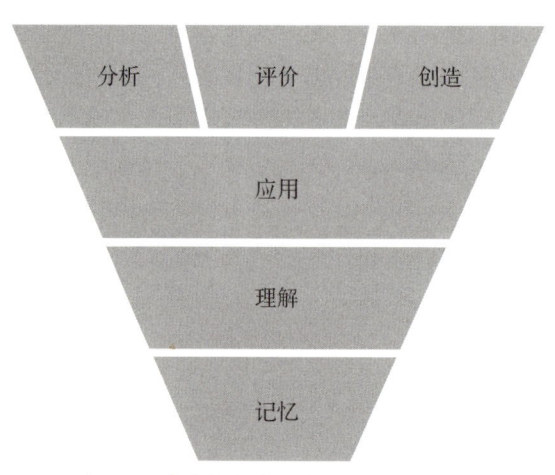

图4-4:布鲁姆教育目标分类图(第一版)

布鲁姆分类学将牢记知识作为一个低等级的技能,将分析和评价作为更高等级的技能。这相当于说明技能和知识彼此分离,知识没有那么有价值或者重要。这让人们以为你可以跳过低等级的技能直接达到更高级别的部分,我们需要的不是让学生记忆事实,而是能够推理、创新和想象,合作学习。这就是学校应该教授技能而不是知识的观念的基础。

在英格兰,国家课程大纲开始实施于1988年,法律规定地方政府管理的学校必须遵循这一大纲。曾有一段时间,课程内容被逐渐削减,由技能和体验所替代,比如,2007年,第三关键阶段的历史课程大纲罗列了技能而非知识清单:

学生应该能够:
- 独自或作为团队的一员,找出并调研具体的历史疑问或事件,做出假设,加以检验。
- 批判性反思历史疑问或事件。
- 发现、选择和运用广泛的历史资料,包括文字、图像或口述资源、作品以及历史环境。
- 评价这些来源以便得出经过推理的结论。

皇家艺术社团(The Royal Society of Arts)为21世纪编写了一套新的中学课程大纲,称为"开拓视野",提出学校教学大纲的基础由五大必要技能组成:

1) 公民教育
2) 学习
3) 信息管理
4) 人际关系
5) 把控局面

"这些本领是能力的宽泛分类,通过在课堂中教学和实践的融合得到发展:孩子们规划他们的学习,管理他们的时间,探索他们自己的学习方法。

相比传统的教学大纲,学科之间不会那么界限分明,学校经常把几门课程混合成模块或者主题来教,以便学生们在共同的主题下探索,从而发展他们的能力。"(皇家艺术社团网站)

采纳这一方法的学校将大纲聚焦于项目,而不是学科,比如,由英国顶级大学运营的位于卡姆登镇(Camden)的伦敦大学学院学校(UCL Academy)。2013 年,我去访问了这所超贵的新学校,它网站上的学校介绍这样描述:

> 在校的第一年主要是让学生适应学校提供的独特的学习环境,培养他们肩负起为后面那些年的学习制定自己的学习计划的责任,培养学生拥有高效学习不可或缺的各类技能。
>
> 学生们在学校学习 IB 的中学课程,将它作为一种学习模式,它鼓励学生通过"宏观思想"①开展跨学科学习,聚焦国际,在课程开始和结束的时候介绍和温习宏观思想和概念。

学校在 2014 年接受了 Ofsted 的第一次督查,评价结果却是"需要改进"。

我教过 A-level 批判性思维这门课程,我之所以教这门课是因为我认为批判性思维听起来是一项不错的技能,所有受过教育的人都应该具备。但我很快发现这门课程其实毫无用途,学生们学习一套规则,然后在考试中加以应用,这些规则在特定的考试以外基本用不上。

这件事告诉我,脱离学科内容讲授思考技能很难。比如,当我们教授了教学生批判性地思考第二次世界大战的起因,这并不意味着他们就可以批判性地思考气候变化和可替代能源。批判性思辨过程是与背景知识绑定的,马丁·罗宾森(Martin Robinson)指出:"要想成为批判性思考和创新的人,需要相关知识,以及对基础的牢牢掌握……只有这样他们才能成为创新性和批判性的公民……"(罗宾森,2013)。

丹·威灵汉姆(Dan Willingham)博士(2017)也指出:"批判性思维(与科学性思维以及其他特定领域的思维一样)不是一项技能,没有所谓的一套批判性思维技能可以拿来学习和应用,却不需要考虑背景。

因此,如果你常常教学生'从多个视角看待一件事物',他学会了应该怎么做,但是如果他对一件事了解不透,他不可能做到从多个视角来考虑这件事。"

大人是通过博学来发展高超的思考技能的……而不是学习思考技能。21 世纪最

---

① Middle Years Programme(MYP)是国际文凭组织(IB)课程中学段的课程名称,Big Ideas 是这一阶段倡导的学习方法,即在宏观主题下通过问询、项目式的学习方法(inquiry and project-based exploration)将各学科学习融合在一起。

可靠的基础技能是拥有跨学科的广泛知识。

花时间教思考技能或者能力而不是学科本身将付出很高的机会成本——学生们虽然不是在学习完全无用的东西,但是他们也没有充分利用好时间。大量时间花在提升"可转换技能"活动上,而不是花在学习那些最终能够培养出可转换技能的知识上。

2. 另一个方法——教授知识

赫士出生于1928年,现在已经退休,他之前是美国弗吉尼亚大学(University of Virgina)的教育和人文学教授。20世纪70年代后期,在测试学生能够多快掌握课文中的观点的时候,他发现,虽然阅读能力是决定理解速度的一个重要因素,但是一项更重要的因素是阅读者是否拥有——或者没有——相关的背景知识。

他发现,在弗吉尼亚大学的学生能够读懂关于尤利西斯·格兰特(Ulyssess S Grant)[①]和罗伯特·李(Robert E. Lee)[②]的文章,但是,在瑞蒙得社区大学(Richmond Community College)的学生读同一篇文章就没有那么得心应手,因为他们缺乏对美国内战的基本了解。这让赫士形成了"文化素养"的概念——即阅读理解不仅需要解码字母和单词的技能,还需要广泛的文化背景知识。他总结道,学校不应该架空教学内容,而应该讲授非常具体的课程大纲,以便让学生了解那些作者认为理所当然的事情。

他的著作《文化素养:每个美国人不可不知的常识》于1987年出版。从20世纪90年代开始,赫士着手编写了**核心知识系列**,每本书都聚焦在一项特定的知识上,教给不同年龄段的学生。你可以在第10、12、13、16章读到那些赞同赫士的观点的学校是如何做的。

3. 品格教育

诸如彬彬有礼、谈吐得体、毅力、主动、领导力、团队合作、善良、乐观和自我驱动的软实力对于一个人的工作前景非常重要,但总的来说,这些能力可以通过常规课程和课程辅助活动来培养,没有必要作为单独的课程教授给学生。

我曾经在一些开展品格教育的寄宿学校和规模很大的市内走读学校工作过,这些

[①] 1822年4月27日—1885年7月23日,美国上将、政治人物,第18任美国总统。
[②] 1807年1月19日—1870年10月12日,又常简称为李将军,美国将领、教育家,为南北战争期间联盟国(南军)最出色的将军。

学校几百年来都在谈论这件事,这不是什么新观念。

2015—2016年在任的教育大臣告诉我们,她的"优先事宜"是品格教育,"我们知道孩子们需要具备一些特质才能够在学术上出彩。"她在2015年的一次讲话中说道,"这些特质应该嵌入整个学校品格教育的方法中,帮助孩子和年轻人成为文明、幸福和均衡发展的公民。"教育部为品格教育项目提供了上百万英镑的学校资助。

伯明翰大学学校(The University of Birmingham School)声称自己专长于品格教育,它在网站上写道:"品格教育关乎习得和强化美德——即那些促进全面发展的人生和欣欣向荣的社会的特质,包括同情心、谦虚、感知、创新、好奇心、毅力和适应性等价值观。"他们达到这一目标的方法是:开展素养提升类活动,比如运动,以及鼓励老师在学科教学中随时渗透这些价值观和美德。

有一些证据表明品格教育的价值所在。杜拉克(Durlak)等人对213项在学校开展的社会和情感学习项目进行了元分析,该项目覆盖了270 034名从幼儿园到中学的学生。同控制组相比,参与项目的学生在社会和情感技能、态度、行为和学业方面表现出了显著的进步(杜拉克,2011)。

但是没有证据表明专门进行"品格"教育有效果。一个原因是每个人的品格有一部分是基因决定的,比如毅力和适应性。伦敦国王学院双胞胎早期教育(Twins Early Development)研究表明,基因决定了人们任何品格中的1/3到1/2。

在保罗·托(Paul Tough)的著作《孩子们如何成功:毅力、好奇心和品格的隐性力量》以及《助力孩子成功:什么有效以及为什么》中,基于他对研究的分析,他相信发展品格的最好方法并不是通过学校的品格教育课程,而是通过家长以及老师为他们认为重要的行为做出榜样,日常的生活环境才是最重要的。

我这一代人参加过无数场学校关于抽烟损害肺部的讲座,但没用。年轻人对理论不感兴趣,他们只对鼓励和强制做出响应,特别是男生。禁止抽烟最有效的方法是明确在公共场合吸烟违法。同样,让男生努力学习最有效的方法是强迫他们努力学习——如果可能的话,就用那些比努力学习还让他们痛苦的惩罚措施来威胁他们。但是,一旦他们懂得了付出必有回报(确实是这样的),他们就豁然开朗了。

伦敦出色学校并不提供品格"课程",但是要求所有学生参加活动,比如运动、辩论和学术项目,这些能够让他们展示积极的品格特质。他们必须填写下面这个表格(见表4-1),它帮助学生反思这些在表中被称为"核心价值观"的品格特质,很有用。

表 4-1：伦敦出色学校证书

技能	核心价值	标　准	自我评价	辅导员评价	老师评价	平均分
自信	适应性	相信努力会改变未来				
		遇到不利事情，相信下次可以做得更好				
		保持动力，即使在事情不顺的时候				
自律	独立	善始善终				
		即使失败也继续努力				
		想放弃的时候仍然继续努力				
沟通	尊重	相互尊重和包容不同信仰和信念的人				
		理解民主、法律和个人自由的价值				
		给一群人做演讲				
		影响和鼓励他人取得成功				
团队合作	谦逊	容许别人发言，不要打断				
		在和他人冲突时能够找到解决方法				
		在乎别人的感受				
领导力	出色	展示核心价值				
		对他人信守承诺				
		领导一个团队				
服务	善良	帮助他人				
		支持一项慈善工作				

1＝从来没有做到；2＝极少做到；3＝很少做到；4＝有时做到；5＝经常做到；6＝频繁做到；7＝总是做到

教会学生彬彬有礼的另外一个实例是：在学校出游结束后建议学生写一封致谢信。但是，懒惰的学生从来不理这一套，但如果你强迫他们写，比如让老师检查以后寄出，他们就知道如何做了。似乎这并没有他们想象的那么痛苦，下一次他们就更有信心完成这件事，而且会自愿做。

再举一个例子：有效组织。想要成功，学生需要上课带对书、按时完成作业、把完成的作业带到相应的课堂、将文档合理分类，这些事情可以通过一节一节的课程、一个一个的老师来教会，坚持高标准，胡萝卜大棒并用。

学校可以大谈理论——斯坦福大学的"棉花糖实验"、马修·赛义德（Matthew

Syed)的"刻意练习"以及卡罗尔·德威克(Carol Dweck)的"成长心态说"——但是这些都不及让学生真正实践这些他们应当掌握的行为举止。试做、失败、再试、成功——证明你能够做到,你必须亲力亲为地向学生展示想要教授的行为。一旦他们自我驱动去尝试,态度就转变了。他们能够看到努力学习并不是他们想象的那么痛苦,相反会带来好的结果;他们能够看到一封致谢信能够让被感谢的老师有多么热烈的回应。

在莫索伯恩学校(Mossbourne Academy),迈克尔·威尔肖要求他的学生在每次上课前都吟诵如下内容,

"我希望保持爱探索的头脑、沉稳的性格、倾听的耳朵,这样,这堂课和所有课我就都可以充分发挥自己的潜能。"

他并没有假设他的学生会不假思索地相信这个说法,他希望经过一段时间,他们吟诵得够久的时候,就会顿悟了。

也许"教授品格"不是正确的说法,我们常常要做的应该是给予期待、提供机会,让学生们从学校和自己的经历中学习到一些行为方式,从而认识到做到这些不仅可能而且值得。

4. 课程辅助项目(素养提升)

课程辅助项目很有必要,因为它涉及了传统学校课程没有涉及的内容,而且让学生发展他们的一项兴趣,让他们觉得学校物有所值。学生需要广泛和整体性的教育,在哈罗公学,我推出了一项文凭,并最终发展成为爱德思考试局①(Edexcel)认可的证书,这是表示重视和推动学生参与的一种方法。

> 文　凭
>
> 奖励给那些在 13 年级②对全人教育有特殊贡献的人
>
> 基本要求:
>
> 1) 学业成绩:9 门 GCSE 课程 A*—C/9—4 分。

---

① GCSE 和 A-level 课程的一个考试局,在"成功的考试"章节中会进一步介绍。
② 英国基础教育的标准年限是 13 年,13 年级即毕业年级。

2) 文化活动(满足任意一项)：GCSE 艺术或音乐课程,或 AS 摄影课程；学习一样乐器或唱歌,达到五级水平；在剧中扮演有台词的角色或者没有台词但贡献很大；在合唱团演唱或者在乐团演奏至少一学期。

3) 体育活动(满足任意两项)：参加校队五个学期,可以是一项也可以是多项运动；爱丁堡公爵奖银奖；军训竞赛参加者；耐力赛参加者；10 英里长跑、泳池 200 个来回或 1 万米划船。

4) 交流活动(满足任意两项)：通过 12 年级语文课程；辩论队；宿馆公共演讲队；学校杂志上发表文章或创意写作；在教堂诵经；参加一次宿馆的教堂活动或每天沉思活动；帮助宿馆网站写稿；进入学校讲座比赛的决赛。

5) 为他人服务(满足任意两项)：参加至少一学期的社区服务；参加至少一学期的对话活动；担任宿馆馆长；为慈善募捐到 100 英镑；主管一个社团或活动至少一学期；行使主教职责组织圣餐仪式；带领潜在家长参观学校；舍监认可的任何一类服务。

6) 发展一项技能(满足任意两项)：成为年轻企业家团队成员；学习 AS 批判性思维课程；在学校农场工作一年；为一个美术展出力；急救课程；救生课程；厨艺课程；独木舟课程；爱丁堡公爵奖银奖；工程教育项目；拓展活动项目；两年军训队；考取驾照。

7) 至少五天的工作经历。

对于很多学生来说,课程辅助活动比考试导向的教学大纲更加重要。我教过的上百名男孩因为成功的军训经历而最终参军,那些参加了学校戏剧演出的学生最终进入表演和编剧领域,那些成为音乐家的学生(哈罗公学每年平均两人),无论是古典还是摇滚风格,那些一生在唱诗班演唱或者在教堂做琴师的学生,那些因为喜爱学校的农场(其实就几头母牛)而成为兽医的学生,那些成为职业运动员或发展了终生运动爱好的学生,那些不是被考试而是被哈罗公学艺术教研室的精神所激励的职业艺术家和摄影师。英国康德纳斯特(Conde Nast)出版公司的作者和主管尼古拉斯·科尔里奇(Nicholas Coleridge)坚称,编辑学校杂志的经历以及管理学校现代艺术社团造就了他的事业成功。

5. 个别辅导：为了学习而学习

在伊顿公学的个别辅导，在温彻斯特公学（Winchester）则被叫做"Div①"——就是学生以小组方式参加一名老师的辅导和讨论。在温彻斯特公学的网站上这样形容"Div"：

> 每位男生每天在他的 Div 有一节见面课，所以，他的 Div 导师见他的次数比其他老师更多。Div 导师负责引导他完成整个课程学习，这些课程旨在激发他对学习本身的爱和崇尚。头三年，Div 依次涵盖历史和英国文学（GCSE 没有涵盖的课程）、古代历史、艺术史、科学史和宗教教育。
>
> 到高中，根据组内学生的兴趣，Div 可以多方向引导。Div 导师本人在历史和文学上都非常博学，从古代埃及到海湾战争，从柏拉图到莎士比亚，从曲棍球的来历到数学或科学，从巴赫的作品到汤姆·斯托帕德（Tom Stoppard）②的戏剧。任务实践可以让学生深入探讨他从 Div 那里学习到的广博知识。在 Div 导师的指导下，他可以根据自己的兴趣或研究定期撰写作文，他会经常被要求给 Div 做演讲。
>
> Div 是温彻斯特公学教育的特色。

这些辅导课可以卸下考试的包袱来讲授，它们的成功取决于辅导老师捕捉学生兴趣和想象力的能力。这是可以做到的，因为辅导老师会选择他们自己感兴趣的主题。它不像 AS 考试出台之前那样，很多学校的课程和常规课程毫不沾边，主要的不同是小组规模小，Div 辅导老师亲自负责所辅导的学生的进步——辅导老师和被辅导学生之间的关系与一般老师和他们班级的关系不同。

6. 文化资本

来自弱势背景的学生也许会落后，因为他们的父母不太可能带他们去博物馆、剧

---

① Division 的缩写，可以理解为一个小组学习的单位。
② 汤姆·斯托帕德爵士（1937 年 7 月 3 日— ），英国剧作家，曾获得奥斯卡金像奖。

院、美术馆,不太可能在家中藏书。最好的学校会努力填补这一空白,在去参观之前告诉学生要看什么,在参观之后期待他们能够把所学写下来。

未来领袖是一项素养提升类项目,目的是提升孩子和年轻人的学术成就,特别针对在伦敦南部的非洲和加勒比地区的后代。志愿者林赛·约翰斯(Lindsay Johns)这样描述这个项目:

> "我们的目标就是帮助年轻人成就他们的学术和社会潜能,拓展他们的文化视野,突破 SE15[①] 的局限性,帮助他们树立充分发挥作用的道德标准。
>
> 学校设有每周一次的词汇专题时间,重视大声朗读和沟通能力;邀请来自各行各业嘉宾做励志演讲;定期到国家剧场、新维克剧院、大英博物馆、泰特现代美术馆、球形剧场和其他文化场所看演出;参观牛津和剑桥大学;参加在美国举办的领导力赋能会议。我们希望让年轻人跳出胸无大志、自甘堕落的发展轨迹,这样的发展困扰着很多在内城居住的人。"

林赛认为把教育和黑人更紧密地"关联"在一起的努力既傲慢又具有伤害性。每个人都应该学习西方文学经典,我参观过的一些优秀的学校要求所有学生定期参加莎士比亚的戏剧表演。

4.4 性别和课程选择

尽管绝大多数孩子都就读于男女混校,但显而易见的是,性别模式化仍然影响着课程的选择。比如,我们来看一下英国 2016 年的 A-level 选课(见表 4-2):

表 4-2:英国 2016 年的 A-level 选课

	男生	女生
物理	27 699	7 645

[①] SE15 为该学校所在地区的邮政编码,位于伦敦东南部地区。

续 表

	男生	女生
计算机	5 633	609
经济学	19 895	9 490
法语	3 093	6 579
英语	22 980	61 730
心理学	14 085	45 384
社会学	7 848	26 132

(来源：证书联合会)

只有地理和化学似乎不存在性别偏见，109页图3-8显示了大学层面的选课也面临同样的现象。

在各类选课中，"女生课程"或"男生课程"的感觉很明显，学校需要采取特殊的政策来克服课程选择上的性别偏见所造成的负面影响。

4.5 结论

老师的质量和大纲的内容，哪个更要紧？赫士（2016）的研究指出，课程内容在课程影响力上的占比非常高，也就是说，一名出色的老师讲授低质量的内容比一名能力差的老师讲授高质量的内容好不到哪里去。

对学校重视学科知识的学习持嘲讽态度的人所持有的一个观点是，学生成人以后会忘记大部分知识，而且这些知识也会过时。但这既不是我的经历也不是我以前的学生的经历，他们很多都已经40多岁了。我仍然记得在学校学习的诗歌，我能够回忆起很多年前学习过的数学、历史、劳技和科学，所有这些现在还都有用。事实上，我能够记住具体的课程和它们的内容，我以前的学生能够记住我教给他们的那些课程。在学校学到的东西**不会**很快被忘记。

我喜欢这样的观点：人们拥有的知识储存在人脑里，而不是电脑里。深度学习和创新性思考来自扎实吸收的现存知识，如果你的脑子里没有可调用的信息，你无法思考。

难道把诗篇存储在脑子里不比在屏幕上更好吗？

技能应该通过现有学科来传授，团队合作需要通过运动或辩论来学会，如果你想教学生懂得分析思考，为什么不通过教历史来传授这项技能？

我们应该在学生毕业的时候将他们的数学和英语提升至更高的水平，而不是像我们这些年来表现得这么平庸。我们需要聚焦这两门重要的学科，所有学生都需要学会基础的功能性数学和英语——有用的数学和优秀的写作水平。在第三和第四关键阶段，学生们必须每两星期读一本像样的小说，每年学习十首诗歌。

学生们必须学会口语表达。我在一所伦敦市内的公立学校理事会上曾经提出过这个观点，一名来自非裔加勒比的家长代表表示同意，说她的儿子讲起话来就像背课文，她听不懂一个字。但是老师不是那么轻易被说服：他们担心被当做种族歧视者，觉得如果推行标准英音就是歧视。

我们应该根据新的国家课程大纲讲授物理、化学、生物、英国历史和世界历史课程。

我们应该讲授大历史，大卫·克里斯蒂安（David Christian）的书（2013）和网站对此都有解读——如宇宙是如何进化的，星球是如何发展的，地球上的生命是如何进化的，农业以及随后的城市和文明是如何形成的。

学生需要掌握欧洲作曲家和他们的作品。

学生需要学习法语或者西班牙语，达到比现在更高的水平。

学生需要学会如何画画和涂色……写生，抽象绘画需要被禁，因为对年轻人来说，它要么太难，要么太容易。就像温斯顿·丘吉尔指出的那样：

> "上好艺术课很具挑战，因为它要求全神贯注……我到天堂以后准备把头100万年的大部分时间花在绘画上，以便达到入门级水平。"

劳技也很重要，它包括如何使用工具，比如锯子、锤子和改锥，还有计算机辅助设计。

还有如何使用电脑，盲打和编程。

还有身体健康，会游泳，会欣赏体育运动，掌握团队项目的技能，比如板球和英式篮球。还有新国家课程大纲确定的PSHE课程。

再增加其他课程就很困难了，即使在第三关键阶段。当然，学生们应该学会生活技能,比如井井有条、守时、适应性、认识到努力学习就会有好的结果,对人友善,具有道德价值观——但是如果在好学校遇到好老师,这些都会成为优质课堂教学和课外活动的附带收获。

总而言之,我们必须承认课程已经被安排得满满当当了,如果我们再想在课表里加课程,比如公民教育,就意味着孩子们必须削减其他课程的学习时间,比如历史或英语或数学。如果你加课程,就需要减其他课程。

我们一天只有这些时间,我们应该讲授成熟的学科,教到位,教到我们前所未有的高度。

第 5 章　成功的家长

"我们去哪里?"苏姗问。

"哪里也不去,"妈妈答,"旅途就是我们的目标。"

——埃里亚·M(Elia, M.)和埃里亚·E(Elia, E.),《我们出发》

5.1　家长需要参与孩子的教育

我们知道父母养育的质量对于孩子教育成效起着至关重要的作用。如果家长不和孩子说话，不给他们念书，孩子五岁入学的时候会连完整的句子都说不出，对字母毫无认知。这样的孩子很难跟上学习。

国家应该给家长提供培训让他们成为"合格"的家长吗？如果我们的目标是社会流动或机会平等的话，回答是肯定的。像约翰佩里恩小学(John Perryn Primary)(第8章)这样的优质学校，会教家长如何与他们的小孩玩耍，如何自己读书，以及如何读给孩子们听。像国王所罗门学校(第10章)这样的学校会没收孩子在家里的游戏机。在新加坡，家长和学校签署法律协议，包括的条款诸如必须参加"如何帮助孩子做作业"的课程，如果不参加将被罚款。

2016年，位于诺丁汉郡(Nottinghamshire)的格雷斯里博维尔小学(Greasley Beauvale primary school)收到督查员的表扬，因为学校根据家长对孩子教育的投入按照A—D打分。它告诉家长，缺乏对孩子教育的参与会给孩子一生的机会造成影响，由此鼓励他们参与学校的活动，帮助孩子在家里完成学校的功课。

所有优质学校都会就互联网安全、毒品教育、与叛逆的少年沟通、大学流程申请等方面给家长提供培训或者建议。

5.2　家长如何参与孩子的教育

1. 了解学校

一家名为"追求卓越的家长和老师"(Parents and Teachers for Excellence)的机构致力于向家长提供这方面的信息。

家长需要了解他们孩子就读的学校孰好孰坏。

如果你想了解小学的情况，你可以在网上查询"教育部学校和学院表现之比较"(DfE Compare school and college performance)，键入你感兴趣的学校的名字。

你可以马上看到学校在第二关键阶段的表现以及自第一关键阶段以来的进步。这两组数据需要小心解读，因为那些在第一关键阶段投入了大量精力的学校会发现"自第一关键阶段以来的进步"这一数据让他们郁闷[①]。与位于工人阶层居住区的学校相比，位于中产阶层居住区的学校能够在第二关键阶段取得更好成绩。

尽管如此，这一数据还是很有用的。

然后，你可以到 Ofsted 网站上的"查找督查报告"（Find an inspection report）专栏查看学校最近一次的 Ofsted 督查报告，学校自己的网站上也会登载。这一报告会清晰地阐述这一学校所有的优点和缺点。至于私立学校，如果它是私立学校协会（Independent Schools Council）的成员，你可以登录私立学校督查（Independent Schools Inspectorate）网站查询学校情况。

如果你要了解中学的情况，你需要知道如下信息：

1) 在网上查询"教育部学校和学院表现之比较"。

GCSE 进步值是将每个孩子 GCSE 的平均成绩与英格兰其他孩子 GCSE 平均成绩相比较，这些孩子在 11 岁第二关键阶段的时候取得了相似的 SATs[②] 分数。八门成绩进步值则测量了孩子在八门 GCSE 课程中的进步情况，如果一所学校这个值是 0，意味着它的成绩是全国平均值；如果低于 0，说明做得不好，如果高于 0，说明做得不错。进步值的重要性体现在 GCSE 的原始成绩（比如得 5 分的百分比和得 7 分的百分比等等）受学生入学时的水平影响很大，有些学校所录取的高分高能的学生比例要大大高于其他学校。**进步值比原始成绩更能够衡量出一所学校的教学质量。**

> 举例说明。
>
> 我进入教育部在线学校表现查询表（online school performance checker）。
>
> 我输入学校名称：切尔西学校（Chelsea Academy），查找"八门成绩进步值"。2016 年，这个值是 +0.38，这个成绩不错，让学校成为全国排名前 30% 的学校。就是说，学生在八门 GCSE 课程中的每个科目的成绩比全英格兰同科目

[①] 因为如果第一关键阶段的成绩好，那么第二关键阶段的成绩进步空间就不大了。
[②] SATs：指的是英国学校学生在第一关键阶段（二年级）和第二关键阶段（六年级）参加的考试，可以理解为国内有些地方实施的学业统测。

学生的成绩平均高出了 0.38，这些学生在第二关键阶段的成绩相似。

然后，我查找"类似学校"。查询表显示了切尔西学校同其他在第二关键阶段取得类似成绩的学校相比的表现。在名单上的 55 所学校中，它位于八门成绩进步值的第六位——相当不错。

查询表还提供其他数据，让学校情况更为全面。我没有太在意学校的 EBacc 数据，因为这一成绩一定程度上受学校 GCSE 的选课政策的影响①。

如果我查询那些让学生学习 iGCSE 课程的私立学校，那么网站上的这部分信息就需要被忽略，因为它不统计 iGCSE 的成绩数据。

2) 高中

这一网站还呈现 A-level 成绩进步值。所以，我输入切尔西学校、16—19 岁、A-level 表现、成绩进步等关键词进行搜索，得到的数据是 +0.12。它显示了学生从 GCSE 到 A-level 的进步情况，这一数据表明该学校学生的 A-level 成绩是高于还是低于全国同等能力起点的学生所取得的平均进步成绩，0.12 是一个正向成绩，尽管并不是很高，说明该校的 A-level 成绩还不错。要是达到 0.3 就更出色了。

有些学校的 A-level 成绩突出，是因为学校首先会要求那些选择读 A-level 的学生取得较好的 GCSE 成绩，同时会要求很多学生在 12 年级结束时就离开，而那时他们仅上了一半的 A-level 课程②。因此，任何学校的 A-level 成绩都需要考虑以上这些情况。我们可以很容易地找到学校对进入高中时的 GCSE 成绩要求（一般在五个 C/4 分到五或六个 A/7 分之间），同时通过比较一下 12 年级和 13 年级学生的人数，就能够知道 12 年级离开学校的学生数量。

你还需要向学校要 18 岁离校学生**去向**的数据，他们进入了哪些大学？学校是否为那些可能申请牛津大学和剑桥大学以及医学院的学生提供额外的课程？

---

① 即如果学校没有要求学生必须选择 EBacc 的课程，那么这一成绩无法反映学校的真实情况。
② 译者注：英国学校的这种做法有些像我们的一些高中学校的做法，即为了确保高考成绩和录取率，在高一和高二就将成绩差的学生分流到其他渠道或者学校，不让他们参加高考。英国的 12 年级相当于我们的高二。

3) 优势和劣势学科

当你在考虑你的孩子会在学校选择什么 GCSE、A-level 或 BTECs 课程的时候，一定要坚持看到上一年每个科目选课学生的数量和成绩，它表明哪些课程受到学生欢迎并且教学效果好。学校不会公布这些数据，但是你能够要求查看。

然而，由于某些课程受到薄弱学生的青睐，不能仅看原始成绩。如果你提出要求，大多数学校还会提供给你每个科目的进步成绩，它让你了解同全国同等水平的学生相比，该学校的学生表现如何。同样，学校不会公布这些数据。

4) 课程设置

通过浏览学校的网站，你可以看到每所学校的课程设置情况。不要对那些似乎提供了很多课程的学校感觉过于良好，比如，在第三关键阶段，学生 11—14 岁的时候，也许在数学、英语和科学上多花一些时间，以便为 GCSE 做好准备，要好过在诸如舞蹈、戏剧、电影、社会学、媒体、商务、艺术、音乐、厨艺、体育等课程上花费过多的时间。这些课程都很棒，但是在这个阶段，它们没有数学和英语更有价值，如果一周只有一节课的话，它们的价值就更低了。

高中课程设置也很重要，关键点是如果你期望你的孩子进入优质大学，有些课程就比另外一些课程更有用。罗素集团的 24 所领军大学为学校提供了一份指南，其中明确了 A-level 中有些课程的重要性要高于其他课程。如果你想让学生申请这些大学，就需要开设并鼓励学生选择这些课程，包括数学、进阶数学、物理、化学、生物、现代和古典语言、英国文学、地理、历史、哲学和道德。经济学没有在这个名单中，但我认为应该包括在内。

这不是说诸如艺术或者商务这样的课程没有价值，艺术对于申请大学建筑专业的学生来说就很有用。但是，如果你的孩子希望进入一所顶级大学的科学专业，那么，他们应该学习化学、物理、生物和数学。如果一所学校大多数学生选择心理学，倒不是要受到批评，但是，心理学无法引导孩子进入顶级大学的科学专业。

5) 行为规范

你需要在学校日常的一天去观察它的氛围，与在读学生家长交流，从而确信学校有良好的行为规范。如果没有良好的行为规范，学生将一无所获。

6) 课程辅助活动

你也许对教室外开展的活动很感兴趣，比如体育、戏剧和音乐。学校光提供这些课程是不够的,你需要询问在读的学生和家长,以确定这些活动做得如何。比如,周六有多少校运动队有活动?是否有乐队?演出频次如何?了解合唱团也是如此。

薄弱学校也会提供这些课程,但是很单薄,也许就一支足球队,每年两场比赛,而这方面强的学校会有10支足球队,每年6场比赛。

7) 在 Ofsted 网站上"查找督查报告"专栏查看学校最近一次的 Ofsted 督查报告,学校自己的网站上也会登载。它会清晰地描述学校的强项和弱项。如果是私立学校,你可以登录私立学校督查网站查询。

如果你对学校某些方面的表现不满,你应该做什么?

1) 首先,你需要再次确认你的信息是否准确。有些学校的成绩每年都不同,另外一些学校的数据可能有误导作用(比如,一所出色学校如果取得优秀的 GCSE 成绩的话,它们的 A-level 成绩进步值就会不令人满意)。因此,不要"一枪打倒一大片"。你需要与学校核对这些信息,你也需要与其他家长商讨。

2) 和学校理事会中的家长理事沟通。

3) 与校长见面,请他/她回答这些问题。

4) 如果没有改善,和其他家长一起,联合给学校理事会主席写信。

案　　例

一位家长17岁的女儿在一所综合学校的13年级读书,她说孩子在三门 A-level 课程中的两门都学得很好,但是经济学老师很"没用"。同其他课程相比,她的经济学课程笔记内容少,很零散,老师很少留作业,也很少测验,上学期她只有两份评判过的作业,整个12年级,只有一次学校考试。学生们也没有教材。

家长向学校教研室主任要去年经济学 A-level 考试成绩单,它显示16名学生选择了这门课程,没有 A+ 或 A,一个 B,六个 C,五个 D,四个不及格,这比其他很多课程都糟糕。

经济学是一门比较难的科目,特别是在 GCSE 阶段没有这门课程。尽管,她的女儿在 GCSE 取得了四个 A 和五个 B 的成绩,两门最好的 A-level 课程的预测成绩①也是一个A一个B,而经济学的预测成绩则是D。ABD这样的成绩组合是无法进入优质大学的,她需要经济学得B。因此,这不是小事情。

10月份,妈妈见到了校长,他承认经济学老师能力弱,学期结束就会离职,他们会换老师。

现在的情况很严峻。目前的老师能力弱,学校能够在第二年1月份找到一名好的老师来替换的可能性并不大(学年中间)。

家长随后联系了其他在6月份选择经济学课程的同学家长,一起去见校长。他们坚决但冷静地要求学校招聘一名能力强的经济学老师,在即将到来的圣诞和复活节假期给孩子们补课。这会让学校有预算外的支出,但是这比有些预算内的支出更加重要。

校长说他会尽力做到,但不能保证。于是,家长们将这一问题写信给学校理事会主席。

两周以后,主席和校长同意筹钱聘请老师。如果替换的老师不够好,他们会找一名该领域的退休老师来补课。

2. 了解大学申请

我的孩子如何进入大学?

如果你对在大学水平上学习某个专业感兴趣,或者你看中了一份要求大学学历的职业,那么就应该上大学。大学毕业生的收入更高,选择职业的范围也更广。

另外,你必须认识到,大学有从出色到很糟的层级之分,你可以在卫报(The Guardian)或泰晤士高等教育报(Times Higher Education)和它们的网站上看到这样的排名,或者买一份诸如布莱恩·希普(Brian Heap)的《大学学位课程》(University Degree Course Offers)指南类材料,了解哪些大学很受欢迎,要求优秀的A-level课程成绩,哪些大学则不受待见。那些不受待见的大学招收考试成绩不好的学生,很多学生在入学几个月后就选择辍学。

---

① 英国的大学申请季是在13年级的第一学期开始,而A-level最终考试是在13年级的第三学期,因此,在学生们申请大学的时候,他们只能提交任课老师对他们所选课程的预测成绩。

布里坦(Brittan)等人(2016)发现在 23 所表现不佳的大学学习的男生,比那些没有上大学的人挣得都少。这一发现引发了争论,纳税人的钱花在了有着最糟糕就业记录的大学,因此很大一部分毕业生不返还他们的学生贷款。

财政经济学研究所(Institute for Fiscal Studies)、剑桥大学和哈佛大学共同开展了一项持续数年的研究,首次获取了税务数据,他们追踪了 26 万名学生大学毕业后十年间的收入情况,涵盖了 1998 年—2011 年期间进入大学的毕业生在纳税年份的收入(或者没有收入)。

这一调研首次将纳税数据与学生贷款记录相比较,同时突出了选择不同学历的毕业生在收入上的巨大差距。创新艺术专业(比如戏剧、舞蹈、美术、设计或音乐)收入最低,平均值与非大学毕业生相同:男生 17 900 英镑,女生 14 500 英镑。医药和经济学专业毕业生收入最高,即使 A-Level 没有取得更高的成绩,也能取得高收入。

23 所大学的男性毕业生十年后的平均收入比非大学毕业生的中位数还低,9 所大学的女性毕业生十年后的平均收入低于非大学毕业生的中位数。报告未披露这 23 所和 9 所大学的名字。

因此,最重要的是这一点:如果你的孩子只有 A-level/BTEC 一般般的成绩,也没有想过学习某一职业课程(比如教学、护理或社保服务),那么他/她**不**应该考虑上大学。也许他们获得学徒或者工作培训机会能更加受益。UCAS 网站上提供了寻找学徒机会的详细信息。选择进入一个排名很低的大学学习非职业类专业(即并不直接引导就业的专业)是很贵的冒险。

然而,如今 45% 的年轻人会进入大学,既然如此,他们应该采取以下的做法。这部分内容是以给学生提供建议的视角来描述的:

1) 你需要选择正确的 A-level 课程。例如,要进入工程专业,你应该学习数学和物理;医药专业,你需要学习化学,最好还有生物和物理。要学习这些 A-level 课程,你需要选择正确的 GCSE 课程——那些可以助力你继续在 A-level 学习的科目。

   顶级大学更看重 A-level 中的一些课程,你需要查一下你感兴趣的专业对 A-level 选课的具体要求,罗素集团网站[①]提供了集团 24 所选拔性最高的大学推荐的 A-level 课程。

---

① www.russellgroup.ac.uk/informed-choices

要想从申请人中脱颖而出，展示你的独立学习能力，建议在 12 年级的 6 月到 13 年级的 10 月期间选择一门拓展项目课程。

2) 你需要取得大学所要求的成绩。比如，牛津大学和剑桥大学需要八门 GCSE 课程达到 A*/8 分的成绩，以及最少三门 A-level 课程 A*AA 的预测成绩。其他大学要求没有那么高，你可以在 www.whatuni.com 上查阅布莱恩·希普的《大学学位课程》指南来了解这些大学对 A-level 成绩的要求，Unifrog 也是很多学生使用的很棒的网站。

大学有些专业比其他专业更难进，其中最难的是医药、兽医学和法律，Unistats 网站列出了在每所大学每个专业的学生的 A-level 成绩。

3) 有些大学要比另外一些大学更出色。一般来说，最受欢迎的大学就是最好的大学。这就是为什么在《大学学位课程》指南中按照专业给出的大学排名是这些专业质量的可靠指标。

当然，有些不太知名的大学提供非常棒的独门专业，比如诺桑比亚大学（Northumbria University）的设计专业。

你还需要认识到有些大学名称相近却是完全不同的两所大学，比如卡迪夫大学（Cardiff Univeristy）和卡迪夫城市大学（Cardiff Metropolitan）就不是一回事。

有些大学提供无条件录取（不需要 A-level 成绩）。这些大学并不是一定比那些需要 A-level 成绩的大学更好或者更差，这是它们的市场策略，所以，不要被无条件录取给迷惑了。

4) 大学有三种专业课程：

a) 与就业直接挂钩的专业——比如医药、时尚设计、牙医和建筑。

b) 不直接与就业挂钩，比如历史和英语，但是如果在优质大学选择了这些课程，容易找到好工作。数学和物理常常与和金融相关的工作联系在一起。

c) 有些专业看似与就业挂钩，但其实不是——比如司法科学、新闻与媒体学。如果你想当一名律师、会计、银行家、广告商或者记者，你不需要在大学学习这些专业。无论你在大学学什么，你都可以在毕业后经过培训从事这些职业。

5) 如果你计划申请牛津大学、剑桥大学或医药专业、兽医学或牙科，你必须在大学入学前一年的 10 月初申请，其他大学和专业的申请截止日期是当年的 1 月中旬。但是，无论什么情况，最好在前一年的 10 月底完成申请，因为有时大学会根据最先收到的合格的申请录取学生。

如果你被大学拒录，或者想换专业或大学，你可以在 2 月和 7 月之间通过 UCAS Extra（补申）重新申请；如果你取得了比预测更好的 A-level 成绩，你可以在 8 月份通过 UCAS Adjustment（调剂）重新申请。这种情况下你不会失去已经确认的大学录取，但你只有五天的时间完成重新申请。

如果你的 A-level 成绩比预测的低，无法达到大学预录取的成绩要求，你可以在 8 月份通过 UCAS Clearing（补录）重新申请。

现在越来越多的情况是，大学最终接受了那些没有达到预录取成绩要求的学生。

6) 尽管在大学申请表中，你可以选择四所大学（如果你申请的是医药、牙科、兽医医药和兽医学专业）或者五所大学（其他任何专业），你都应该选择一个专业或者广义上相似的专业，因为你只能提交一篇个人陈述来支撑你的申请。在这份陈述中，你必须解释你为什么申请学习某一专业，如果你想在不同的大学学习不同的专业，你不可能写出一篇令人信服的陈述。

7) 如果你想在上大学的时候仍然住在家里，你需要申请一所附近的大学。但是，多数同学选择住校，如果你也选择住校，**不必过多关注大学所处的位置**。大学的学期很短，你在学期间不会回家。所以，即使你住在英格兰南部，这不妨碍你选择一所苏格兰的大学。四小时的火车车程不应该成为你忽略一所优秀大学的理由。

8) 如果你的 A-level 预测成绩是 AAA 或者更好，你可以申请四到五所顶级大学。如果你的预测成绩没有那么好，你应该申请一所理想大学（它所要求的成绩比你的预测成绩高出一个级别）、两所成绩要求符合你的预测成绩的大学，以及两所成绩要求低于你预测成绩的大学。原因是在申请结束的时候，你只能保留两所大学的录取——第一选择的大学和保底大学。如果你的 A-level 预测成绩是 ABB，那么理想中你要选择要求 ABB 成绩的大学为第一选择大学，要求 BBB 成绩的大学为保底大学，以防成绩不尽如意。如果你的保底大学的成绩要求和第一选择大学的要求一样甚至更高，那么这一保底大学毫无意义①。

9) 如果你准备申请职业课程,比如法律或医药,或者在学校没有涉及的专业,比如考古或者建筑,你需要在个人陈述中说明你不仅学习了 A-level,特别是医药专业,你还参加过很长时间的相关职业体验,最好你在医院或者养老院工作过。对于考古专业,你需要阅读过相关书籍,并实地探访过考古现场。

10) 有些专业,比如医药,会有非常多的 GCSE 成绩出色的申请者,非常有实力的申请者要得到一所大学的录取也要很拼。你可以查找一下最受欢迎的医药大学,只申请其中的一所。如果你被申请的四所大学全部拒录,而你得到了 AAA 或者更好的成绩,那么你可以在 A-level 成绩公布以后再申请。

11) 如果你申请牛津大学和剑桥大学,最好参加大学的开放日。了解哪些学院吸引的申请者最多,就不要申请这些学院——进入牛津大学和剑桥大学会难上加难,总之,你不要因为申请要求更高的学院而进一步降低你被录取的几率。有时家长会带着他们的孩子去参加大学开放日——如果你这么做了,请让孩子自己在大学里到处走一走。

12) 如果你准备申请的专业要求你参加录取前的测试,比如 BMAT② 或者 UKCAT③,那么你必须做一做往年的试卷,必须在网上获取这些测试的所有信息。如果你在这些难度很高的测试中失手,你不会被录取。

13) 如果你准备申请的专业要求面试,为此做好准备非常重要。你所在的学校应该给你提供面试辅导。

14) 你可以在学生贷款公司(Student Loans Company)的网站上获取助学贷款的详细信息。由于这类贷款的偿还率适度,而且 30 年以后,即使没还清,贷款

---

① 英国大学的录取发生在高中最后一年的第一学期,那时,学生还未参加 A-level 考试并取得成绩,因此,大学是根据学生的预测成绩发预录取通知,在预录取中明确正式录取时需要学生达到什么样的 A-level 课程的成绩要求,学生需要在预录取学校中选择两所学校作为第一选择大学和保底大学,待 A-level 成绩正式发布以后(每年的 8 月份),可能出现四种情况:达到了第一选择大学的录取要求,则进入这所大学;只达到了保底大学的录取要求,则进入保底大学;两所大学的要求都没有达到(需要进入 UCAS Clearing 重新申请);超过了第一选择大学的录取要求(可以进入 UCAS Adjustment 重新申请)。
② BMAT = the BioMedical Admissions Test,即生物医学入学考试,有些英国大学的医药、生物医学、牙科等专业要求申请者参加的一项考试。
③ UKCAT = UK Clinical Aptitude Test,即英国临床能力测试,2019 年被 UCAT 所取代(University Clinical Aptitude Test 大学临床能力测试),多数英国大学的医药或牙科专业的申请者需要参加这项考试。

也可以一笔勾销,学生贷款不应该被视为上大学的障碍。

5.3 如何在家里做模范父母

1. 8岁以后的学校功课

你需要确保你的大孩子们有一张照明很好的书桌,他们可以用来做作业或者复习。即使在香港和日本的迷你公寓中,所有的孩子都拥有一张书桌。这是家长用于强调课后作业重要性的方法。

学校应该告诉孩子需要在作业上花费多少时间。你应该在家里立下规矩,在做作业的时间里,不能打开电视,电子设备不得用于社交,明确每天完成作业的时间,并坚决执行。

对孩子的作业表示出兴趣,但不要过度介入。对于孩子的努力要给予肯定,不断提醒他们好成绩是努力的结果,和脑子好不好用无关。

好学校会给学生们发笔记本,便于家长确认作业完成情况,以及与班主任沟通。

在重要的夏季考试前期,比如 GCSE,复活节假期应该用于复习功课。

当我上学的时候,我们年级有一个男孩雷(Ray)的成绩比其他人都好,我们都认为他只是聪明。一天晚上,我到他家里,跟他妈妈说雷在我们年级一直保持学业第一。他妈妈郑重其事地说,因为他从来没有看过电视。

永远不看电视!对于一个20世纪70年代的男孩来说,就如同说现在的孩子从来不上网一样。是的,雷很聪明,但更重要的是他比我们其他人更加刻苦努力。

2. 行为举止

孩子们需要爱,但是示爱的最好方法是在家里明确安排、规矩和纪律要求,而不是总想着讨孩子高兴。

幸运的是,多数孩子乐于接受常规和纪律。

好学校会为家庭推荐如下指导原则:

1)如果你的孩子粗鲁无礼,一定要惩罚他们。要公正、恰当、一致,不要轻言放弃。他们必须对父母表示尊重,如果他们坚持这样粗鲁无礼或不听话,不要冲他们吼——要努力和他们对话,告诉他们粗鲁的举动对你的影响,并且使用恰当的方式惩罚他们。如果这一方法不奏效,也不要放弃——看上去似乎无效的做法其实还是有威慑力的。

2) 如果你的孩子在学校遇到了问题,要站在学校一边,即使你认为学校可能做得不对。要让孩子相信你是支持学校的。

3) 鼓励你的孩子发展特长爱好,但是不要把他们的业余时间占得满满的,让他们有一些"无聊"的时间:他们需要学会自己想办法填补空档。

4) 给你的孩子买书,包括他们看中的书。

5) 对于2—8岁的孩子——给他们念书,并且和他们一起读书,每天30分钟,不要开着电视做背景。给孩子讲睡前故事能够培养他们的语文能力、想象力和对话能力。

6) 1—3岁的儿童每晚需要睡10~12小时。到一岁的时候要让孩子养成睡前在同一时间按照同一顺序做同样一件事的习惯,15~30分钟之间最佳。

7) 4—11岁的孩子每晚必须睡足10小时。

8) 12—16岁的孩子每晚至少需要睡8~9小时。

9) 同阅读和对话相比,电视和电脑对于孩子的发展价值不大,因此需要给前者空间。上网会成瘾,有害,况且防止孩子通过电脑接触有害的信息也很难。

10) 每天一次,家人围坐在桌边吃晚饭,不看电视。

11) 每周日家人围坐在桌边吃一次午饭,不看电视。

12) 不要在孩子的卧室放置电视机。

13) 孩子每天使用电脑、平板、iPAD、智能手机不要超过一小时,13岁以后不要超过两小时。

14) 孩子不到16岁不得把这些电子设备带到卧室,16岁以后他们可以使用电脑,但应该把电脑放在家里你可以看到并监控到的地方。

15) 孩子不到13岁不要给他们可以手持上网的设备,更不得上床后使用。不要相信你的孩子上床后不用这些设备——把它们放在卧室以外的固定地方。

16) 和你的孩子们谈论上网活动,提醒他们每条发出去的短信,或发到互联网上的信息都能够发到其他人那里,而不是真正的私人信息。要警告他们恋童癖者会在互联网上假扮成孩子。

17) 不管孩子多大,检查他们的上网记录,了解他们都做了什么。

18）在家中的电脑上安装"过滤装置",安装可以移除诸如评论或上传视频功能的应用软件,屏蔽不当搜索词。

19）如果你需要给孩子手机,那么你需要能够检查通话记录。

20）不要让 13 岁以下的孩子注册脸书或者其他社交媒体：它们非常有害,并且浪费时间（见第 114 页）。

21）不要让孩子玩不合适的电脑游戏。

22）18 岁以下的孩子如果在学期期间每晚不能睡够 8 个小时,就不准他们参加派对或活动。

23）不要让 18 岁以下的孩子参加没有大人监督的派对。

24）严格限制给孩子的零用钱：很多你不想让他们做的事情都需要花钱。

25）在孩子很小的时候,就给他们列一个必须在家中帮你做事的清单,不要过多,但一定要强制要求……比如周日午餐后洗碗,或每周清洁一次浴缸和洗手池。他们必须学会分担这些家务活。

26）教孩子更多更好地说"谢谢"。

27）对于十几岁的孩子,别对无伤大雅的事情过于较真,比如整洁。和孩子保持良好的关系非常重要,如果你总是抱怨,无助于维持良好关系。多数孩子要在十几岁的时候度过一段麻烦不断的时期,要有耐心。

如果你是一个坚持原则但又讲道理的家长,你会得到回报,那就是你的好孩子们会捎带着采取同样的方法养大你的孙辈。

5.4 结论

有小孩子的家长需要把明确的常规要求、稳定的家庭氛围、阅读陪伴和对数字技术的使用限制作为优先举措。

十几岁孩子的家长必须在关系重大的事情上严格要求,在无关紧要的事情上宽容。要和学校同步,确保孩子正确选课,给家庭作业创造空间和安静的氛围,在公共考试之前调整假期安排。

家长需要对孩子的大学申请表现出见多识广的兴趣,但也不要干扰太多。

第6章　成功的考试

　　你也许永远不会知道你的行为将带来什么结果。但是,如果你什么都不做,就不会有任何结果。

——圣雄甘地(Mahatma Gandhi)

6.1 考试的重要性

考试是孩子教育必不可少的组成部分。

其中一个原因是考试把知识和信息转化成长期记忆功不可没。对于大多数孩子来说，把他们在学校所学一直延伸到他们的成年生活，在很大程度上要依靠强迫他们记忆。一般 16 岁的男孩能够在他参加 GCSE 考试前三个月一口气背出 200 个左右的法语单词，在考试当天，这个数字涨到 1 000 + ——都是考试给吓出来的。

考试给孩子们压力，这是他们巨大的财富。女生更可能想讨老师欢心，因此学习的动力更强。男生不是特别想讨好老师——根据我教男生的经验，他们中 80% 在学期期间相对懒散，但是大多数在准备考试的时候会全力以赴。

考试是构筑动力的必要组成。你可以问任何一位教 15 岁孩子不用考试课程的老师，比如很多学校的宗教教育课程通常不用考试，他们会认为这是一个倒霉的差事。现在许多老师都坚持让学生参加 GCSE 的宗教教育考试，作为改善学生上课态度的一种方法。任何认为考试不妥的人肯定从来没有教过十几岁的男孩。考试管用是因为它能够让学生好好学习。

在英格兰，必须接受教育或培训的年龄已经升至 18 岁。那么，我们干嘛非要在 16 岁的时候考孩子们呢？因为，在英国教育体系中，我们刻意在 16 岁这个年龄将 10 门 GCSE 课程缩减到 3～4 门 A-level 课程。一般来说，A-level 其中一门课程没有在 GCSE 阶段学习过，这就意味着很多学生在 16 岁的时候会放弃约七门 GCSE 课程的继续学习。因此，考试就变得至关重要，因为学生们花了长达 12 年的时间学习这七门课程，必须全部通过考试来巩固他们的所学，测量他们的进步。

我经常听到那些本应知晓事理的人说"其他国家没有 GCSE"，但他们错了。如果你考察一下那些表现优异的国家，就会发现一系列类似这样的做法。

比如，在日本，中学开始阶段，学生们学习日语、数学、社会学、科学、美术、外语、健康和体育、德育、工业艺术和家政。在中学的第三年(15 岁)，他们参加日语和数学的国家统考，其他课程的学习情况由老师正式评判，以便拿到中学初级阶段毕业证书，这就相当于我们的 GCSE。

新加坡学生主要在完成 O-Level(中学教育五年以后)或 N-Level(中学教育四年以后)后参加 6～10 门课程的考试。

考试成绩是进入下一个教育级别的必要资格证明。我们不会让学生进入 A-level 学习，除非他们的 GCSE 表现显示他们能够有所成就。我们不会让学生进入医学学位学习，如果他们不能在化学考试中取得 A——他们很有可能一事无成。

考试的另外一种方法是老师持续的测评。近年来，英格兰试行了老师测评，结果极为糟糕。许多老师憎恨这种方式，因为他们被置身于让所有学生取得好成绩的巨大压力之下（你觉得成绩贬值来自哪里？①），也因为这些"统一管理的考试"非常枯燥，整个学年被老师沉闷的课程测评所占据。

在教育成功的国家，学生也参加考试。他们强迫学生将所学知识变成记忆，一旦成为记忆，新鲜想法就会在脑子里开始形成——比如分析性思维以及在不同知识点之间形成联系。受过教育的人知识渊博，其原因并非简单地"他们被灌输了知识"，太多孩子被灌输了知识但仍然一无所知，这个过程中必要的步骤是把知识变成记忆。

毫无疑问，考试引发焦虑和苦恼。但是，那些认为不应该如此挑战孩子的人肯定是优质教育的大敌。十几岁的孩子，特别是男孩，必须被驱动着去获取成功，考试是这种驱动器。

当然，考试不是一切。很多考试并不是教育中最重要的东西，但是，我们不能完全忽视考试对学习动力的影响，我们也不能总听那些来自选拔性极强、学术水平很高的学校老师们的意见，因为在他们那里，学习动力不会让他们那么操心。

6.2　英格兰的考试局

英格兰有好几个提供 GCSE 和 A-level 各个课程考试的考试局，这一国情十分罕见。大臣们对此感到担忧，因为不同的考试局相互竞争，可能会提供更简单的考试大纲、更容易的考试题、更宽松的打分机制。Ofqual 必须努力制止这样的事情发生。

为什么我们有多个考试局？它们出现在 19 世纪，学校和大学决定采用外部考试，政府无意张罗，所以，大学介入，开始创建这些考试局：

---

① 作者是指为了缓解这一压力，老师们会通过降低考试难度让高分学生的比例提升，从而带来了成绩贬值。

1857年：牛津考试局

1858年：剑桥考试局

1858年：杜伦考试局

1902年：伦敦考试局

1903年：曼彻斯特、利兹、利物浦共同建立联合入学考试局

1987年以后，考试局合并，大学逐渐退出。例如，爱德思考试局于2003年由培生公司从伦敦大学接管。如今，英格兰有三大主要考试局：AQA[①]、爱德思和OCR[②]。

未来政府可能会决定自行运作这些考试，或者要求每门课程证书只能由一家考试局来运作。但这一动议遭到反对，因为人们担心这会失去竞争，没有了创新的动力，也可能有人担心考试会受到政府出于政治动机的摆布。不管怎样，政府本身对考试体系这类既复杂又政治敏感的事情会采取能不碰就不碰的态度。

2016年，AQA考试局宣布不再提供A-level的美术史、古典文明、考古学和统计学的课程考试，它是最后也是唯一一个提供A-level美术史考试的考试局，每年吸引大约800人次参加这个考试。虽然爱德思考试局把美术史考试接了过来，但是这件事暴露依靠私立的考试局运作英格兰的考试体系的弊端。

1990年到2012年期间，GCSE和A-level双双出现成绩贬值的情况（如图6-1）。这是由一系列事情引发的：几个考试局相互争抢考生，结果出现了之后被称作逐底竞争的局面，他们采取了提供更简单的考试的方法来竞争。考试协调员不明智地引入了一套**模块制**系统，考试被分为几个部分，每个部分可以在任何时间点来考试，不限补考次数。因此，A-level以前是三大张试卷，每两年举办一次考试，现在变成了六张试卷，其中三张可以在12年级就考，13年级可以再考一到两次。

老师主导的课业评判是成绩贬值的另外一个原因。到2012年，许多GCSE课程60%的成绩来自课业分数，课业比考试更容易操作——老师总可以帮助考生取得更好的成绩。一项针对2012年GCSE英语课程考试成绩的司法调查发现，很大一部分在笔试中表现不佳的考生在课业评判中却很好，其中很多人的课业分数正好可以让他们将将得C。

---

① AQA：The Assessment and Qualifications Alliance，测评与证书联盟。
② OCR：Oxford Cambridge and RSA，牛津剑桥和RSA考试局。

图 6-1：成绩贬值

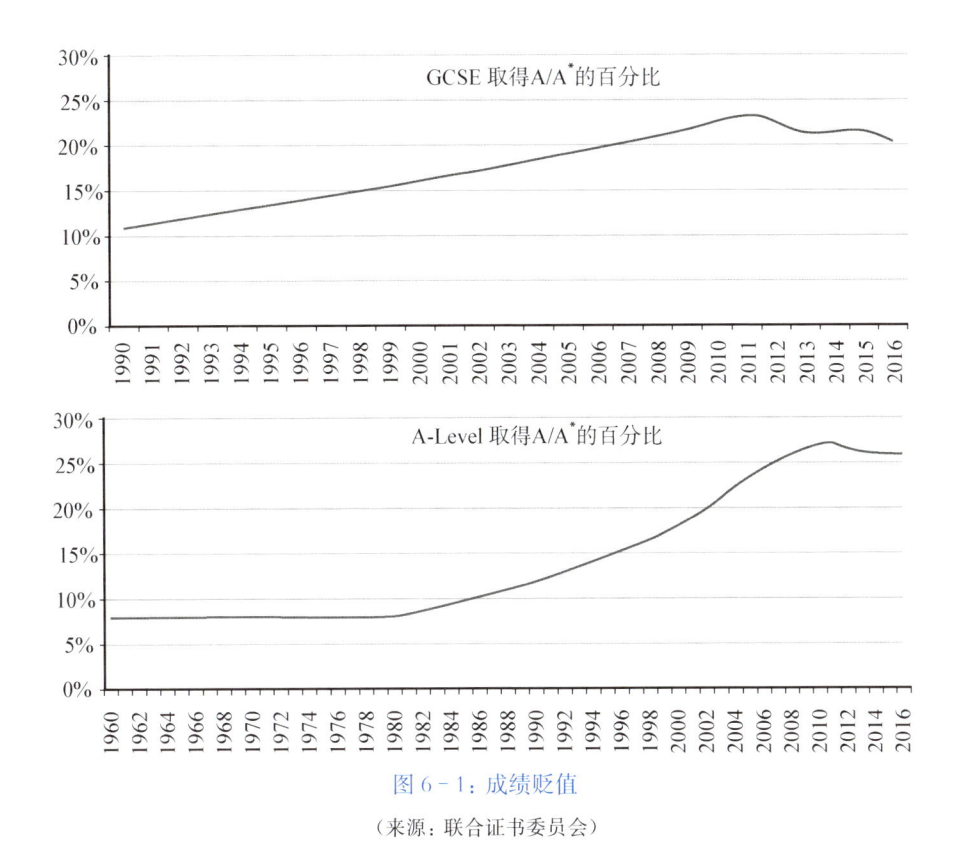

（来源：联合证书委员会）

最后，还有一个原因，随着考试的成熟，备考资源更加充足，老师们也教得更加得心应手。

然而，在布莱尔—布朗(Blair-Brown)执政期间的成绩提升有一点自欺欺人，政府宣称成绩提高就是教育水平提高的证据，但其实水平并没有提高。

6.3 考试与教学

1. 英国学校的教育水平

1918 年到 1951 年，16 岁的学生参加一项学校证书考试，由中学考试委员会(Secondary Schools Examinations Council)监管。这项考试证书通常考察 16 岁学生在每个科目中的表现,按照不及格、及格、良好和优秀打分,要求学生必须获得包括英语和数学在内的六个合格分数才能够获得证书。有些通过了考试的学生会继续就读直到 18 岁获得更高级别的学校证书。

1951 年,这些学校证书被 O-level 和 A-level 取代。

1965 年之前,只有能力顶尖的 20% 的学生(那些在文法学校和私立学校的学生)学习 O-level,然后进入 A-level 学习。其他学生(那些在现代中学的学生)什么证书也没有就从学校毕业了。1965 年,英国推出了更多面向 16 岁学生的中学职业技能证书(CSE = Certificate of Secondary Education)。如果 O-level 是为了能力顶尖的 20%~30% 的学生,那么,CSE 证书就是给最后面的 40%~50% 的学生。

随着 20 世纪 70 年代全能综合学校的出现,显然要求学校把学生分为两大类——O-level 或 CSE 证书——这样的教育体系已经不能令人满意了。40% 学习 O-level 的学生不及格,而很多选择 CSE 证书的学生其实可以驾驭 O-level——这意味着学校把这两大类学生归错了类。1986 年,O-level 和 CSE 证书合并在一起形成了 GCSE——普通中学教育证书。

GCSE 的推出是为了给大多数学生开绿灯。出于这一原因,有些考题就必须简单易答,让学生得分,这样才会有成绩。将 GCSE 中简单的考题与 O-level 的考题相比较不是很公平——它们的考生对象不同,但是将 GCSE 以及 A-level 的难题与过去的同类考试的难题相比较还是可行的。你可以访问相关网站,查看考试局网站上最近考过的试题①。

这样的比较显示,有些科目在 GCSE 和 A-level 都被简化了。最明显的是现代外语和科学课程,历史课程最难的考题没有太大区别。1988 年第一次 GCSE 考试结果公布以后,很多学业选拔性很高的学校发现学生成绩直线上升——GCSE 比 O-level 更容易。

英格兰学校面临的主要问题是成绩不佳的学生大有人在。2016 年,有 57% 的公立学校学生取得五门包括英语和数学在内的 GCSE 课程 A*—C 的成绩。57% 是一个较低的数字——毕竟,GCSE 的 C 对很多学生来说不是什么好成绩。那些享受学校免费餐的学生取得五门 GCSE 课程 A*—C 成绩的比例是 33%,其中英国白人男孩的占比是 24%。

---

① www.aqa.org.uk/exams-administration/exams-guidance/find-past-papers-and-mark-schemes.

2016年,英国参加GCSE考试的16岁学生中有69.5%以C或者更高的成绩通过了课程,但是,其中有36%只是得到C——将将合格。可以说,很多学生是勉强通过。尽管如此,这些数据还是照顾学生的结果,因为学校采取了应试的方法才把很多学生提到了C。

改革后的GCSE数学和英语考试有难度,但是采取同比结果打分法(见第178页)仍然可以维持"通过"的人数,4分成绩档(相当于O-level的C)的百分比很低。因此,英格兰成绩不佳学生的真实数据比我们想象得更多。

2016年,由英国特许管理会计师公会(Chartered Institute of Management Accountants,简称为CIMA)主持的一项调研发现,英国辍学学生中每10人有8人"缺乏基本的商业技能",比如算术。根据对4 000名专业金融人士的询问,超过80%的年轻人在开始工作之前需要"大量培训"。新招聘的员工最弱的领域是人际沟通和商务技能,然后是技术能力。

然而,在英格兰,很多人认为我们的教育水平不错,这呼应了史蒂文森和史蒂格勒(1992)的研究发现:"我们没有找到证据证明美国人承认本国孩子的学术劣势……当面对那些显示同其他国家相比、美国孩子在学术课程上表现不佳的数据时候,他们不屑一顾……"

2. 钻空子

在大约2008年以后,英格兰的学校开始谈论一个私人企业PiXL(Partners in Excellence"出色伙伴"),它完美且合规地讲授如何钻考试体系的漏洞的策略。比如,他们让学校筛出所有有可能在数学上得C但在英语上得D的10年级学生,然后鼓励学校让学生死记硬背后提前参加数学考试,学生们在10年级或者11年级初通过了数学考试以后,他们就用11年级的数学课时来额外学习英语。这一策略让在数学和英语考试中都得C的学生数量最大化。这种聚焦C/D成绩的做法是政府实施"最低标准"的结果,即要求学校让学生达到五门包括英语和数学在内的GCSE课程得A*—C的成绩。

另外一个钻空子的例子就是,PiXL发现能力弱的学生如果参加国际GCSE考试[①]而不是传统的GCSE考试,更有可能通过英语这门课程。原因之一是iGCSE保留

---

① 国际GCSE:International GCSE,即iGCSE。

了老师主导的课业评判计入总成绩的规则,还包括口语测试的成绩。他们的这一发现让一大堆能力弱一些的孩子选择学习 iGCSE 的英语课程。

由 PiXL 鼓动的钻空子策略带来了虚幻的进步。我永远不会责怪学校使用他们的方法——我也做过同样的事情——但是,虽然应试策略能够带来学生的成绩进步,却不能带来他们知识和技能的完善。

还有一个钻空子的例子来自欧洲计算机操作执照(European Computer Driving Licence)。政府极不明智地同意它等同于一门 GCSE 课程。它相对简单,而且有些人说一个周末就能够教会。因为这个原因,这一执照备受欢迎,有些学校所有 11 年级的学生都参加了这个考试。

钻空子策略是高利害考试不可避免的产物——如果考试结果很关键,人们就会寻找成功的捷径。但是,钻空子策略降低了证书的**效度**——你会认为一个在英语上勉强得 C/4(及格)的学生读写还成,但这就可能形成误判。

钻空子策略是坎贝尔(Campbell)法则的一个样例:一项衡量指标越多地被用于决策,滋生腐败的压力就越大,更容易导向扭曲和腐蚀它本意想监测的社会进程。

3. BTEC

BTEC 代表的是商务和技术教育委员会(Business and Technology Education Council),它是最早管理证书的机构(现在是爱德思考试局)。BTECs 是职业技能证书,而不是传统的学业课程证书,它包括商学、旅游、工程和信息技术——在 BTEC,你不可能学习诸如历史或者英语这样的课程。

BTEC 与 A-level 最主要的区别是它们测评的方式。A-level 覆盖两年的学习,在结束的时候进行考试,而 BTEC 是通过课业和实践型项目进行持续测评。

近年,BTEC 逐渐受到欢迎,1/4 的学生通过这一证书渠道进入大学。它之所以受到欢迎,部分原因是两项不尽人意的发展。

第一,UCAS 制作了一个积分表,为的是让大学可以比较不同证书的价值。BTEC 第三级的优秀成绩等同于 UCAS 56 个积分,相当于一门 A-level 课程的 A*成绩。

UCAS 其实抬高了 BTEC 的价值——靠 BTEC 而不是 A-level 获得 UCAS 相同的积分更加容易。剑桥大学考评院的研究人员提姆·吉尔(Tim Gill)发现,学习了 Alevel课程的大学本科生比BTEC积分相同的学生更有可能获得好的学位。他总结道:"……在UCAS积分政策理应做到(整体上)对每个证书都平等的情况下,需要推出其他一些计算同等积分的方法。"(吉尔,2016)

他说得很对。

第二是BTEC成绩贬值(如图6-2)。当其他证书终止了成绩贬值以后,BTEC成绩突飞猛进。

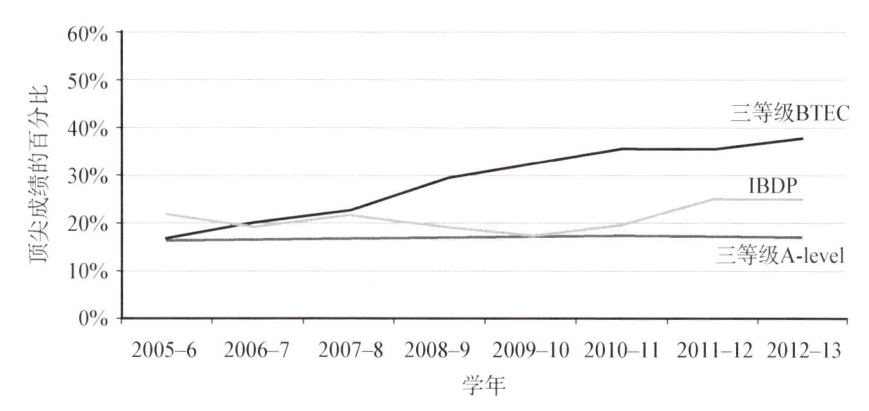

图6-2:三等级A-level、三等级BTEC和IBDP中取得顶尖成绩的学生占比

(来源:HEFCE,2015,高等教育A-level和类似证书的年轻参与者)

4. 应试教学

2010年,我所在学校的GCSE宗教教育课程缺老师,所以,我亲自上阵来教这门课程,这对我来讲是头一次。通过对往年试题的分析,我发现一些主题比另外一些主题出现频次更高,某些特定的考题也是如此。由于时间紧,又急于证明自己的能力,我选择根据考试来教学,只聚焦在那些常考的内容上。我的学生考得不错,但是我知道如果他们参加另外一场考试,考察大纲中的其他内容,那些我没有强调的内容,他们的结果可能会不同。

同样重要的是很多题目要采取特定的回答方法,必须使用一些固定的关键词来"得分"。因此,要花很多时间,或者说过多的时间,被用于学习"正确"的答题方法。

应试教学不是好的教育。它并不鼓励老师和学生学习超越大纲的内容,还传递了对学习的本质完全错误的理解,这是强调具体得分机制的危险所在,也是过于聚焦考试的教育体系的危险所在。

应试教学不一定是钻空子，但是它所带来的结果会让学生自我感觉良好，造成他们掌握了完整大纲要求的假象。

5. 2011—2020 年英格兰的考试改革

Ofqual 成立于 2010 年。2011 年，他们就表达了对模块制考试①的不满（独立打分的考试卷子）：如果通过模块获得证书的渠道太多，公平打分就不可能实现。任何一年，考试局给学生排名，会发现有些考生一次性地参加所有模块的考试，有些则分散在几年间参加考试，有些仅参加过一个模块的一次考试，有些参加过四次。

随后，他们表达了对课业的担忧。有些完全放任自流（比如没有独立第三方来检查），包括很关键的 GCSE 英语口语和听力模块的测评，老师们承认他们受到要学生出成绩的压力。

在考试中，你通常希望在一个范围内打分，而不是每个人都得同样的分数。但是，课业评判的分数经常集中在最上面一层——意味着课业分数完全没有顾及必要的分数范围。

Ofqual 的进一步分析表明，很多课业并不像所说的那样被评判。比如，地理的实地考察，本应测量出学生收集和分析数据的能力。但是，它仅仅考察了学生遵照老师指令做事的能力。

很多老师还认为 GCSE 的数学和科学课业评判价值有限，而且操作麻烦。

同时，雇主和大学在抱怨他们 18 岁的雇员或者本科生的质量。他们的英语和数学水平差，缺乏主动性，而他们却通过灌输式教学似乎取得了很好的考试成绩。

教育部将这一担忧归结于水平低、以及学生跨越两年的周期、每六个月一次参加课程模块考试或补考最终得到的累计分数，还有就是普遍降低了一些课程大纲的要求。A-level 尤其受到关注：12 年级学习的模块内容在学生开始上大学的时候几乎被遗忘殆尽。模块制考试体系意味着在任何一个考试点上，学生都不知道整体大纲的要求。

2011 年到 2015 年，教育部和 Ofqual 做出了一系列的决定，最终发展成为整个教

---

① 即本章节第 165 页提到的把一个考试分成不同部分（模块），可以分开考，也可以就某一个模块重复考。

育体系的大调整。

1) 他们取消了一月份的考试,这意味着将学生参加考试的机会减半。

2) 他们取消了模块制考试体系,AS 层级的考试与 A-level 考试脱钩,等于 A-level 成为一考制——所有 A-level 考试只在课程结束的时候举办一次。

3) 他们告诉学校,成绩排名统计只计算 GCSE 的第一次考试成绩,这等于不鼓励提早或反复考试。

这三项举措联手大大降低了考试负担,但大家对此认识不足。它降低了考试量,也就降低了备考时间和实际考试时间,很多老师认为这是一项有益的进步。

4) GCSE 的英语口语和听力测试不再计入总分(但需要作为单独的成绩提交)。

5) 取消所有公共考试的课业测评,除非它测试了考试中没有涉及的重要内容(见表 6-1)。在 A-level 科学课程中,唯一由老师测评的实践活动是学生选择和使用正确的设备并且记录结果的能力。GCSE 和 A-level 实验活动的**成绩和意义**是通过笔试来评价,占总成绩的 15%。

表 6-1: GCSE 和 A-level 课业权重对比

	GCSE %		A-level %	
	以往课业权重	改革后课业权重	以往课业权重	改革后课业权重
英国文学	25	0	40	20
历史	25	0	15~20	20
物理	25	0	20~30	0
法语	60	25	30~40	30
戏剧	60	60	40~70	60

6) 在教育部的主导下,由老师和学科专家组成的委员会重新编写了包括 GCSE 在内的新的国家课程大纲,重点是从轻知识学习模式提升到知识和理解水平达到诸如新加坡这样的高标准。GCSE 数学难度明显提高,地理、物理、化学、生物、劳技等课程包含了更多数学内容。

7) 过去,一些 GCSE 考试科目被分成梯度——即有一些难度低的试卷只能给低分学生,或一些难度高的试卷只给高分学生,这样能够让成绩分布更广。问题是太多学生被分到了错误的梯度,包括一些能力不错的学生参加了低梯度的考试,因此,Ofqual 大量减少了分梯度的考试。

8) 2017 年开始,英格兰启动了将 GCSE 打分体系从字母(A*—G)变成数字(9—1)的改革,这样做是因为旧版的字母量表出现问题。但是,从一种字母评分系统变成另外一种字母评分系统无济于事……这样会把人搞懵。

旧版的字母评分系统被放弃基于三点原因,第一,由于成绩贬值,得 A 的学生扎堆,所谓"扎堆"是指多到选拔性大学无法通过 GCSE 成绩来区分申请者,众多的申请者的成绩相似。

第二,使用 A* 打分本应帮助大学从优秀学生中辨别出卓越的学生,但即使这个成绩也遭遇了贬值。不管怎么说,A* 是一个很搞笑的打分方法。

最后,字母评分体系将通过考试的学生分为了四个等级:C、B、A 和 A*。这样的区别度不够高。因此,新的数字评分体系将成绩分为了六个等级:4、5、6、7、8 和 9。

字母评分体系将那些考试不及格的学生分为了四档:D、E、F 和 G,这对考生人数相对较少的科目来说层级过多。所以,被减少到三个数字分数:3、2 和 1。

9) 由大学教师组成的委员会重写了全部 A-level 课程大纲,让它们为大学学位课程提供了更加充分的准备,大学应该不再抱怨学生对大学的学习准备不足。现代语言学家让语言课程大纲涵盖了更多文学内容,以及更多与目标语言国家有关的文化。数学大纲让所有学生参加统一试卷考试而不是从一些可选项中选择。

A-level 和 GCSE 的具体改革内容非常详细,Ofqual 要确保考试局的大纲忠实地反映了这些具体内容——如果它们的试卷没有做到,就会被打回重做。

以上九个方面构成了长长的改革清单。考试改革一段时间就需要经历一次,但是,一旦启动改革,就有可能吸引老师的注意力,从而忽视了做更有用的事情,这是**机会成本**。因此,我们应该避免进一步的改革,直到我们获得对 2010—2020 年改革措施哪些有效哪些无效的真凭实据。

2016 年,塞恩斯伯里回顾调研了 16 岁和 16 岁以上学生的职业技能证书,它建议应该把现存的混乱的 2 万种证书缩减到 15 种,每个证书只由一家证书颁发机构来运营。

6.4　考试的可靠度

1. 成绩申诉

每年，许多学校的考试成绩明显不能反映实际情况，需要经过申诉后进行修正。

任何一年出现的问题都足够让我们担忧。2016 年，GCSE 经历了 550 万科次的考试，收到了 51 350 项成绩申诉。AS 和 A-level 则有 220 万科次的考试，收到了 16 550 项成绩申诉——相对来说数量并不大，但绝对数量很大。

2014 年，Ofqual 调研了外部考试打分质量，发现总体不错。他们发现，大多数评分员富有经验，受过培训。他们发现，采取"分题"判分方法（每个评分员只评判一个问题）增加了准确性。他们还发现，在屏幕上打分的方式也增加了准确性，因为他们可以将种子答案（即由主考官评判过的标准答案）按照有规律的间隔插入需要评分的一组答案，用以检验评分员打分的准确性和一致性[①]。

学校发现的很多问题其实不是因为打分不当而是成绩分级造成的。比如，2015 年剑桥大学考评院的 iGCSE 编号 0500/0522 的英语考试就出现这种情况，考生人数忽然激增，而且主要是来自公立学校能力差的学生。当参加考试的人群出现巨大变化的时候，应该强化分级，因为考试局不可能靠"同比结果"的方法（见第 178 页）来区分考生水平。如果靠考官的判断，就像老师们天天评判课业那样，评分结果其实不是我们想象的那么可靠。所有研究都表明：同是经验丰富的不同考官会给同样的卷子不同的成绩。剑桥大学考评院将考题置于很窄的分值范围，让情况变得更糟，因为分数之间的差别微乎其微。因此，水平近似的考生却拿到不同的成绩。

总的来说，好的考试关键是出题和**评分标准**。考题需要做到把不同等级的学生区别开来：难度低的考题适合能力弱的考生，难度高的考题适合能力强的考生。

评分标准需要清晰明了，这样评分员就知道他们应该如何精确给分，打分不准常常是因为评分标准不清。此外，对于像历史和政治这样的科目，评分标准需要容许多

---

① 由于这些种子答案都有标准评分，主考官可以仅通过调取评分员对种子答案的评分准确度就可以判断他们整体的打分质量。

样化的解读，我们应该避免那种要求答案必须分毫不差的标准——我们需要灵活度，容许创新。出乎意料的答案，只要相关，应该被认可。

2016 年，Ofqual 改革了重新打分/申诉机制。Ofqual 对各种重新打分的方法进行了实验，以便确定最准确的方法。结论是现行的重新打分方法和其他方法旗鼓相当，但还是需要进一步改进。

他们发现重新打分的评分员通常比较慷慨，所以，重新打分的要求经常可以得到好的结果，这对于那些没有申诉的考生来说是不公平的。因此，从 2016 年起，只有在出现富有经验的评分员不可能给出的原始成绩的情况下，考试局才能够提高申诉的成绩——因为这是一个"不合理"的成绩。

这里引出了一个概念叫**评分容忍度**。对于**很长的答案**，通常的做法是有一个成绩范围。如果三名合格的评分员评判同一个 A-level 历史作文，他们打分的范围是 16、17、18（25 分满分），就意味着对于这类作文答案，有三个分数的容忍度。

重新打分的评分员在确定他们的成绩是否合理的时候不一定考虑容忍度。但是，这一概念和他们的工作相关。

不同考试局的区别是不公平的根源。Ofqual 在确保所有考试局在任何科目上标准一致方面功不可没。然而，当我们对比完全不同的考题时，还是发现很难做到精准的一致。我们被考试局为争夺市场份额而"简化考试"的做法困扰了多年——更容易的大纲、更容易的考题、更慷慨的打分、更宽松的分级。自从 2011 年，Ofqual 采取更强硬的措施后，这种情况有所好转。改革后的 GCSE、AS 和 A-level 规范了考试明细，让考试局有章可循，情况会继续好转。Ofqual 不遗余力地确保考试大纲、样题和考试卷都达到统一标准。

2. 学科间的同比性

以上任何事宜的深远影响都比不上学科间的同比性。

有些学科比其他学科更易学。杜伦大学的测评和监控中心（The Centre for Evaluation and Monitoring）长久以来一直围绕这一课题发表论文。比如，如果你查看在 A-level 课程考试中取得了 A 的学生的 GCSE 平均成绩，你会发现有些科目的成绩比其他科目低。难度高的课程包括拉丁语、数学、高等数学、物理、化学、现代外语。因此，选择这些课程的学生，在 A-level 考试中的成绩肯定要低于如果他们选择了"难度低"的课程所能够取得的成绩。目前,考试局没有被要求根据难易程度取齐所有科目的考试(部分原因是难易程度很难界定)。

在 GCSE 的英国文学考试上得 B 的考生,有可能在 A-level 同样科目的考试中得 B 或者 C,而那些在 GCSE 物理考试中得 B 的学生,会在 A-level 物理考试中得 D(这被称为"比较级数分析"),这说明物理更难。那些在 GCSE 的英国文学考试中取得 A*/A(8 或 7 分)的学生,超过 2/3 在 A-level 同样科目考试中得 C 或者更好。但是,在物理科目考试中,这个人数却少于 50%。

在 GCSE 和 A-level 上遇到"难度高"或"难度低"的课程的问题在于:

1) 不是所有考试成绩的使用者(比如大学)了解它们之间的区别。
2) 成绩排行榜对此也不做区分。因此,一些"难度低"的科目会因这一不正当的原因而成为更受欢迎的课程。那些提供很多难度低课程的学校就似乎比其他学校表现更好,误导了家长和 Ofsted 的督查。
3) UCAS 积分制对此也不做区分——所有科目采取同样的积分标准,对于法律等学位课程来说就会是问题,因为这个学位可以接受学习任何 A-level 课程的学生。
4) 我们不想放弃"难度高"的课程,比如现代语言和科学课程,因为国家需要它们。我们知道近年来 A-level 的现代语言课程受到特别关注,部分可能是因为母语是这些语言的学生选择这些 A-level 课程(这个问题在汉语课程上尤为突出,在英国参加 A-level 汉语考试的其实是中国学生)。对科学课程的关注在于,同其他学科相比,学生无论在 GCSE 科学课程考试中得到什么等级的分数,都可能在 A-level 中取得更低的成绩。
5) 在学校层面,承担难度低的课程教学的老师比承担难度高的课程教学的老师有可能得到更高的报酬和更多的晋升机会,因为他们的学生成绩看着更好。
6) 学生们因为在这些难度低的科目上取得了高分,以为自己在这方面是"最佳",据此作出大学专业选择和职业规划。

我们可以就此采取一些措施,比如向成绩使用者(比如大学等)公布课程间的同比数据,让他们据此调整录取结果。有些国家和地区,比如澳大利亚和香港,使用一个公式调整选修课的成绩,将必修课所得成绩与选修课所得成绩相关联。或者你可以继续现行的做法,但是,公布调整后的第二个成绩,或者在公布成绩的同时也公布排名。

但是,比较诸如艺术和物理所需要的学科能力仍然是一件难事,它们所要求的技能属于不同范畴。

而且，我们还必须关注 A-level 成绩的使用者想看到什么。虽然那些在 A-level 英语上得 B，在物理上得 D 的学生也许在总体能力上相当，但在大学层面，物理专业不会录取那些在 A-level 上只得了 D 的学生。如果想通过调整 A-level 物理考试的成绩标准让考生更容易得到高分的话，这办法没用，因为如果这样做了，等于把那些无法学好这个专业的学生送到了大学的物理系。换句话说，GCSE 英国文学得 B 的学生也许有能力学好大学的英语专业，但是 GCSE 物理得 B 的学生就有可能学不好大学的物理专业。在 A-level 物理考试上放水有可能让这个专业更受欢迎，但它有可能欺骗了学生，让他们以为自己在这个专业上比他们的实际能力要强。

3. 高利害的测验和考试

上文阐述了高利害的测试会引发巨大的压力和错误地引导专业选择，不同的学生群组会受到不同的影响。

对于**学生**来说，他们在 16 岁和 18 岁参加的考试都非常高利害，考试的结果决定了他们未来的专业、大学和职业。显然，考试局准确和公平的评判就面临重重压力。

有些考试对学生并不是高利害的，但对**学校**却是。比如小学第二关键阶段的考试，考试结果是判断小学质量的重要组成部分，也能够决定校长的前途。

有些考试对于**每个老师**是高利害的，这取决于每所学校绩效管理政策。但是，很多学校都是通过学生在考试中的成绩进步来评判一名老师，如果这方面强调得过多，就会变成完全的"应试教学"，教学的唯一目的就是提高成绩。

一个高利害的考试对于考试体系要提供公平的考题、准确的评分和公正的成绩分级也压力巨大。Ofqual 经常指出，对于考试体系的期望值常常超过了考试体系本身的预期。

4. 内容太多？

2011 年，当教育部检查改革后的 GCSE 课程内容的时候，他们犯了一个明显的错误。我参加了其中一个工作组，并负责监察另外两个工作组。学科专家需要提出他们认为一个课程证书必须考察的内容，工作组里的每个成员都有自己的想法，这就常造成内容要大大超过只让一个工作组来做这件事，更不要说大家并没有考虑课程证书的规模。

这之所以可能是一个错误,是因为我们发现,同英格兰相比,PISA 考试成绩前位的那些国家比英格兰学习**更少的内容**,但是学得更深入,结果他们的学生就能够对课程掌握得更好。这里不是重温"宽度和深度"辩论的地方,但是有一点我非常肯定——下一次我们再修订大纲的时候,我们应该就此争辩。

5. 按照同比结果进行成绩分级

Ofqual 的重要目标之一是在一定时期内维持成绩分级的标准,确保当年的试卷成绩分级和上一年的定标、判分和分级保持一致。他们希望阻止成绩贬值,因为这会动摇大家对整个考试体系的信心。

这件事并不是像说一说"超过 80% 正确就可以得 A"这样简单,因为今年的试卷有可能比去年的难一些,80% 的原则对于今年的考生来说就不公平了。因此,考官需要认真研读去年那些将将高于或低于每个成绩分级线的试卷,同今年的卷子做比较。

这件事也不像说一说"X% 的考生去年得了 A,所以今年我们应该给同样百分比的考生得 A"这样简单。毕竟,今年考生考得有可能比去年好——老师根据课程大纲教学更加驾轻就熟,或者学校将能力弱的学生转向学习他们更能够考好的课程。或者也许今年考生变差,因为学校让更多不到年龄的孩子参加考试(就像最近一些学校在 GCSE 考试上采取的方法),或者好学生选择了其他课程或者证书(比如用 Pre-U 替代 A-level)。我们知道有些聪明的孩子发现改革前的 GCSE 要求低,私立学校让学生参加 iGCSE 考试就是因为这个原因——因此,好学生就没有参加 GCSE 的考试。

当我们推出新版课程大纲的时候,很可能它会比旧版大纲难一点或者容易一点。由于新版大纲与旧版大纲不同,很难简单地将当年的试卷和往年的进行比较。况且,经验告诉我们,新大纲推出的时候成绩都会下降,因为老师对它不是很熟悉。这被称为**锯齿效应**,Ofqual 的研究发现这种效应一般会持续三年。这对于考生来说存在着潜在的不公平,所以,当新大纲启动的时候,如果考生情况类似,那么,Ofqual 会要求考试局按照当年成绩分布与前一年相同的**假设**来评分,这就是同比结果。

他们判断当年 GCSE 考生情况是否和前一年类似的方法是比较他们在第二关键阶段的考试成绩,如果类似,那么 Ofqual 就希望 GCSE 任何科目的成绩分布也同去年类似。然而,这并非强制要求——如果一个考试局能够向 Ofqual 证明今年的标准确实提高了,那么它就可以给出更高的成绩分级。当然,这只应用在考生整体的成绩分布上,而不是具体某个学生!孩子有可能在第二关键阶段表现出色,但后面五年变懒,那么GCSE就不会取得好成绩。

当然,使用第二关键阶段的数据做出对考生情况的推断会被诟病——这是一项针对五岁学生的考试,而且很多私立学校的学生并不参加这个考试,因此这部分学生的数据缺失。从2017年开始,Ofqual实施全国基准考试(National Reference Tests)——1.8万名学生在他们马上要参加GCSE考试之前参加的英语和数学考试,这一考试的成绩会和新的GCSE数学和英语考试成绩分级线进行比对。每年会用相同试题,就可以看出GCSE数学和英语的水准是否真的提高了。

例如,2017年,55%的学生在GCSE考试中得到了4分或者更高的成绩,在全国基准考试中,55%的学生获得了38分或者更高,这就意味着38分可以作为4分的最低对应成绩。因此,2018年,如果57%的考生获得了38分的成绩,那么在GCSE考试中得4分的百分比可能就提升到57%。实际情况是,受锯齿效应的影响,全国基准考试不会在2020年以前过多使用。而且,全国基准考试的成绩不会在没有其他证据说明高分数量的增长或减少的情况下使用。考官的判断以及第二关键阶段的考生情况依旧会是考虑因素。

全国基准考试除了数学和英语外,对于其他科目有什么意义吗?有的,因为如果全国基准考试成绩提升,数学和英语成绩随之提升,其他成绩也需要保持一致,具体方法尚待决策。

同比结果只是对考生众多的科目有作用,而且要求考生的构成要每年都比较相似。它不能用于考生数量少的科目,或者考生情况发生变化的科目,而这是常常发生的事情。

每年有60万孩子参加GCSE考试,2016年,英格兰、威尔士和北爱尔兰GCSE的考试数量是550万人次……共有1 100万张考卷。人为判断是给每个孩子评分的核心,但是面对如此巨大的数量,我们需要统计学指导框架确保每年考试的公平性。

6. 提高标准

当我们对一项表现作出判断的时候,我们更倾向于将这一表现同挑战难度低的事情相比较,而不是更高。这是古德(Good)和克雷斯韦尔(Cresswell)得出的结论,他们研究了考官在面对不同难易程度的试题时如何给学生打分。

他们的结论如下：

"考官倾向于在难度高的试卷中给任何分数都会手紧。相应的，在难度低的试卷上只要达到标准就会给分。"（古德和克雷斯韦尔，1988）

因此，如果只采用考官的判断来监测考试的水准，只要试题难度高，成绩就会下降，只要试题难度低，成绩就会提高。

2010年以来，教育部提高英格兰教育水平的一项措施就是提高成绩测量标准（即用于判断学校质量的标准）和最低标准（即采取接管学校行动前可接受的最低成绩）。给小学（第二关键阶段考试）和中学设定的最低标准已经提高了。2016年，小学需要在阅读、写作和数学上**全部**达到全国标准的学生比例为65%；GCSE的最低标准基于八门成绩进步值来确定。16岁以后的最低标准则基于成绩、进步、学生保有率和学生去向等进行衡量。

直到2017年，教育部将GCSE的及格成绩确定为C/4分。从那一年开始，教育部可能会在成绩排行榜上使用新的5分成绩（高过C但低于B）作为"较好通过"。

后续执政的政府已经表态，他们的目标是改进学校教育。但是，期望所有的学校都提高成绩与同比结果的打分方式直接冲突，因为同比结果意味着全国每年都有相同占比的学生的成绩低于及格线。如果一个学校成绩提高了，另外一个学校的成绩就要做出牺牲，这就是为什么我们需要全国基准考试——如果全国的成绩都提高了，那么就可以容许成绩普涨。

7. 评分描述表

GCSE和A-level的每个科目都有**评分描述表**，它们提供了"获得某一具体分数的学生很可能展现的能力标准的通常指标项"，以下是GCSE的艺术课程的评分描述表的一部分：

达到8分的考生应该能够：

1) 展示对素材的独立批判性探索和深度理解，令人信服地提出观点。
2) 高效地应用范围广的创造性和技术性技能、实验和创新，拓展或完善一个作品。

3）记录并运用敏锐的洞察力和观察力，以及对观点深思熟虑。

4）展示运用视觉语言、技术、媒体和背景的高超技能，以实现个人想法。

达到 5 分的考生应该能够：

1）展示对素材的批判性探索能力和理解力，前后一致地提出观点。

2）应用一定范围的创造性和技术性技能，以及一定的实验和创新，拓展或完善一个作品。

3）记录并运用清晰的观察力来阐述观点。

4）展示运用视觉语言、技术、媒体和背景的技能，以实现个人想法。

直到最近，这样的评分描述表还在考试打分中使用。如果你能够想象出如何将这些描述用于评判艺术作品集，你就能够看到用它打分有多难！每项评分都取决于对诸如"高效地"和"深度"这些词的理解上，因此，现在评分描述表仅用于指导老师理解每个分数的大致意思。

如果评分描述表作用不大，每个分数等级的真实试卷样例对老师来说就显得作用极大。AQA 发布拓展项目证书 A、C 和 E 成绩等级的样例论文，当我开始教这门课程的时候，这是唯一理解评分标准的方法。我们可以很容易地将每个学生的作业与这些样例论文相比较，它们处于哪个分数等级就一目了然了，这被称作"实际表现标准"。

8. A-level 和 GCSE 考试的分级

有些成绩分级线是由**考官判断**来定义的，考试局遵循如下流程来确定每个这样的**判断性分级**的分级线：

A-level

A-level 的成绩分级是首先确定 A 分最低点和 E 分最低点的"正确"分数，然后在这两个之间的分数被平均分为四段，成为 B/C、C/D 和 D/E 的成绩分级线。

A 分最低点和 E 分最低点采取两个要素来做判断：

1）"同比结果"：得 A 和得 E 的考生占比要和去年类似。

2）考官判断：在成绩分级线上的试卷质量。他们将今年的试卷和去年在成绩分级线上的试卷进行对比。

比如，一组有经验的考官用 A-level 试卷做样本，其得分被认为接近 A/B 成绩分级线。他们开始先查阅那些获得最高成绩的试卷，然后顺序往下，他们要就最低成绩的试卷的答题质量适合 A 而不是 B 达成一致，这叫做**高限分**。

然后，他们查阅那些成绩比高限分稍微低一些的试卷，从最低分开始顺序往上，他们要确定其中最高成绩的试卷的答题质量不适合给更高的分数，并对此达成一致。那么高于这个成绩的成绩就成为**低限分**。

然后，考官负责人必须权衡各类证据——量化的和质性的——提出一个 A/B 成绩的分级线分数，一般是介于高限分和低限分范围内。

B/C、C/D 和 D/E 的成绩分级线是经过算术计算得出的（即上面提到的平均分为四段）。

考官负责人将成绩分级线的建议提交给考试局官员，该官员承担着证书标准的全部责任，他可以接受或者调整考官组的建议，随后向 Ofqual 作出最终的建议。Ofqual 或批准，或给出令他们不满的理由，如果是后面这种情况，考试局必须重新商议并且提交最终建议。总之，Ofqual 可以指挥考试局，从而避免考试局制定 Ofqual 认为不合理的过高或过低的成绩分级线。

在 A-level 改革的第一年（首次考试是 2017 年），界定 A* 使用的是同比结果的方法：每年每个科目得 A* 的考生的百分比要大致相同。但如果前一年考生的 GCSE 成绩显示他们比今年的考生能力强或者弱，则可以小幅提高或降低得 A* 考生的百分比。

当然，如果今年参加 AS 或者 A-level 的考生背景与往年相比发生很大变化，同比结果的方法执行起来就很难了。如果一组 GCSE 考生的成绩显示他们与往届考生不同，那么考官判断（试卷的质量）就要发挥更大的作用。同样，如果考生数量太小，统计学意义上的预测就不那么可靠，考官判断也就更加重要了。

GCSE

如果一门课程的考生数量和背景符合条件，那么首次采用 GCSE 1—9 的打分机制的时候，成绩分级首先会根据统计学意义上的预测来执行，考官判断仍然是这一过程的组成部分。但是，由于每个学科内容上的改革，以及打分机制的变化，考官判断的可靠性就会比正常年份要低。

1、4 和 7 分是根据同比结果的方法来确定。GCSE 1、4、7 分的最低成绩和旧版的 G、C 和 A 最低成绩相比对。一般来说，一门课程中，得 1 分或以上的学生占比要和前一年得 G 或以上的学生占比一致，得 4 分或以上的要和前一年得 C 或以上的占比一致，得 7 分或以上的要和前一年得 A 或以上的占比一致。

2、3、5 和 6 分则是用算术的方法得出的,它们的成绩分级线和前后临近的成绩分级线被平均分配,5 分位于旧版打分体系 C 的前 1/3 和 B 的后 1/3。

8 分的计算方法是它的成绩分级线位于 7 分和 9 分成绩分级线的中间。

在**所有科目之间**(相对于每个科目之内而言),接近 20% 得 7 分或以上的考生会给 9 分。然而,9 分的占比在**每个科目**中会根据 7 分或以上分数的总占比不同而不同,按以下公式计算:

达到至少 7 分的考生应该给 9 分的百分比 = 7% + 0.5 × 7 分或以上考生的百分比。

由此可见,给成绩分级非常复杂,要经过深思熟虑,但也有一定程度的随意性:有些分级是根据算术方法确定的,所有分级都会受到上一年分数分布的影响。

如果成绩分级有些随意,我们为什么又要用它们呢?因为它们比原始成绩更容易在一段时间内进行对比。原始成绩每一年都起伏不定,部分原因是试卷的难易程度不同。另一方面,成绩分级的原则是今年的成绩 B 要和去年的成绩 B 是差不多的意思。

成绩分级的主要问题其实就是**悬崖边效应**:一个级别和另外一个级别的区别其实就是一分,但是,它的区别还体现在是否进得了大学——因此,它会极大地影响学生的未来。

那么,如何克服这种悬崖边效应呢?答案是提供更多的信息。不仅向大学提供学生的成绩,还需要提供这些成绩同高一级的成绩分级线的接近程度,或者所有考生中该学生的排名。这类数据现在都数字化了,因此提供起来并不困难。排名还恰好有另外一个好处,可以要求每项考试只由一个考试局来承担。如果多个考试局提供同一门考试,排名也不是不可能,但会更加困难。

9. 两大基础评分方法

常模参照评分法就是每年我们给每个分数等级一个固定的考生百分比——10% 得 A,25% 得 B,以此类推。这种方法有两大好处——它告诉大学或其他人谁选择了最优秀的学生,因为每个学生都被按顺序排名了,还有就是如果每个分数等级的百分比每年都是固定的,就不存在成绩贬值。

我们在日常生活中经常使用常模参照评分法。比如,我的车一加仑油能行驶 40 英里,我只有通过把这一数据和其他车的数据相比较才能够知道我的车有多棒——有些车更省油，有些则费油。这就如同我们把自己的成绩与其他人的成绩相比较。

常模参照评分法也被诟病，因为它似乎在制造赢家和输家。你也许古典语言学得相当不错，但是如果55％其他考生比你还好，你就处在"中等以下"，不管你有多好，你都会感觉很糟。

另外一个问题就是如果每个成绩等级考生的百分比是固定的，它不能告诉你每个学生到底懂多少。毕竟，学习一门课程的一半学生可能不错（就像 GCSE 的拉丁语和 A-level 的进阶数学一样），但是在固定百分比体系下，这些好学生中的一些人可能只能得 C，就因为进入固定百分比的学生更棒。

因此，固定百分比体系的问题在于它有可能让考生失去进取心，单个学生或者整个学校可能会认为努力做到最好没有意义。因为在这个体系下，提高成绩变得难上加难——只有当其他考生或者学校做得不好的时候你才能够实现成绩的提高。

另外一种方法叫<u>标准参照评分法</u>，考试局通过界定考生必须知道什么来评定某个成绩。通常，这种界定是用文字来描述的，也可以明确每个分数等级的最少得分。这一体系的优势在于，如果所有考生表现很好，所有人都能够得到高分。对于那些通常只有比较有能力的学生才会选择的科目，比如进阶数学、拉丁语或希腊语，这是唯一确保公平的方法。

近年，英国的公共考试都采用了标准参照评分法的形式。但是，这个体系受困于成绩贬值，因为考生的准备越来越充足。如果太多的学生得到高分，大学就不再能够通过公共考试成绩挑选出优秀的学生——它们已经被迫推出了自己的专门考试。

再者，用文字描述某个成绩意味着这些并非易事——就像我们前面说到的评分描述表，非常主观。

英国现行的体系采用了常模评分法和标准评分法，考官必须在判断试卷质量的时候采用标准评分法，但是用同比结果的方法进行分级其实等于在很大程度上还是采纳了常模评分法。

10. 测评的信度

"信度"是测评中考官们使用的专业性词汇，它表示测评一致和准确地衡量学习效果的程度。当一个测评的成绩信度高的时候，我们可以自信地声称，如果我们明天用同样的试卷测试同样或类似的学生，他们的成绩也会类似。如果你用一台秤来称体重,你会希望你五分钟之后用它称重体重是一样的——这就是信度。

影响信度的因素包括:

1)测试的长度——测试越长,得到的结果就越可靠。

2)试题或任务对被测试学生的适合度。

3)试题的措辞和术语。

4)学生的心态——比如,一个炎热的下午有可能不是测试学生的好时机。

5)评分标准的设计以及评分员的质量。

6)采用前后一致的方法将得分转换为成绩。

11. 测量错误

事实上,如果一个学生参加好几次同样或类似的考试,他们不会每次都取得完全一样的分数。2013年,大量考生参加了 GCSE 和 iGCSE 的英语考试,1/3 的考生在两个考试中得分一致,1/3 在 GCSE 中得分更高,1/3 在 iGCSE 中得分更高。因为两个考试都采取了一样的成绩分级标准,所有考生应该在两个考试中得分一致,而事实不是这样,部分原因就是测量错误,这是在所有考试中很少谈及的一个特性。

测量错误可能是由于两个考试的试卷包含不同的试题,考生对有些试题准备得比另外一些更加充分,或者因为所有考生都有走运或不走运的时候,或者因为评分员给分松紧不一。

在公共考试中,我们将得分换算成成绩等级,两个成绩等级之间的界限(分级线分数)经常有一些随意。很多考生的分数与某一成绩分级线非常接近,误差界限意味着有些考生某天得了 B,第二天也许就能得 A。在诸如 A-level 历史必须给出很长答案的考试中,采取评分宽容度的方法就意味着两个一模一样的试卷给分不同是合理的,从而得出了不同的成绩。

一项 Ofqual(布莱克 Black 和牛顿 Newton,2016)的研究分析了学生在考试中得到"确定"成绩的可能性。Ofqual 使用了种子试题,由一位有经验的考官给出一个确定的分数。然后在判卷过程中,让每一位考官来打分,以便确定考官没有给出正确分数的频次。研究发现,物理考官会有 95% 的可能性打分与确定得分一致,英语考官是 50%,历史是 62%,西班牙和法语是 85%,不同科目打分准确度的不同无法避免,特别是对更主观的作文题。

研究报告还显示，得到一个确定分数的可能性受到成绩分级线的具体分布的"极大影响"。如果分级线彼此相近，打分的一致性对于打出确定分数的可能性"会产生更重大的影响"。因此，成绩分级线之间的距离越大，考生得到确定分数的可能性就越大。因此，报告得出这样的结论：要想确保考生的"真"成绩，"考试的设计与评分一致性"同等重要。

Ofqual 的这项调研还显示双重打分（两个评分员评判同一道试题）可以增加信度，但并不明显——而且非常费钱。

关键点是长作文的答案总是会有得分不同的情况发生，即使由富有经验的考官来打分。所以，对于接近成绩分级线的考生来说这总是个事。也许我们会认为，评分员应该接受更好的培训。但是，不幸的是，再多的培训也无法对同一试卷打分分散的情况产生很大的影响。

这给考试局的启示是，不同成绩等级之间的间隔不要太窄，否则这种情况就会导致更多的"同一试卷、不同得分"的情况。

另外一个启示就是考虑给考生提供成绩和分数比例，这样就可以显示他们靠近更高一个分数级别的程度，或者更多地使用多项选择题，这样就不需要评分员的判断力（尽管这会极大地影响考试的效度）。

它给学生的启示是：尽量避免靠近低等级成绩的分级线。

它给大学和那些挑选年轻人的单位的启示是：尽量收集单一考试成绩以外的证据。牛津大学和剑桥大学自然是英国最具选拔性的大学，它们使用一系列的衡量标准来选拔学生：GCSE 成绩、AS 成绩（如果有的话）、A-level 成绩、预考成绩比如医药专业申请者的 BMAT 考试、学校推荐信、学生的个人陈述、学生提交的作品样例以及两场面试。这很合情合理，尽管很费钱。

它给政府的启示是：如果你想用考试成绩作为问责学校的目的，则需要聘请统计学专家来计算误差界限，以防止基于不全面的数据做出不当决策。

12. 取样错误

"我认为，在误差界限可接受的范围内，他爱我。"——《欢喜一家亲》中莉莉斯（Lilith）说。

测量错误发生于单个学生所取得的成绩,取样错误的发生则是出于测量目的而在特定的学生群体或学校**取样**所造成的错误。比如,PISA 考试在 2015 年从英国选取了 2 万名 15 岁的学生**样本**。

在 2015 年英国普选以及 2016 年英国就欧盟成员资格的公投中,大多数民意调查,即使是在投票当天所做的调查,都得出了错误的结论。2015 年,没有人预测保守党会胜利。2016 年,大多数人预测留欧会胜利。

民意调查是基于投票人样本。虽然抽样会很谨慎,但毕竟是样本。民意调查结果具有众所周知的**误差界限**(比如 + 2% 或 - 2%)。在以上两种情况中,误差界限对于结果产生了举足轻重的影响,因为两者的支持者和反对者的比例非常接近。但英国公众没有被告知这一数据。

巧合的是,两项民意调查都受到了被称作**社会期许偏差**的影响——人们倾向于给出他们认为更被社会所接受的答案。许多保守党投票人(害羞的保派①)觉得不承认会投票给保守党更能够被社会接受,就像很多投票脱欧的人一样。

在教育领域,取样错误发生在人们使用了一群样本学生的合计成绩,比如 PISA 考试测量的是 15 岁学生的样本。取样错误最有可能发生在样本量很小的时候,或者,当样本不具备广泛代表性的时候。在 PISA 取样的时候,他们试图从样本的一个分组中得出结论,比如不同种族学生的表现,或者私立学校学生的表现:但这样的样本量很小,很容易出错。

取样错误也可能发生在对单个学校的结论上。如果我们仅看一所学校一个年级的一次六月份考试成绩,就对学校效能下结论是非常危险的。因为一个年级的取样也许在学校所有年级中并不具有代表性,特别对于小规模的学校来说更是如此,两三个孩子的不佳表现就会扭曲了整个成绩。

13. 考试的效度

"效度"是考试领域使用的一个专有名词,有它特定的含义,不要混同于这个词的常规用法。考试效度不是讲考试本身,而是关于你能够根据考试成绩所作出的**推断的**

---

① 害羞的保派因素(The shy Tory factor)是英国民意调查公司在 20 世纪 90 年代初由选举学专家所观察到的一种现象,即保守党所获得的选票份额(保守党别称为 Tories)比在民意调查中要高出很多,通常被接受的解释是那些被称为"害羞的保派"在告诉民意调查人员他们不会投票给保守党以后,转而投票给了保守党。

程度，考试效度是指它在多大程度上**测量了它想要测量的内容**。

比如，数学考试应该衡量考生的数学能力，而不是阅读英语的能力。因此，如果一门数学考试含有很多英语文本，将减弱它作为数学考试的效度。

近年，在英格兰，大学的物理系抱怨来他们这里的学生拥有很好的 A-level 物理成绩，但却没有准备好学习物理本科学位课程，因为他们的数学太弱了。A-level 物理应该测量考生做物理题的能力水平，但是，因为要简化，很多数学就被剥离出去，因此这一考试缺乏效度。

考官面临的问题之一就是确定一项考试的长度。它只能抽样检查考生的知识，但如果样例太少，就不太可能测到学科内容的各个不同层面。考官们很拗地将其称为**构造代表性不足**（construct under-representation），它使考试效度不足。

有一个例子是近年来 GCSE 法语课程的口语考试。口语考试本应测试考生法语的口头表达能力，但是考试的设计却是让考生死记硬背一组短语，到考官那里说出来。这个考试没有真正测量考生说法语的能力。

考试的信度和效度相互关联。比如，如果设计一门劳技课程的目的是测量学生发挥技能和想象力，用木头、金属或塑料做产品的能力，你肯定需要借助大量的平时课业才能达到测评的有效性。但是，这类课业分散在好几个星期，老师提供或多或少的帮助，因此这种形式的测试方法信度不高。

另一方面，强调高度一致的测评条件以达到高信度会导致考试缺乏灵活性，从而给效度带来局限。比如，如果所有劳技课程的学生必须制作同样的作品，测试就不可能检验考生的想象力。

6.5　私立学校的统一入学考试

公立学校的学生参加名为 SATs 的考试（没人知道这是什么意思，也许是标准考试 Standard Assessment Tests 的缩写）。SATs 考察学生在第一和第二关键阶段结束时的阅读、写作和算术能力，即学生们在 7 岁和 11 岁的时候参加的考试。

在英国，招收 2—13 岁学生的私立学校被称为预备学校（preparatory schools，简称 prep），他们为学生参加"中学"的入学考试做好准备，这个考试通常被称为统一入学考试(Common Entrance),学生们在 11 岁或 13 岁的时候参加。统一入学考试由私立学校考试委员会(the Independent Schools Examination Board,简称 ISEB)运作,它考察范围很广的科目——数学、英语、物理、化学、生物、历史、地理、宗教、现代和古典语言。

预备学校一般会聘请课程专家来讲授统一入学考试的课程和其他课程(艺术、音乐、计算机、体育)。统一入学考试历年真题和教学讲义为任何想进入第三关键阶段的学生提供了很好的资源。

6.6 结论

1. 考试体系很复杂,即使老师都很难搞懂,尽管他们的工作要接受这个体系的检验。我们需要为老师和公众提供更多这方面的信息。

2. 必须遏制不必要的成绩贬值,它会给老师、学生以及国家错误的印象,似乎一切都好。

3. GCSE 改革让课程变得更难,这很有必要,因为英格兰期许的教育水准已经落后于其他国家(见第 10 页)。正如库塞拉等人(2016)在 OECD 的发现中指出的那样:"证据表明,英格兰的初中高年级课程对基础技能的要求低于很多其他国家。"
使用同比结果方法给 GCSE 进行成绩分级掩盖了学生们的不佳表现,因为它给那些分数很低的学生以及格的成绩。

4. 高利害考试永远都会成为钻空子的牺牲品。

5. 学校、政府和大学对考试的期望过多,考试结果不可能如人们希望的那么准确,人们需要意识到仅基于一项考试就做出重大评判的危险性,政府问责制度给考试体系带来其所不能承受的更大压力。

6. 考试只是教育目标的一个子集。如果学校一定程度上的目标是为了培养孩子为工作和成人生活做好准备,那么对这些方面技能的测试就显得少之又少——如何团队合作,如何口头表达,如何展现想象力和主动性。然而,因为这些能力很难测评,而且考试成绩是通向大学和很多职业的通行证,考试的重要性超过了它们本身的作用。

本章通篇讲述的是**终结性考试**——那些试图检验你对课程的掌握程度的考试，通常会有成绩，成绩的使用者了解这些成绩的含义。如果有人对**形成性考试**感兴趣，即那些帮助学生和老师了解他们需要做什么以便改进学习的考试——可以阅读克里斯托杜鲁(Christodoulou)(2017)的著作。

第 7 章　成功的理事[①]

[①] 英国公立和私立学校都有理事会制度,理事们在学校战略、校长选聘、财务等办学核心事务上拥有决策权,对学校的发展起着重要的作用,这与中国国情有着很大不同。

我一直在担任12所私立学校和两所公立学校的理事。理事从未取酬(这是自然的),偶尔得到致谢。然而,我很享受这一职务,因为我知道理事会能够给学校带来怎样的不同。

近年来,教育部,特别是纳什(Nash)勋爵,认为管理薄弱是许多公立学校最主要的问题,特别是小学。对于所有学校来说,管理都是重要事宜。

因此,本章特为学校理事而写。

7.1 学校理事会的职责

1. 学校理事会理事承担着四个主要职责:

    1) 他们任命校长,并且以"谏言人"的身份对校长的表现进行考核。他们还可以协助任命副校长以及财务主管。

        任命校长是理事们最重要的职责。最好不要选错人,哪怕经历空档期。

    2) 他们监测学校的表现,提供改进建议。

        理事们必须坚持定期获取客观和真实的数据,包括:

        a) 学生们的学习和进步情况。理事们需要接收多方来源的数据,比如考试局、教育部、费舍尔(Fischer)家族托管公司①和ALPs②,并且接受一些培训以便读懂这些数据。

        b) 学生申请、录取、出勤和劝退的情况。

        c) 员工缺勤、再招聘、保有、师德和表现。

        d) 教学质量。

        理事们需要采取各种方式聆听学校员工的声音,正式的做法可以让员工选举一名理事作为"员工联络人",非正式的做法可以通过各种活动与员工见面。

        校长必须向理事会提交学期报告,理事会而不是校长应该确定报告的范

---

① 一家英国慈善机构,专注对英国教育以及历史和医疗方面的研究项目的支持。
② 一家为学校提供数据分析服务,以帮助学校提升办学质量的公司。

围和形式。

理事们需要听课,查阅学生的作业,抽时间与学生和家长交流,接收学校高层领导和教研室主任的报告。

理事们需要了解学校被督查的时间,检查学校是否做好了准备。

有些理事说"我们的职责是支持校长",的确如此,但不全面;有些放弃职责,说"我们应该让专业人士来做此事"——这也不全面;有些则过度——"我们需要严密监管校长"。所有这些都不妥,他们应该支持校长,同时要提出合理的挑战。

3）他们为学校提供战略方向,包括确定学校的理念。他们每年审核学校的战略规划,规划包括目标和达成时间表以及绩效考核指标。近年来,许多英格兰的公立学校面临的选择是他们是否应该脱离地方当局的管控,是否需要加入联合教育托管机构（MAT）。如果是,加入哪个机构？这对于理事会来说是重大决策。

4）对于所有独立托管学校和私立学校,他们需要谨慎管理学校的财务,并且呈交年度报告和财务数据。

2. 学校理事会的其他职责还包括：

1）他们免费提供专家性建议。

2）他们支持学校活动,比如演讲日、音乐会或戏剧演出。

3）他们按照预定的时间表检查学校的各项规定,Ofsted 期望理事们承担这项工作。

4）他们担任一些特殊的监护角色：健康与安全、儿童保护、员工聘用流程以及防护措施（比如极端化）。这些需要理事们接受一些培训。负责安全的理事必须每年向理事会汇报他们已经做了全面检查,确保诸事顺畅。理事们必须坚持对健康与安全的定期外部审查,由值得信赖的公司承担这项任务,并且确保它们提出的建议都被落实。健康与安全理事必须阅读学期健康与安全会议纪要,并且执行理事会作出的决议。

所有理事应该阅读《在教育领域保护儿童安全》一书。

5）他们倾听被学校开除的学生的家长投诉、与录取有关的投诉,以及家长不满学校处理他们的抱怨的投诉。他们聆听内部没有解决的员工牢骚和纪律等事宜。

6) 他们任命理事会的主席和副主席，正确的主席人选很有必要。

7) 他们规划自己的继任，每年部分理事开会讨论此事。

8) 特别是在私立学校，理事们要帮助学校做市场推广，在边远地区规模很小的寄宿学校常常依靠理事们承担这一职责。比如，我知道一所学校的理事们在他们的钱包里放上学校的名片，把学校的优势印在名片上——随时准备好递给潜在客户。在另外一所学校，每次理事会开会，都会收到一份访问过或登记访问学校的家长名单，这样理事们就知道去动员谁。还有一所寄宿学校，五位理事分工负责学校周边的某个区域，通过为潜在家长举办酒会来推广学校。

3. 除了以上职责以外，还有一些期望理事会做的事情，它们是：

1) 避免管理学校。理事们不要干涉学校运营——这是校长的职责。这是引发校长和理事会关系紧张的唯一常见原因。如果理事会任命了一名合格的校长和财务主管，那么参与管理会带来伤害而不是好处。比如，理事会应该管理总体预算，但是不应该一条一条地审核预算。

2) 确保理事会按照学校管理文件运作，包括与学校相关的任何托管事宜和条款。

教育独立托管机构是慈善机构，这就意味着它们必须承担慈善法律规定的职责，确保慈善事业是为公众利益服务，执行慈善管理和法律的规定。

多数私立学校是慈善机构，理事会的理事们是托管人。法律对监管托管人的职责制定得非常清晰，每年要向慈善委员会提交所在慈善机构活动的完整报告，理事们有责任确保学校提供公共利益服务。

托管人必须像公司主管一样执行他们的法律义务，这些义务在 2006 年公司法中有明确的规定。在实操中，所有托管人需要熟悉相关教育独立托管公司的条款和他们在公司法下的法定义务，包括：

a) 在职权范围内操作。

b) 促进公司成功发展。

c) 做出独立的判断。

d) 行使合理的关怀和技能，恪尽职守。

e) 避免利益冲突。

f) 不得从第三方收取好处。

g) 对提出的合作或安排表现出兴趣。
3) 确保每次会议的日程提前发出，由胜任的秘书做好所有的会议纪要。秘书可以是财务总监或校长助手，但他/她最好是一个独立的专业人员。胜任的秘书会了解法律和法规的合规做法，并且提供公平合理的建议。
4) 制定以学期为单位的固定日程方案，以便理事们确信他们的工作覆盖了所有关键领域，并且时间点正确，例如：

秋季学期

检查理事们的联系方式

校长报告

考试结果和大学的录取情况

今年的招生情况

明年的招生标准

审核上一轮员工绩效管理的流程

审核管理情况，包括下属理事会的情况

财务预算报告

后面会议的日期和时间

私下讨论，包括校长绩效考核报告

春季学期

校长报告

课堂观察和教学质量

审核学校发展规划，确定战略优先任务

审核风险登记单

Ofsted督查准备工作

预算草案以及报酬奖励方案

后面会议的日期和时间

私下讨论事务

> 夏季学期
>
> 校长报告
>
> 确定下一学年预算
>
> 下一学年的招生
>
> 大学申请
>
> 下一学年的优先工作
>
> 员工更换
>
> 健康与安全报告
>
> 安全保障报告
>
> 处理投诉报告
>
> 未来学期的校历
>
> 演讲日的计划
>
> 后面会议的日期和时间
>
> 私下讨论事务

5) 制定有关理事们的角色和行为的政策,形成文字。

6) 实施培训。所有理事都需要不同程度地接触数据,他们需要培训以便读懂这些数据。慈善机构的理事必须接受有关他们作为托管人的职责的培训。新的理事必须有岗前培训。所有理事必须接受一些安全保障的培训。

7) 在每次会议开始时就要关注利益冲突。如果学校希望给某位拥有技能或人脉的理事付酬,妥善考虑由此可能引发的利益冲突非常重要。

8) 确定理事会的下设机构、成员组成、每个机构的主席,以及赋予的权力。多数学校下设机构包括财务、教育、健康与安全,以及房产事宜,有些下设机构负责检查报酬的发放和员工绩效考核。所有学校都需要一个小范围的理事继任机构。

9) 理事们需要决定他们考核校长的频次。如果可能,他们应该聘请一位外部人员来做绩效考核,退休的校长常常可以付费承担这项工作。聘请外部人员的重要性体现在他们更容易不带偏见地收集信息,来审视校长的缺点,同时减少绩效考核对校长和理事会关系的影响(虽然无论怎么做,这种影响都有可能发生)。

10) 定期对理事会的工作进行外部审核,一般由秘书来安排。

11) 定期对理事会的工作进行自我审核,Ofsted 也会督查理事会。全国学校理事会协会提供一个在线的自查工具包。

12) 学校需要照顾好现有的理事们。确保他们在开会前拿到高质量的文件,邀请他们参加学校的活动,不要过度,并且时不时表达感谢。

7.2 优秀的学校理事会特征

每位理事都需要有所贡献——给学校提供免费的专家建议,主要包括:

1. 必备项

1) 教育。每个理事会需要一名有经验的老师或校长成员,他们可以帮助理事会对一所学校是否表现良好做出判断。他们了解各项表现数据、儿童保护、Ofsted 的督查、老师待遇、员工管理、战略规划,知道一所优秀的学校是什么样的,知道如何处理申诉。

2) 每个学校都需要特别关注有特殊教育需求或者残疾的孩子,最好由对此有一定了解的理事来监管对这些学生的服务。根据 2014 年儿童和家庭法案,地方政府管控的学校和教育委托机构管控的学校承担对这些学生的法律职责。

3) 财务。随着越来越多的学校脱离地方政府的管控,转移到教育独立托管状态,他们更需要理事们以他们的专业性和经验,监督学校的财务主管以及预算。所有托管人应该了解在财务问责和有效的财务管理规定方面他们所承担的法定和合同职责。

4) 学校资助人/委托机构的代表性。如果一所学校是由英格兰教会资助,理事会需要吸纳教会的代表。地方政府管控的学校需要有地方政府的代表。

2. **期待项**

1) 法律背景：提供法律建议。
2) 地方生源提供学校——一所地方学校的校长，可以就学校在本地区的竞争力水平提出建议。
3) 中学的理事会需要吸纳学生们可能进入的大学或者其他机构的代表。
4) 地方政府：在那些地方政府仍然保留教育职能的地区（大部分地区仍然是这样的），吸纳地方政府代表会给用好这些职能带来便利，比如培训、法律建议以及儿童保护服务。
5) 人力资源：对员工管理，包括绩效考核，提供建议。
6) 建筑和房地产。
7) 市场推广和筹措资金。

3. **可选项或必备项，视学校情况而不同**

1) 家长理事。家长理事值得拥有，因为如果学校出现问题，他们会传递信息。他们可以由家长选出，或者由其他理事提名。他们会从自己孩子的角度来看待学校，这个视角显然有一定的危险性。他们也许并不像人们希望的那样了解学校的运作，所以，他们需要接受培训。有家长理事在，其他理事可能很难像他们希望的那种对学校过于苛责的建议，但家长理事有许多优势。
2) 教职工理事。教职工理事一般由教职工选出，他们的作用在于他们能够表达教职工的观点，一名优秀的教师理事能够建立起理事会和员工之间的联系。但有教职工理事在，其他理事可能更难像他们希望的那样对校长或者学校的其他教职工过于苛责。
3) 教师代表理事。有些学校设置了一个理事席位专门承担与学校教职工沟通的角色，但本人不是学校教职工。
4) 教育部的模板文件条款中并没有要求独立托管机构的主席/CEO成为托管人，理事会成员可以根据慈善机构的常规做法决定，是否需要理事会和机构行政班子相互独立。

有些理事需要基于他们对学校可能的贡献来选出,他们可以有一个固定的任期,比如四年也可以连任一届。

7.3 寻找理事会理事

理事会主席应该有一个表格,列出每一位理事入职和退休的日期。在空缺出现前很长一段时间,理事会继任小组就要确定需要任命什么类型的理事来填补空缺。每个理事之所以被聘任,是因为他们的个人技能,因此技能矩阵是让选择更加清晰化的有用工具。

理事的数量应该尽量少而精,从6人到20人不等。

理事的组成需要顾及性别、种族的均衡,要在一定程度上反映学生的组成。

家长理事代表可以通过让家长申请来选聘。

校友是潜在的理事的便利人选,学校校友会可以派上用场。但是校友有可能对变化更加抵触。

教育部网站上设有专门给感兴趣成为学校理事的人提交申请的专栏——"成为学校或大学的理事"。

SGOSS(Governors for Schools)——"学校理事"是一个为英格兰学校免费提供理事招聘的网站,学校可以注册,然后为空缺的理事席位登广告。

"奋进治理"公司(Inspiring Governance)提供免费服务,寻找学校区域内对成为学校理事或托管人感兴趣的具备合适技能的志愿者。

"学术大使"公司(Academy Ambassadors)是一家非盈利机构,专门招聘商业领导者建立更好的联合教育委托机构。

找到一个理事候选人以后,理事会会要求他/她提交简历,并由理事会主席面试。

如果他们被聘请,会收到入职资料包,并接受培训。

7.4 技能审核——学术管理机构

技能审核的内容(见表 7-1)

表 7-1：技能审核表——学术管理机构

经验或技能水平：1=无;5=丰富					
D 代表理事会期望的技能；E 代表理事会必备的技能	期望项(D)还是必备项(E)	理事 A	理事 B	理事 C	理事 D
所有理事/托管人必备项：					
承诺为所有学生提供更好的教育而努力	E	5	5	5	5
团队合作能力以及对决策承担集体责任	E	5	5	5	5
愿意学习	E	5	5	5	5
认可学校愿景和理念	E	5	5	5	5
基础的语文和算术能力	E	5	5	5	5
基础的计算机能力(比如文字处理和邮件)	E	4	5	5	5
理事会需要具备的能力：					
理解/具有管理经验					
具备在其他领域担任理事会成员、或在其他学校担任理事/托管人的经验	D	5	3	4	5
具有主持理事会/管理机构的经验	D	4	1	5	5
具有专业领导力的经验	D	5	4	5	5
视野和战略规划					
理解并具备战略规划的经验	E	5	5	5	5
客观分析复杂事务的能力	E	5	5	5	5
解决问题的能力	E	5	5	5	5
提议或思考创新解决方案的能力	E	5	5	5	5
经历过管理的变化(比如监管机构合并、架构调整或更换职业)	D	4	5	5	5
理解目前的教育政策	E	4	4	4	4

续 表

勇于担责					
沟通技能,包括策略地商议敏感事宜的能力	E	5	5	5	5
分析数据的能力	E	5	5	5	5
提出问题和挑战的能力	E	5	5	5	5
项目管理的经验	E	4	5	5	5
对其他人的绩效考核	D	5	5	5	5
自己经历过绩效考核	D	4	5	5	5
财务监查					
财务规划和管理(比如是你职责的一部分)	E	4	2	4	5
采购/购买经验	D	3	2	2	3
房产和设施管理经验	D	3	1	4	3
了解你的学校和社区					
与社区沟通	D	3	2	5	4
与本地商业沟通	D	2	2	3	4
了解本地/区域经济情况	D	3	2	4	5
与年轻人工作或参与年轻人的志愿活动(比如教学/社会工作/青年工作/体育指导/青年人健康服务)	D	4	5	5	5
理解特殊教育需求	D	3	4	3	3

(来源:全国学校理事会协会)

7.5 理事所面临的六大问题

1. 不确定他们的权力和校长的关系。理事们给校长提供建议,但是,如果校长对此不予理会,或者艰难缓慢地发展,他们该怎么办?理事们需要避免直接管理学校,但是,如果他们觉得校长不称职,他们就会试图这么做。

2. 被更高一级的领导剥夺权力。如果你是联合教育托管机构下的一所学校的地方理事,或者是一个私立学校联盟中一所学校的理事,你可能不具备对任何事情的决策权，你会感到无助。有些联合教育委托机构旗下的当地理事会没有决策权，理事会被叫做"顾问委员会"更恰当，因为所有事情都是由信托机构董事会来决策。

3. 不确定他们的权力和其他各层理事之间的关系。联合教育信托机构倾向于建立多层管理架构，很多学校面临缺乏对每一层级的明确分工的问题。
4. 时间投入。许多理事除了在理事会任职以外，至少担任一个下设机构的成员，这就意味着每年 6 次或更多的会议。除此之外，理事们还要审核政策，时不时走访学校，支持学校活动。没有时间做这些事情，当理事就毫无意义了。对于理事会的主席来说，时间投入尤其多，一个人需要认真考量这一要求以后再同意担任此职。
5. 与员工的隔阂。学校的员工一般不知道理事们在做什么，与他们保持距离。他们也许不喜欢他们很少见到的人来操控学校的战略方向。
6. 找到新任的合格的理事。担任理事非常耗时，还需要特殊的技能，特别是小学，吸引好的理事很难。

7.6 给理事们的建议

1. 一般建议

学校理事会与学校领导之间需要建立积极的关系，以应对强大的和富有建设性的挑战，理事会主席和校长必须关系良好。

理事会需要建立渠道与员工见面，有些学校在每天放学前或理事会会议开始的时候安排 30 分钟的茶点时间。

2. 教育部的建议

教育部建议理事们向校长提出如下问题：

1) 哪类学生学习最好和最差？为什么？校领导是否针对不佳表现或没有达到期望值的学生进步制定有效的计划？我们如何知道情况在改善？

2) 学校采取什么方法提升所有孩子的水平,包括能力最强的和最弱的、有特殊教育需求的、接受学校免费餐的、男生和女生、来自某一种族的、或者任何目前表现不佳的学生?

3) 哪个年级或学科成绩最好和最差?为什么?这和学校教学质量有什么关系?为改进薄弱领域采取了什么策略?

4) 学校是否充分参与各行各业的活动,为孩子的成人生活做好准备,包括了解学生毕业后的去向?

5) 学校如何确保学生避免极端主义和激进主义的风险,培养他们的适应能力?学校采取了什么措施确保员工了解并承担儿童保护职责?

6) 高层领导包括财务主管是否参加适合的、持续的职业发展培训?

7) 学校是否聘用了合格的员工以及实施了适合的职业发展和奖励机制?学校对于实现薪酬改革和与表现挂钩的薪酬机制采取了哪些措施?

8) 学校是否使用外部依据来做决策?比如,是否使用过教育赋能基金(EEF)工具包用于做出学生助学金如何使用的决定?

9) 老师和辅助岗位的员工是否能够根据情况并遵循指导,尽可能有效并高效地发挥作用?

10) 学校营造的积极学习文化的快乐氛围是否浓厚?学校出勤、行为规范和校园欺凌的记录是什么?安全防护的流程是否执行到位?应对目前问题采取了什么措施?如何知道这些措施是否奏效?

11) 学校提供的课程范围是否够广?学校是否提供体育、艺术、志愿活动等丰富的课程?学校饮食是否健康,受到欢迎?

12) 学校是否能够有效地听取学生和家长的想法?

(来源:教育部,学校理事会手册)

除此之外,联合教育委托机构的托管人还需要考虑:

1) 委托机构董事会对于机构规模的愿景是什么?所采取的战略如何确保机构拥有支持更多独立托管学校的能力?

2) 委托机构董事会是否建立了权力分配的机制?是否在它自己和所托管学校的网站上公布这些信息?这一机制是否对如下关键管理职能的运行做出了清晰的描述?

    a) 确定每个独立托管学校的愿景、理念和战略方向;

b) 为每个独立托管学校聘请校长；

c) 对每个独立托管学校校长进行绩效管理；

d) 确定人力资源政策和实施；

e) 监管每个独立托管学校的预算；

f) 对每个独立托管学校的风险进行评估；

（来源：全党议会教育集团①，管理与领导力，2015）

就财务提出专业性的问题同样重要，这些问题包括：

1) 资源分配是否和学校战略优先事宜保持一致？
2) 学校是否具有清晰的预算预测？最好是未来三年的预算，明确花销的去处和风险，以及如何降低这些风险。
3) 学校是否有充足的资金储备以支持重大变革，比如架构重组，或预算预测中的任何风险？
4) 学校是否最合理地使用预算，包括与规划和课程教学相关的开支？
5) 学校是否采取以课程规划为导向的自下而上的方法制定预算（比如，学校是否将钱花在优先事宜上）？还是只在上一年的预算上做出简单的微调，确保有剩余即可？
6) 学校的资产和财务资源是否被有效地利用？
7) 面对政府生均拨款的减少、或私立学校自我遏制的学费增长的情况下，如何开源节流？

（来源：教育部，理事学校理事会手册）

3. 私下讨论

理事会需要在校长不在场的情况下讨论校长的表现。校长虽然对此不会喜欢，但从校长任期一开始以及学校顺利运营的情况下就建立这样的规矩非常重要。

理事会主席需要就私下讨论的内容给校长即时反馈，不让校长觉得大家背着他做事。

---

① All-Party Parliamentary Group on Education

4. 致谢

理事们常是唯一向校长表示感谢的人。除此之外,如果考试成绩不错、预算管理得当、学校督查结果好,他们还需要想方设法感谢员工。

让理事工作变得有趣。理事们都是志愿者,所以,他们享受这一职位非常重要,最好每年有一次招待理事们的晚宴。

不要随便遗忘理事们。我担心很多学校在理事们结束了任期以后就对他们不管不顾了,忘记了他们为学校奉献了自己的时间,他们可能依旧很想知道学校发展得如何。所有学校应该建立一个简单的系统,给前理事和前员工发送年度简报,这样的善举会得到回报。

5. 数据来源和培训机会

有很多为理事提供建议的渠道和培训,如果遇到问题,理事们应该考虑引入外部建议帮助他们渡过难关。

建议的来源:

1) 教育部学校理事会手册
2) 独立委托机构财务手册[①]
3) 许多地方政府仍然为理事们提供建议。
4) 教育基金机构(The Education Funding Agency)为独立委托机构提供有关改进效能的支持服务信息,包括财务基准分析网站。
5) 全国学校理事会协会具有很好的培训资源。
6) 私立学校理事会协会(Association of the Governing Bodies of Independent School,简称为 AGBIS)提供培训和建议,并且发布了学校理事指导手册。
7) 私立学校财务主管协会(Independent Schools Bursars Association,简称为 ISBA)提供合同和政策模板。
8) 全国教学和领导力学院(National College for Teaching and Leadership,简称为 NCTL)网站。

[①] www.gov.uk/government/publications/academies-financial-handbook.

9）教育部网站提供课程大纲改革以及新的法律法规的详细内容。
10）理事要素（The Key for School Governors）——一个会员制机构，为理事们提供信息。
11）现代理事会——一项有用的订阅服务。
12）全国寄宿基础标准（适用于寄宿学校）。
13）寄宿学校协会（Boarding Schools Association）：推动最佳实践——从最新严重事件回顾中学习吸取安全保障教训，2016。
14）Ofsted 网站上的督查框架；私立学校督查协会的督查框架手册和监管要求手册。
15）慈善委员会对那些按照慈善机构的要求运作的学校提供优质的信息。

数据的来源：
1）教育部成绩排行榜。
2）你所在学校的 RAISE（或同等）①数据。
3）第四和第五关键阶段的 AlPs 数据。
4）费舍尔家族托管公司——一家非盈利公司，提供当地政府以及英格兰和威尔士学校的数据和分析。
5）CEM② 公司的基准测评，如 Midyis，Yellis 和 Alis。

7.7 没有学校理事会的学校

所有的私人学校都没有外部理事——它们由学校的拥有者来管理。但如果他们明智，他们应该建立由外部顾问组成的委员会，倾听这些顾问的建议。拥有和运营一所学校是一项巨大工程，很难关注到诸如督查、健康与安全、老师待遇和课程大纲等事情的变化。然而，忽略这些事务可能造成的影响是他们所无法承受的。

---

① 同 ALPs 类似，提供学校数据。
② CEM = Centre for Evaluation & Monitoring，测评与监控中心，杜伦大学的一个机构，专门从事全年龄段孩子的过程性评价，为学校和家长提供检验孩子潜能和进步的工具。Midyis，Yellis 和 Alis 为该中心的产品，分别针对 11—14 岁、14—16 岁和 16—18 岁学生的过程性评价。https://www.cem.org/

7.8　结论

学校理事会的理事们要承担诸多事宜,但这是有趣且重要的工作。他们可以给学校带来大不同,他们需要一名称职的秘书来做支持工作,但是理事会主席是最重要的人物。

如果你不能投入时间,担任理事毫无意义。

在理事之间和校长那里明确理事的角色和职责十分重要。理事过度介入学校的管理会带来问题,必须正面面对。

联合教育委托机构对不同层级的管理职责做清晰的界定也非常重要。

应该基于专项技能选聘理事。

> 诺兰原则[1]：所有在公共事务办公室工作的人员,包括公立学校理事会的理事,需要遵守的七大原则：
>
> 1. 无私。他们只为公众利益工作。
> 2. 廉洁。他们必须避免将自己置身于人际关系或其他机构的责任之下,这可能会不当地影响他们的工作。他们不能为了自己、家庭或者朋友获得金钱或者其他物质好处而工作或决策。他们必须声明并解决相关的利益和关系。
> 3. 客观。他们必须公正、公平地工作和决策,发挥优势,充分利用事实,不带成见和偏见。
> 4. 担责。他们必须就自己的决定和行为对公众担责,接受确保执行到位的审查。
> 5. 开放。他们应该采取开放和透明的态度工作和决策,不对公众隐瞒信息,除非有充足的或者法律上的原因禁止这么做。
> 6. 诚实。他们必须诚心诚意。
> 7. 领导力。他们必须通过自己的行为展现这些原则,他们必须积极推动并坚定支持这些原则,并愿意挑战随时出现的不良行为。

---

[1] 由英国诺兰勋爵于1994年提出的担任公职人员的七大原则,经过多年的发展,逐步成为从事公共服务领域人员的行为准则。

第 8 章　约翰佩里恩小学(John Perryn Primary School)，伦敦艾克顿区(Acton)

弱势背景学生取得长足进步。

约翰佩里恩小学有 440 名年龄从 3 岁到 11 岁的学生(比一般的小学规模要大),是一所地方政府管理的学校。68% 的学生的第一语言不是英语(全国平均数字是 20%)。在过去六年的某个时段,41% 的学生享有学校免费餐(全国平均数字是 25%)。

2015 年,学校在第二关键阶段的考试中,86% 的学生在数学、阅读和写作上达到了 4 级水平(全国平均是 76%)。但我们拜访约翰佩里恩小学的原因不是因为这些原始成绩,而是因为它所取得的进步(见表 8-1)。

表 8-1:2015 年 SATs 考试中从第一关键阶段到第二关键阶段提升了两级或以上的数据

项目 名称	阅读(%)	写作(%)	数学(%)
英格兰	91	94	90
约翰佩里恩小学	100	100	100
约翰佩里恩小学弱势群体学生	100	97	100
约翰佩里恩小学成绩差生	100	100	100

2016 年,这所学校成为英格兰数学进步最大的前 10% 学校之一。

学校招收的学生普遍学习困难。我们访问的那天,有 50 名学生是叙利亚难民,8% 的学生是居无定所的旅行者,只有 5% 的学生家长上过大学,许多学生来自单亲家庭,学生家长大多从事着最低工资的工作,其中很多是索马里人,他们的文化水平局限了学生本来应该接触到的阅读量。学生 4.5 岁的时候平均入学准备年龄[①]是 18 个月。

由于学生的这种情况,学校很难吸引到好老师。

8.1 学校采取如下措施

1. 2014 年,学校有了一位新校长布兰文·海威尔(Branwen Hywel),她决心将学

[①] 入学准备年龄:School readiness age,指的是孩子为进入学校开始学习的准备程度。

校的低水平和差声誉扭转过来。
2. 学校设定了高期望值——不容许任何一个孩子失败。

在每一节课后，老师记下孩子们没有掌握的概念（"错误的概念"），只要有可能，接受过特殊训练的助教在当天就给孩子做 20 分钟的补习……在午饭的时候，或者在历史/地理/宗教/科学/体育/艺术课的时候。学校仔细挑选助教，认真培训他们承担特定的教学任务。

在课堂，老师要帮助所有的学生，助教**不能**只关注能力弱的学生，不像其他学校那样。

助教每六周接受一次培训，每位助教都有一个专长领域，如写作或阅读。

学校通过申请奖学金让学生进入本地的私立学校。

3. 培训家长当好家长。

家长每学期都有工作坊。他们在学校的支持下开展自主阅读。在幼儿园和学前班，学校鼓励他们"留在学校玩"，学会如何和他们的孩子玩和交谈。

年长的哥哥和姐姐也接受培训，给他们的弟弟妹妹们阅读。

在学期**开始**的时候召开家长会，讲清楚这学期的安排。

学校将学习的核心指标写在作业本的背面，并将学习目标发给家长。

很多学生从家里带来的午餐营养较差，学校提供额外的水果和蔬菜。

现在，学校享有声誉，家长很容易配合，他们熟知校长，她拥有道德威信。

4. 监测教师。

助教接受培训以具备口头表达能力。

定期的工作评估明确高水平的要求。

对于尚不具备资格的教师（实习），学校会检查他们每周的教案，每周进行工作评估，并检查他们作业评判的情况。

5. 严明纪律。

以下是对学生不当行为的逐级处理办法：

1）警告。

2）坐到教室后面。

3）请出教室。

4）见年级组长。

5）在午餐期间留校一小时，见校长。

操场有很多老师值守，他们负责维持操场秩序，严格监控被批准开展的活动。这项工作将给老师额外付酬。

学生要穿帅气的校服。

6. 以学校为荣。

每当校长谈到"约翰佩里恩之道"，教师、家长和学生都感到无比骄傲。

7. 软技能。

学校给孩子提供多样文化体验，带他们去皇家阿尔伯特音乐厅、皇家节日音乐厅，并参观大学等等。

学校教孩子们如何交谈。

学校提供特定的项目培养孩子的抗压能力——可以失败但不能放弃。比如，树立一堵攀岩墙，教孩子在第一次失败以后如何坚持。

禁止使用街头俚语。

8. 保有员工。

学校能够做的重要的事情之一就是保有优秀的员工，学校不要求老师很长的坐班时间，课后评判作业的时间也得到限制。

约翰佩里恩是一所出色的学校，来自弱势背景的孩子在这里取得了长足的进步。

第 9 章　托盖特小学(Tollgate Primary School)，伦敦新汉姆区(Newham)

这是一所外联甚广的出色的学校。

托盖特小学位于东伦敦新汉姆相对贫穷的区域,学生年龄 3—11 岁,每年分两个学段招收 60 名新生,在校学生一共 490 人。它是一所地方政府管理的学校,同时也是一所教师培训学校,在教师培训学校联盟中与其他 40 所学校建立合作。

学校 51% 的学生在过去六年的某个时段享受学校免费餐。2016 年,弱势背景学生的表现和进步在英格兰排名前 10%。92% 的学生在阅读、写作和数学上达到了"预期标准",全国平均水平是 53%。

孩子们来自 40 个国家,在家里说着 55 种不同语言,只有 10% 的学生是白人,一半来自东欧,一半来自英国。78% 的学生的第一语言不是英语(全国平均数是 20%)。

汤姆·坎宁(Tom Canning)从 2004 年开始担任学校校长,我问他如何做到成功,他回答说:"我们简而为之,没有时髦的理念,从 A 到 B 走直线,达到最大效果。"汤姆在本区长大,他助力社区发展的决心推动着学校的发展。

9.1 学校的做法

1. 在幼儿园和学前班结束的时候,把所有孩子提升到一个高水平,所以,他们进入一年级的时候就比其他很多孩子超前。"我们从孩子入学第一天起就督促他们好好阅读和书写。我们没有参照以往的模式,即幼儿园 20% 的教学时间应该是大人引导,另外 80% 应该创造自由的环境,让孩子们从玩乐中学习。我们将这一比例变成 50/50。我们幼儿园的孩子就掌握了自然拼读,信心满满地进入学前班。我们这样做是因为孩子们在家里几乎得不到任何帮助,所以需要学校的推动。我们取得的成就不言自喻。"

   学前班结束的时候,92% 的孩子达到了良好的水平,40% 更好。在一年级的自然拼读测试中,92% 的学生通过。"我们如此优秀是因为我们在第一关键阶段的时候取得的非凡进步。这是我们成功的秘诀。""通常,其他学校的早期教育就是玩乐的地方,我们没有这样做。"

   学校为那些直接进入学前班而没有经历幼儿园教育的孩子提供浸入式课程,这样,他们就可以很快赶上。

2. 所有老师需要承担让所有学生进步的责任,不让任何一个孩子掉队,不让任何一个孩子因为没有进步而被责备。因此,学校每六周就会去老师那里听一次课,每两周学校高层管理人员会阅览每个孩子的书本,查看孩子的进步和评判质量。"学生学习最大的障碍是老师的低期望值。"如果一个孩子落后,老师需要解释为什么……每六周都要这样做。

如果有孩子跟不上,学校采取两类干预措施:

1) 如果上午发现孩子跟不上,下午随叫随到的专业老师就会见孩子。
2) 学生们被从课堂中叫出来,获得课时更长的额外帮助……这是一项干预支持计划。

学校不容许任何班级处于不正常的状态,所有班级都必须齐头并进。

学校里 25 名学生有苛刻和复杂的需求(比如自闭症),他们也同样被拽着做到成功。

六年级的时候,他们把 60 人分成三个班、每班 20 人,而不是两个班、每班 30 人,让缩小学生之间的差距变得更加容易。

所有综合学校的班级都会分成五个学生组,从第一组(能力最强的学生)到第五组(有特殊需求的学生,如刚刚接触英语的学生)。汤姆·坎宁认为第四组最有问题——学得慢的学生,好几年都没有进步。他把这些学生作为重点,使劲施压。学校不容许他们停滞不前。

3. 老师必须遵循"托盖特体系",在时长一小时的课堂上:

前 20 分钟用于讲授和确定课程目标。

后面 30 分钟用于重点突出的活动——比如写一篇长作文。

最后 10 分钟用于总结课程中的进步,并介绍后面的学习步骤。

学校对老师的要求是:

所有的作业日期和题目必须拼写正确,用尺子划上横线,字母大小一致。

常犯的拼写错误必须纠正,必须掌握关键词汇。

在数学上,如果作业不工整,老师必须提供正确的计算书写样板,供学生抄写。

在课堂,要给学生时间改错和练习拼写/更正的错误。

老师必须定期检查作业,确保进步显而易见。

老师必须鼓励学生参与,激励他们学习,用丰富的学科知识授课,教到点子上。

教研室组长必须了解每一个关键阶段的目标。

教研室组长必须每周监测记录本,确保学科水平。

教师要树立榜样,给自己和学生设定高的期望值。

教师需要准确和热情地传授知识,调动学生对课程的热情达到高水平。

4. 学生们花很多时间在"拓展作业"上。他们每周都要完成五篇长作文,五道数学题、一份地理作业和其他课程作业。

所有学生都有家庭作业,甚至包括幼儿园小朋友(3岁)周末都有作业。大一些的孩子每周做五份作业:数学、阅读、写作、乘法公式和拼写。学前班的孩子每天是15分钟,到六年级则增加到40分钟。

5. 老师:

"我不会让培训机构老师进学校。2004年,我们花费了30万英镑聘请机构老师。"

学校培训自己的老师,建立了SCITT(以学校为中心的入门教师培训);他们每年培训35名老师,然后挑选最优秀的留任。

他们精心管理非教学员工的预算,使老师的待遇好于其他学校。2014—2015年老师的平均收入是4.1万英镑,全国平均水平是3.6万英镑。

他们基于老师的实力而非年龄提拔他们。

他们能够保留好老师部分是因为他们提供了额外的在职继续教育——员工有机会到新加坡、中国上海、荷兰和芬兰参加培训。

"我们的员工足够优秀,学校比得上伦敦西区五星级酒店。"

"我们的员工很少生病……如果他们生病,我们会逼他们回家休息。"

我问托盖特学校的副校长,优秀的老师具备什么特点。他说,"优秀的老师必须有丰富的学科知识,但是最重要的还是他们的个性——能够驾驭课堂的能力。还有就是教学法,这能够被教会。优秀的老师的校外生活也情趣盎然——让他们多少有那么一点儿逍遥的时光。"

6. 课程设置:

"我们的课程设置是为当地社区量身定做的。比如,地理课上,我们拿印度举例,音乐、艺术和戏剧课是我们的核心,我们还定期上演莎士比亚戏剧。"

还有:"所有课程都以口语表达开始。"

所有学生从三年级起(7岁)学习法语和汉语——汉语学习与中国人在本地区的巨大投资有关。

四年级的学生学习国际象棋,以便教他们逻辑。

7. 家长：

学校有一个家庭教育中心，两名员工负责支持工作，一名员工负责推广工作，中心会在学生入学之前就与他们和家长见面。所以，学校在孩子0—3岁的时候就认识他们，为家长提供在儿童看护、健康和入学准备方面的建议。学校还帮助家长处理资金或签证事宜。这种方法让家长更加信任学校。

他们组织家长参加工作坊，让他们学习：英语、自然拼读、数学、计算机，以及如何辅导孩子作业。

"家长对我们充满尊敬，就像他们在印度和巴基斯坦尊重那里的老师一样。"

学校给家庭背景很差的家长或者掉队的孩子写信，邀请他们参加工作坊。

学校不容许任何一个孩子放弃任何一门课程，对于性教育课程，学校会在上课之前将所有课程材料展示给家长。

"如果家长问'我能带孩子回巴基斯坦三周吗？'，我会说'不能……如果你这样做，你就会失去在这所学校的学位。'"

8. 学校形象：

"学校环境必须美得惊人。我们要把学生置身在一个充满生机的绿洲之中。"

学校到处粘贴着图画、海报和3D雕塑。

老师办公室空间宽敞，吸引力十足。

9. 外联：

学校通过自己的SCITT体系培训老师。

他们也支持其他学校。比如，他们接管了克里夫小学(Cleves primary school)，将它从2013年的"需要改进"提升到2015年的"杰出"[1]。

他们拥有40所合作学校，提供校际之间的支持和老师的职业继续教育。他们有一个由49位教育专家领袖组成的团队，去其他学校提供支持。

正如汤姆·坎宁所说，"许多教育家可能对我们的做法持完全否定的意见，但是对我来说，所有的努力都归结于让学生出成绩，以及在弱势群体社区给学生们一个最好的开端。"

---

[1] "需要改进"和"杰出"是Ofsted督查的评分结果。

第 10 章　方舟国王所罗门学校(Ark King Solomon Academy), 伦敦玛丽勒伯恩区(Marylebone)

弱势群体孩子取得杰出的 GCSE 成绩。

第10章 方舟国王所罗门学校(Ark King Solomon Academy)，伦敦玛丽勒伯恩区(Marylebone)

这所学校开办于 2007 年，校舍是一座靠近韦斯特韦天桥(Westway Flyover)的老旧二流的大楼，四周是多层维多利亚和爱德华式的公寓。2016 年，学校 60% 的孩子在过去六年的某个时段享受学校免费餐，英语对 71% 的学生来说是外语(学生多数来自伊拉克和孟加拉)。2016 年，95% 的 11 年级学生取得了包括英语和数学课程在内的 GCSE 好成绩，这是英格兰的最佳成绩。他们的八门成绩进步值是 1.07，44% 的 GCSE 成绩是 A^* 或者 A，72% 的学生取得了 EBacc 证书(如图 10-1)。

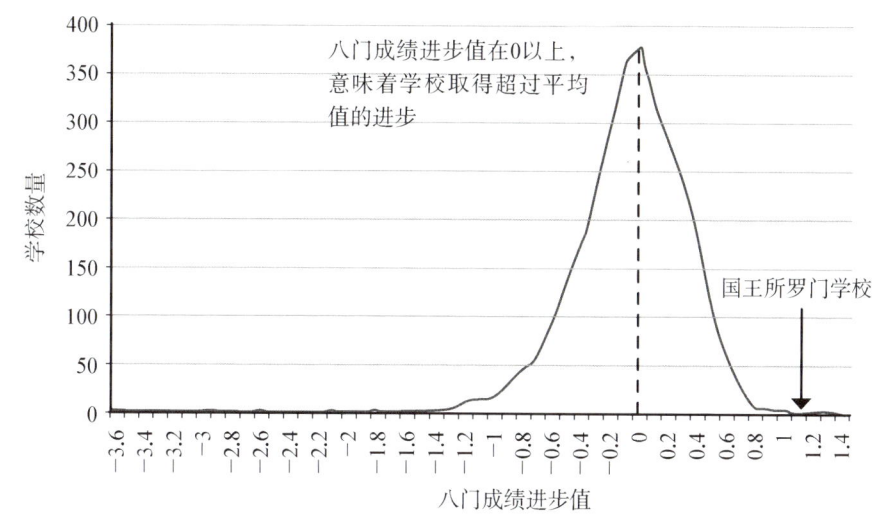

图 10-1：2016 年政府资助的主流英格兰学校八门成绩进步值的分布

(来源：教育部 第四关键阶段成绩数据)

这是一所从幼儿园到 18 岁的贯通式学校，每个年级有 60 名学生。我们早上 7:45 到达学校的时候，副校长在学校的门口迎接着每一位学生，和他们握手，叫出他们的名字欢迎他们，要求他们有眼神交流，学生们都照做了。许多学生一手拿着乐器，一手拿着莎士比亚选集。

10.1 学校是如何做到的呢？

1. 教师充满激情地相信所有孩子都能够学好。学好是指无论孩子来自什么样的家庭背景，都能够进入一所好的大学。这意味着他们**必须**在 GCSE 课程中取得 7 到 8 门至少 B 的成绩，他们的确做到了。连教室都是按照知名大学的名字来命名的。

2. 学生非常遵守纪律，学校不放过任何的监控盲点。学生入校之前，副校长和校长到每一个新生家中做家访，在孩子在场的情况下，他们要和每一位家长一行一行地解读家长协议的内容，无论他们来自什么宗教信仰，他们必须同意孩子学音乐以及在学校就餐，接受每天选择一样食物的安排。如果家长不好沟通，就停止讨论，在那周晚些时候安排家长私下见面，直到达成一致。

   如果家长拒绝让女儿去露营，学校是不会由着家长的。他们会专门与家长协商出一个办法，比如"她必须参加五天夏令营中的一天，明年是两天。"

   副校长会没收学生家里的游戏设备。

3. **第三关键阶段即 7/8/9 年级最关键**。学校的目标是在九年级结束的时候让每个人都达到高水平，这样他们就很有可能在 GCSE 中取得好成绩。

   因此，他们在第三关键阶段提供有限的几门课程——只有英语、数学、科学、法语、音乐和体育（见表 10-1）。

   学生们在 30 人的混合能力班上课。

   任何落后的学生（如果学生 11 岁才进入这所学校，他们就会落后）在**上课前**得到额外辅导（而不是在课堂上），因此课程准备充分。

表 10-1：第三关键阶段的课程设置

	周课时数	
第三关键阶段　课程设置	典型的独立委托学校	方舟国王所罗门学校
英语	4	8
数学	4	8
科学	4	6
艺术	1	0
舞蹈	1	0
戏剧	1	0
课外活动	1	0
人文	4	0

续　表

第三关键阶段　课程设置	周课时数	
	典型的独立委托学校	方舟国王所罗门学校
计算机	1	0
法语	2	4
音乐	1	2
个人发展	1	0
体育	2	2
劳技	2	0
总计	29	30

每天六节课，每节课 55 分钟。

学校采取新加坡和上海的全会式方法教数学，鼓励学生对概念的深度学习，学生们必须准确地掌握了每个概念才能够继续往下学。

两年的第四关键阶段之所以取得成功，是因为学生在 14 岁的时候，他们在英语、数学、科学和法语上都大大超前——这些课程可以顺利对接七门 GCSE 课程。他们可以很容易在第四关键阶段的两年中多学三门 GCSE 课程（从地理、历史、音乐、艺术中选择，宗教教育是必选课）。第四关键阶段有三种班型：30人、20人和10人，成绩最差的班级安排最好的老师。

4. 在校时间长：7:55am—4:00pm，外加两个小时的惩罚性或未完成作业的补写时间。午饭只有 30 分钟，课间 10 分钟。

每晚，学生要做两个小时的作业，必须在第二天早上八点提交给班主任。如果学生没有完成作业，老师会给家长发短信——学生那天必须在学校呆到下午六点。每位老师都有一部工作手机，任何家长和学生可以在晚上 7 点前拨打，因此，没有任何理由不完成作业。

5. 学校规模小，因此充分了解每个学生的情况。

6. 这所学校是方舟联合教育委托机构的连锁学校之一，一旦需要，委托机构也会提供帮助。

10.2 我们更多的观察

学生们多数情况下是在同一间教室和固定的一组同学上课,老师换教室,而不是学生。所以,楼道中的吵闹问题就不会出现,学校非常安静。

在一年中,**所有**班级的同一个科目由同一个老师教,比如,七年级的英语老师其他什么课都不上,只是给三个班中的每个班每天上两个小时的英语课。

学生做好事有奖励,做错事有惩罚。这些被折成"英镑",可以用来"买"学校组织的外出旅行,学校希望通过这样的方法教学生懂得努力和奖励之间的关系。没有"英镑"的学生就不能参加出游,而只能呆在学校上课。

学校借给第三关键阶段的每个学生一样乐器,每周学习两小时。所有学生都参加乐队,目标不是培养伟大的音乐家,而是培养学生的团队合作、集中精力和严守纪律。

所有第三关键阶段的学生每年要演出一场完整版的莎士比亚戏剧。

学生们需要达到五个 GCSE 的 B 才能进入学校的高中。但是,有些科目必须得 A,才能在高中继续学习这些课程。

学校劝说学生们申请伦敦以外的大学,因为学校认为,总的来说,上大学却住在家里,会影响学生获得他们融入社会和积累找到好工作所需要积累的经验和技能。

学校要求学生必须像在家一样吃午餐——六名学生一桌,加一名老师,他们会开展大人之间的对话。食物无需自取,会被送到餐桌上。

10.3 方舟学校

学校是方舟学校联盟中的一员。方舟学校联盟是英格兰最成功的独立托管学校组织之一,他们这样形容自己:

> "我们所有的学校有他们自己的理念、校服和特色。但是,它们共享一个

第 10 章　方舟国王所罗门学校（Ark King Solomon Academy），伦敦玛丽勒伯恩区（Marylebone）

使命：确保每一位学生能够进入他们自己选择的大学或职业。

为了实现这一使命，我们的学校遵循统一的基本原则，我们称之为六大支柱：

1. **出色教学**

   老师对学生成就的影响超过其他任何因素。我们和老师们并肩工作，以培训和发展支持他们，以便他们能够出色地完成教学。为了确保没有一个学生掉队，我们研发了数据管理工具，帮助老师监测学生的进步——它显示什么时候学生或者其实是老师需要额外的支持。

2. **高期望值**

   我们相信每个孩子都能够取得伟大的成就，因此，我们对所有学生寄予远大期望，我们竭尽全力去实现它。即使是对最薄弱的学生，我们也不降低对他们的期望。

3. **示范行为**

   我们的学校具有值得尊敬和井井有条的环境，老师可以专心教学，学生可以专心学习。我们讲授、明确和强化得体的行为举止，我们对不当行为绝不容忍，我们不接受任何借口，我们也不制造任何借口。

4. **了解每一个孩子**

   我们将学校管理得井然有序，以便每个孩子认识学校的每一位大人，大人们也认识每一个孩子。我们认识到如果家庭和学校共同努力，孩子们会做到最佳。我们让家长对孩子的目标有清晰的了解，我们邀请家长参与学校所有层面的活动。

5. **先深后广**

   如果孩子在英语和数学上打下牢固的基础，他们会发现学好其他课程变得更容易。这就是为什么我们将深入学好这些课程作为优先事宜，给予我们的学生最好的成功机会。

   我们研发了数学全会式教学法，我们的目标是提高学生们的数学成绩、喜欢度和信心。这个方法基于全球实验评估的结果，也得到 Ofsted 的认同。

   为了培养学生对阅读的喜爱，发展流利的沟通技能，我们还给语文和英语更多的时间，我们与语文动力（Drive for Literacy）机构合作，确保我们所有的老师能发现学生在发展语文技能上面临的障碍。我们提供教学工具和专业性指导，让老师能够给予那些需要帮助的孩子最好的支持。

6. **更多学习时间**

    为了确保学生有充足的时间学习核心课程和开展课外活动，我们很多学校都有更长的在校时间，其他学校则在周末和假期开放，提供精英班和复习课程。许多方舟学校提供住家体验、一日游和夏季学校的活动，每一所学校都不能浪费任何时间——每一天的每一小时都要投入到孩子的学习中。

方舟联盟学校，特别是国王所罗门学校，都是杰出的学校。

第 11 章　方舟博灵顿戴恩斯学校(Ark Burlington Danes Academy),伦敦翰墨史密斯区(Hammersmith)

这是一所快速转变的学校。

2008年，莎莉·科茨(Sally Coates)成为位于翰墨史密斯区博灵顿戴恩斯学校的校长。2014年她离开的时候，学校已经从一所最差的学校之一转变成为弱势背景学生占比很高的成绩最好的综合学校之一。我们很幸运，她在《固执己见》一书中记录了那次转变，描述了她所采取的措施。

2016年，这所学校64%的学生在过去六年的某个时段享有学校免费餐，47%的学生第一语言不是英语。

学校如何实现了快速转变？

11.1 即刻行动

莎莉曾是一所位于伦敦南部的成功女校的校长。那所学校也有相当数量的免费餐学生，因此，她知道成功是什么样的——平静、快乐、有秩序的环境，以及出色的考试成绩。她决定在上任第一天就展示铁腕领导力。为了做好这一点，她调研了博灵顿戴恩斯学校的问题，知道该采取什么行动，在上任之前就很清楚要实现什么改变。

莎莉具有强有力的性格，如同她在书中所说，我们可以培养人们的校长领导力，"但是领导力很大一部分就是性格"。她坚信她能够改变这所学校，并且将这一信心传递给了学生和老师。课堂教师是能够带来最大不同的人，但是他们依靠校长来创造最佳环境：行为规范、社区组建、发展定调和教育理念。她告诉员工，他们要在两年内，让取得五门或更多GCSE好成绩的学生数量翻倍。

最开始她就明确地聚焦教学质量。每周五她会检查每位老师下一周的教案，这样她可以看到课程是否具有挑战，是否留有作业，课程是否对能力强和能力弱的学生都适合。这样做使她能够确保课程都经过精心设计。

为了营造事物向好改变的氛围，她对学校的物理环境进行了微小的、花钱少的改变。她在运动场安装了10个全天候乒乓球桌，给楼道铺上了地毯，在场地周围放上了盆栽植物和吊栽花篮，她购买了一些门吸，鼓励老师敞开门教学，她引进了新式带外套的校服(免费)以及校包。

莎莉向学校高层领导团队了解哪些是薄弱老师，他们说大概1/3的老师都不够好。她马上与这些老师见面，告诉他们被认为不够格，会有人去观察他们的课堂。那年,他们其中的 21 人辞职离开学校。"如果你总是把学生的利益放在第一位的话,这样的谈话就成为可能。"

她鼓励优秀的老师留任。员工缺勤率很高,于是她对一学期里 100% 全勤的老师进行奖励。

她宣布所有班级会根据能力分班,每个年级的学生在每年固定的时间点参加考试,他们的成绩按照排名公示。

11.2 明确基调和理念

莎莉必须搭建体系,用于传递她的信息,特别是共同庆祝取得的成就,因此:
- 每天两次集会。
- 每天一次员工总结会。
- 每周员工公告栏会宣传好的做法。
- 建立学生领导机制。
- 每天结束的时候有一节班主任课。

11.3 行为举止

在她上任校长的第一天,她给资深老师挑出的长期调皮捣蛋的 73 名学生写了信。信中说,如果没有家长陪伴,他们不能返回学校。通过与这些家长的面谈,她把家长拉到了同一战线。

她精准无误、毫不含糊地明确的规章制度和惩罚措施将被有条不紊地实施。你要是上学迟到,你知道会发生什么——当天留校一小时。课堂老师总是希望学生行为得当,他们会注意到任何破坏纪律的举动,采取不太扰乱课堂的方式来解决。如果作业迟交,老师会知道,并且采取行动。懒惰和捣乱的学生会在周五留校两个小时,同时也有每天留校写作业的机制。

她任命年级组长承担维持纪律的特殊责任，他们监测留校学生名单，并且和学生、家长以及咨询师一起不断改善情况。

她任命一名纪律管理员，在学校的外围、楼道里巡查。捣蛋的学生会被留校集中在一间屋子里，由纪律管理员看管。

特定的日常行为规范包括：

- 在楼道的表现。
- 午餐排队。
- 在教室外站队。
- 进入教室——老师在门口迎接学生，所有班级都有座位表。
- 在桌子后面等待。
- 课程开始前桌上应该放好什么，包括课程表和铅笔盒。
- 出勤报到。
- 作业……在课程开始的时候显示在幻灯片上，要抄写在作业日程表上。
- 发放材料。
- 展示作业。
- 迟到了应该怎么做。
- 回答问题。
- 小组活动。
- 提交作业。
- 一排一排地离开教室。

11.4 考试成绩

老师们必须坚信所有学生都能够取得好成绩——最关键的是努力，而不是天生的能力。这意味着老师们必须知道哪些学生感到课业难——因此，需要定期的提问和测验。然后，老师需要给吃力的学生提供额外的帮助，他们也必须跟上课程，全力以赴。

莎莉推出了一个课堂观察和作业审核计划，每六周收集学生和教师表现的数据。

学校按照学生努力程度排名，公布所取得的成绩。

一段时间内,她招聘了优秀的员工承担核心岗位,她尤其坚持招聘课程特级教师(subject specialist)。

她减少了临时教师、代课教师和教学助理。

她想尽方法表扬学生和优秀课业,她认为刻苦学习和学业成就应该被人羡慕而不是被人嘲笑。

从一开始,她就向学生提供考试练习,涵盖每个学生所学习的每门课程,教学生考试流程——使用墨水笔、保持绝对安静、合理分配答题时间,让学生看到努力和成绩之间的关联。

她建立了牛剑项目,支持更有能力的学生提升他们的文化素养。从七年级开始,他们就要参加一系列学术领域的周演讲和讨论会。

"赋能课程大纲"是拓展学生能力的一种做法,特别是在被忽略的第三关键阶段,例如,他们要学习常规上在第四关键阶段才会涉及的课文。

学生的成绩数据被收集起来应用于以下目的:

- 建立标杆,发现学生潜能。
- 告知家长和学生他们目前的课业水平。
- 用于给学生分班。能力低的班级规模更小,配备最好的老师,这样的班级不到20人,而能力强的班是30人。
- 制定个人目标,每个学生的课程表中都有一个贴纸,显示他们目前的课程成绩和他们预测的课程成绩。
- 区分最好和最差的老师。
- 如果学生在应该取得的和实际取得的进步上不相符,马上实施干预。

所有学生每个学期的每门课程都要被测评。核心课程每年六次考试,每次考试前发给学生复习指南。

每次考试过后,在公共区域公示成绩排名。一般来说,它的作用是激励学生。由于它引人注目,所以,就被用来强调学业成绩的重要性。家长对成绩排名的理解比对其他类型的数据更到位。

对于11—14岁的学生,学校计算他们所学课程的加权合计成绩,这样每个年级就可以按照总体学术能力进行排名,从1到180。对于14—18岁的学生,学校公示他们参照目标成绩所取得的进步。在高中课程上,则公示参照他们首选大学的成绩要求的所取得的进步。

学校为 11 年级的学生制作了一个文式图①,悬挂在教师办公室——三个圆圈,一个圆圈中包含**没有**在数学考试中得 C 及以上的学生名字,一个包含没有在英语考试中得 C 及以上的学生名字,一个包含没有在其他科目考试中得 C 及以上的学生名字,这样就可以看出哪些学生只是一门课程很差(所以,学校只需要针对这门课程做额外辅导即可),哪些学生在很多课程中都表现较差(所以,需要年级组长行动起来,叫家长、把学生写入监测报告,并要求他们参加周六的额外课程)。

每月一次,学校给 11 年级和 13 年级的学生所学的每门课程一个预测成绩。三天之内,学生就此与他们的导师见面。导师均由资深老师担任,学生的老师们事先把学生的背景情况告诉了导师,例如要做的作业和一些具体的担忧。导师和学生一起讨论月度预测成绩,与他们的目标成绩相比较,就计划采取的行动达成一致。然后,教研室再开会讨论每一个没有达到目标的孩子。

学校在放学后、周六或者节假日提供额外课程,承担授课的老师拿到额外报酬。学校给家长和学生针对达到至少 C 的成绩需要学习什么提出明确的标准。

11.5 老师

在试用期内,学校可以劝退老师。

学校的推荐信采纳量化形式,推荐人给好老师的各种特点打分——这比直白的文字更可信。

每年在六个半学期的前一天,由博灵顿戴恩斯学校老师主导教师培训日。每个学科教研室和学科知识都很关键,因此,培训主要围绕学科展开。

莎莉提出,学校的各种杂事很容易就把老师变成了全职社会工作者或者警察,因此,学校文化必须持续地将老师的注意力引回到教学上。每周,一名副校长会给全体员工发邮件,提供优质网站资源和博客清单;每周二,一名老师与所有员工分享一项有关教学的宝贵建议。

学校给老师提供在伦敦国王学院攻读教育硕士学位的津贴。

---

① 文式图:Venn Diagramme,即三个圆圈相互交叉在一起形成的圆圈和重叠处阴影。

代课的老师被取消,在校老师必须承担起所有的代课任务,特别是高层管理者。如果员工缺勤,需要补课。全年全勤的员工得到奖励,奖品是一瓶葡萄酒或购书券。

在工作时间进行的职业继续教育被压缩,以避免由其他老师替课。

学校任命了尽可能多的领导职位,以促进内部晋升。

在秋季学期的第一天,每位员工会收到他们学生上学期的公共考试成绩,科目与科目之间会做比较。

每位老师每年有三次正式的听课。如果一次课程被判定不符合要求,就会安排被再次听课;如果一名老师有多次课程不符合要求,就会启动对他的培训程序。

11.6　家长参与

学校通过以下方式让家长与学校齐心协力,对学校事务有参与感:
- 使用调查问卷、复习指南以及简报提升家长对自己孩子的期望值。
- 签署家庭—学校合同/协议。
- 校长在每天放学时守在校门口。
- 家长如果没有来参加家长会,要追问原因。
- 给成功的学生家长写明信片。
- 为家长提供工作坊,教他们如何帮助孩子。
- 为家长解读成绩数据。
- 把作业发到网上,家长和学生都能够看到布置了什么内容。

11.7　组织架构

学校开校时间变成早上 8:30 开始,下午 3:50 结束。

学校将年级分为若干导师组,作为学生关怀的最小单位。将课程作为学术发展的最小单位,每个课程都有教研室,学校鼓励教研室研发资源,与全体员工分享。教研室主管负责这一科目学生和老师的表现，为每个考试研发复习指南、听课和分析 GCSE 以及 A-level 的成绩数据。每三周举行一次教研室会议。

所有学生被分到六个宿馆中。竞赛以宿馆为单位进行，宿馆可以起到鼓舞学生士气的作用，学生们所有的学校活动都可以获得宿馆的积分奖励，包括课业、准时到校、慈善等。

11.8　明星校长离开之后

希尔等人的研究(2016)显示，莎莉·科茨采取的这类措施容易导致在短期进步以后出现倒退[①]。

但这种情况没有在博灵顿戴恩斯学校发生，因为新的校长迈克尔·里布顿(Michael Ribton)不仅与莎莉同时加入学校，担任主要副校长，而且是以上提及的大部分举措的负责人。

我问迈克尔，以他的角度，没有出现倒退的关键措施是什么：

1. **聚焦教和学**。这句话对于非老师来说就是老生常谈（学校还能聚焦别的什么吗）。但是，曾经在学校工作过的人，特别是来自困难和弱势背景的学生集中的学校的人，会知道学校的工作很有可能会聚焦在学生带到学校的所有大事小情上——家庭问题、精神问题、行为问题。学校需要处理这些事情，但是老师就是应该教书的，而不是成为社会工作者。

   包括校长在内的学校高层领导每人担任一个 11 年级小组的导师，每年辅导五次，推着学生跟上学习。

2. **保持良好的行为举止**。行为不当，什么也做不成。学校实施简单的四步纪律法：口头警告，然后是书面警告（把学生的名字写在黑板上），然后是 24 小时呆在惩罚室，由一名不听废话的纪律管理员监管，最后的办法就是在家呆五天。

3. **持续关注定期考试，公布排名**。每六周有一次考试，学生们根据成绩重新分班。改革后的 GCSE 更加强调结课考试，减少了对平时课业测评的要求，正好

[①] 即明星校长离开以后，学校恢复原样。

适合博灵顿戴恩斯学校的情况。11 年级在一月份还有一个模拟考试发榜日——学校将学生的成绩装在信封中发给他们,模拟他们所有人在即将到来的八月份要体验的经历①。他们仍然坚持每年两次,将学生在同年级的成绩排名和进步情况告诉他们,并将结果上墙。

4. **给予 11 年级落后的学生以支持**。学校为 11 年级的大部分学生提供周一到周四课后额外一课时的辅导。
5. 学校希望成为一所自我完善的学校,每年思考什么事情可以做得更好。
6. **来自方舟学校联盟的支持**。联合教育委托机构提供多种帮助,他们并不给学校强加一个做事的模式,容许每个学校找到自己的发展出路。
    - 方舟学校联盟将办学目标设定在超过全国平均水准,并期望旗下学校能够实现这一目标。
    - 他们每年三次派出督查小组到校检查,两个提前通知,一个不提前通知。
    - 校长每年接受三次绩效考核。
    - 方舟联盟学校相互交流好的做法。
    - 他们安排员工访问其他在英国的好学校,向他们学习,这很有价值。
    - 他们安排员工参加定期的职业发展培训。
    - 他们每个核心科目都有专家,帮助学校改进教学。
    - 他们安排学校互换内部考试试卷,检查老师是否按照要求评判作业。
    - 他们管理人力资源事宜,为招聘做广告。
7. **英格兰教会的支持**。除了方舟学校联盟之外,学校还得到英格兰教会的支持,校长可以与其他教会支持学校的校长联谊,他们与和方舟联盟学校的校长群不是一组人。

博灵顿戴恩斯是一所杰出的备受欢迎的学校,它提升了弱势背景学生的考试成绩。

---

① GCSE 考试成绩正式发布时间是在八月份。

第 12 章 西伦敦独立学校(West London Free School),伦敦翰墨史密斯区(Hammersmith)

这是一所勇于创新的独立学校。

第 12 章　西伦敦独立学校(West London Free School)，伦敦翰墨史密斯区(Hammersmith)

西伦敦独立学校是最早的一批独立学校，2011 年由一组家长在翰墨史密斯区创建，包括媒体人托比·杨(Toby Young)。2016 年，学校首次 GCSE 考试成绩超过了多数公立学校，77% 的学生取得了五门或五门以上包括英语和数学在内的 GCSE A^*—C 的成绩，38% 的学生 GCSE 成绩为 A^*/A，它的八门成绩进步值为 1.14。

这是了不起的成就，因为独立学校在第一年很难招收到好学生，也难招聘到好老师。独立学校知道人们会用学校第一次考试成绩对它们做出评判，但这其实很不公平。

这所学校在办学的头五年经历了三位校长——这在独立学校并非罕见。想从头开始建设一所学校的能人少之又少。学校的理念和目标在开校前已经由创建人确定，而且他们对建校付出了那么多努力，他们肯定对学校和校长的要求很高。

这所学校每个年级有 120 名学生，最大班级规模是 24 人。2016 年，三分之二的 11 年级学生在这里继续上高中，学校又招收了 40 名高中新生。

我们访校时对学校一些与众不同的特色印象深刻，学校的网站写道：

主要特色

- 高期望值，坚定地聚焦学术成就。
- 传统的课程设置，包括直到 14 岁必修拉丁语。
- 严格的纪律要求。
- 小班教学。
- 竞争氛围，特别是比赛的时候。
- 出色的学生关怀。
- 活跃的家长和社区参与。
- 音乐特长。
- 课外活动丰富。

目标

- 鼓励所有孩子，无论何种背景，都能够做到自信、刻苦和目标远大。
- 将核心知识体系传授给所有学生。

- 100%的学生达到至少8门GCSE课程C/4分或以上，包括数学、英语、英国文学、至少两门科学课程和一门外语。
- 让更多的学生进入本校的高中，学习高要求的高中课程，并最终进入一所优质大学，或从事一份有前途的职业。
- 吸引和保留优秀的老师。

以下是西伦敦独立学校的主要特色。

12.1 传统的人文课程设置

学校刻意复制了私立学校对艺术和人文课程的重视，特别是历史。这让学校发生了耳目一新的改变，因为大多数公立学校都强调科学和技术特色。学校要求学生必修拉丁语，直到14岁。

学校将这样的课程设置称为"传统的人文教育"，它具备这样一些要素：
- 学术课程。
- 古典和现代语言。
- 数学。
- 英国文学。
- 思考"人类面临的严峻问题"，比如核武器，极端主义，恐怖基地组织ISIS。
- 阅读。
- 音乐和艺术。

对此，学校网站解读道：

"传统的人文教育是指从人文和科学最好和最重要的作品中借鉴材料和方法，开展严谨而广泛的以知识为基础的教育。这种教育的目标不是仅仅为培养学生为工作和职业生涯做好准备，更是要转变他们的思维，让他们能够做出理智和有根有据的判断，参与建设性的对话和辩论——不光是当代事务,还有贯穿历史的人类所面临的棘手的全球性话题。我们希望孩子们离开学校的时候充满信心,信心来自他们拥有对基础知识的储备和运用它的能力。我们相信,独立的思维,而不是屈从于社会—经济期望,是优质教育的目标。

我们相信,我们课程设置的聚焦点应该是知识通识体系。目前为止,这是所有学校希望讲授的东西,作者为求知的门外汉准备的他们认为必须掌握的背景知识——它是在现代人文民主中公众共享的参考框架,有时被称为'知识资本',或'文化素养'。储备这些常识会让我们的学生长大成才,我们所说的传统的人文教育就是传输这些知识,并且培养学生智慧地运用它的能力。"

学校的创建者认为私立学校提供了很多公立学校没有提供的教育,其中一项就是"人文课程"。2016 年 7 月,12 名学生选择了 A-level 中世纪历史课程,14 名选择了拉丁语,他们对此尤为骄傲。2016 年,45 名学生参加了 GCSE 拉丁语的考试,音乐考试居然有 55 名学生参加,8 名学生选学了古典希腊语作为额外科目。

音乐对学校很重要。学校每年任命 12 名学生音乐学者,其中有些人并没有取得过乐器考试等级。40% 的学生学习一门乐器,还有 24 名流动任教的音乐教师。2016 年,57% 学习 GCSE 音乐课程的学生取得了 A^* 或 A 的成绩。

12.2 知识而非技能

遵循赫士(见第 138 页)的研究发现,西伦敦独立学校相信传统的教学方法和仅仅掌握知识的威力——事实而非"技能"——因为所有理解的基础是知识。如果你不知道很多法语词汇和语法,你不可能说得好法语。如果你没有牢牢掌握历史事件的日期、人物和经过,你不可能欣赏历史。

例如,这里是学校第三关键阶段的艺术课程大纲:

- 埃及艺术——雕塑与设计
- 古希腊和理想主义形式,古典艺术——硬笔绘画、构图、上色、象征性与设计

- 中世纪西欧——设计、硬笔绘画和多媒体
- 詹姆斯·里兹(James Rizzi),流行艺术入门——硬笔绘画、设计、软笔绘画、笔头反思
- 哥特式艺术和建筑——设计、硬笔绘画与多媒体
- 拜占庭艺术,莫塞克设计——设计与多媒体
- 吉姆·戴恩(Jim Dine),系列和概念绘画——设计、软笔绘画、观察
- 艺术和手工——图案设计、镶嵌设计
- 印象派和点彩画派,色轮和混光
- 后印象派,罗丹——设计与雕塑
- 日本,鱼风筝——多媒体
- 自霍尔拜恩时期以来的人物画像

学校的中心目标是让多数学生进入优质大学。

西伦敦独立学校的每门课程要求都比其他学校要高。学校网站上有复习手册,可以浏览①。

这是2016年夏季考试中八年级的复习指南内容(历史课程):

1) 亨利八世

　　a) 作为国王,年轻的亨利八世是什么样的人?

　　b) 为什么英格兰在1534年"与罗马决裂"?

　　c) "英格兰宗教改革"期间发生了什么事情?

　　d) 亨利八世的统治是否成功?

2) 玛丽一世、伊丽莎白一世和詹姆士一世

　　a) 玛丽一世是否称得上"血腥玛丽"的绰号?

　　b) 伊丽莎白一世成为女王后必须要做出哪些决定?

　　c) 英格兰如何打败了西班牙的无敌舰队?

　　d) 为什么火药阴谋者要炸毁议会?

3) 英格兰内战

　　a) 查理一世作为国王犯了什么错误?

---

① www.wlfs.org/docs/YR_8.pdf

b) 为什么内战在 1642 年爆发？

c) 为什么议会赢得了英格兰内战？

d) 为什么查理一世被判叛国罪并被处死？

4) 联邦制与王政复辟

a) 在克伦威尔联邦制下的生活是什么样的？

b) 查理二世应该被纪念为"快乐皇族"吗？

c) 1666 年的大火如何改变了伦敦？

d) 在王政复辟时期英格兰的生活是什么样的？

5) 乔治王朝

a) 为什么乔治一世在 1714 年当上了英格兰的国王？

b) 罗伯特·沃波尔是英格兰的第一任首相吗？

c) 1745 年詹姆士党叛乱是如何被平息的？

d) 乔治王朝统治时代的英格兰的生活是什么样的？

以上可以看到，学校遵循了第三关键阶段的国家课程标准，但是提高了要求。

学校使用的教材富有挑战，很多由学校教师编写。10 和 11 年级每个班有两套教材——一套是课堂学习，另外一套是家庭学习——这意味着每年额外 5 万英镑的花费。

每节课都有 25 分钟静默写作时间，所以，学校环境非常安静。

测验和考试非常频繁，所有内部考试都由外部专家审核——考题、评判和成绩分级。

教学重点在知识、教学和考试、再教学，强调掌握细节和长篇写作。

12.3　不容许任何一名学生掉队

学校专心监测所有学生，信条是"严格要求才是善良之举"。

学生必须完成作业。如果没有做到，当天就要学生留校，学校高管会负责此事。这是一个很好的体系：所有学生、老师和家长都清楚不完成作业的后果，而且不需要老师在课堂为此耗费时间。

如果学生学习费劲,他们就容易放弃。学校会请来出色的志愿者林赛·约翰斯帮助鼓励黑人孩子。

非高利害的测验是学校的日常。

学期结束的时候,学校给学生发放进步和达到的成绩。

12.4 关照好员工

学校采取敞开门上课的文化来聚焦课堂质量。每周五有一个自愿参加的早餐会,4/5 的员工会出席。新员工每周接受 2.5 小时的培训。学校不容许员工超时工作,所有人下午 5 点之前离校,所有补课由资深老师承担。

12.5 课程设置

课程设置(见表 12-1)

表 12-1:第三关键阶段

课程	周课时数
英语	4
数学	4
科学	4
艺术	1
古典	2
宗教	2
地理	2

续 表

课程	周课时数
历史	2
现代外语	4
音乐	2
体育	1
比赛	2
总计	30

第四关键阶段

这个阶段的课程是生物、化学、物理、英语语言、英国文学、数学、一门语言、一门历史或地理，以及从法语、德语、拉丁语、西班牙语、历史、地理、艺术、音乐、古代文明、体育和宗教教育中任选两门。

学校严肃对待体育运动，在它的网站上这样写道：

> 体育教研室执行"不接受假条"的政策，它认为如果学生能够来学校上课，就能够开展体育活动。尽管有些伤情或疾病让学生不能参加体育课的全部项目，所有学生还是会被要求换上运动服，开展他们力所能及的活动，可能包括辅导他人、做裁判、有限参与、或加入其他小组开展适宜的活动。

所有学生被分到宿馆，以宿馆组队参加比赛，这也是复制了私立学校的做法。

第五关键阶段

12 年级的学生选择学习**四门** A-level 课程和一项素养提升类活动，这给了学生宽泛的发展空间。到 12 年级结束的时候，学生要决定继续学习哪三门 A-level 课程，有能力的学生能够在 13 年级继续学习全部四门课程。

学校提供的 A-level 课程包括：生物、化学、古典文明、物理、数学、进阶数学、英国文学、英语语言、法语、西班牙语、拉丁语、历史、地理、经济学、政府与政治、宗教教育、音乐、计算机科学、美术、体育。

除此之外,学生在以下课程中选择一门作为"素养提升课程":计算机、德语、古希腊语、拓展项目证书、Pre-U 全球视野、汉语。

12.6 课外活动

每个学生加入四个宿馆(House)中的一个:雅典、哥林多、奥林匹斯、斯巴达①,宿馆采取混龄的方式,包括每个年级的学生。每个宿馆支持一项慈善活动,学校鼓励学生在学期期间组织捐款活动。

宿馆机制激励学生参与广泛多面的活动,包括运动、音乐、戏剧和艺术竞赛,营造了健康的竞争氛围。

西伦敦独立学校是勇于创新的样板。它聚焦知识传授,对学生抱有高期望值,取得了优秀的考试成绩。它复制了私立学校好的做法,并且行之有效。

---

① 学校用古希腊众神的名字命名 House:Athenians,Corinthians,Olympians 和 Spartans。

第 13 章　麦克拉社区学校(Michaela Community School)，伦敦温布利区(Wembley)

学校要求：刻苦学习，保持善良！

2014年7月,麦克拉社区学校在西北伦敦的温布利区开校,它是被英国联合政府寄予厚望的独立学校之一。如此兴奋的原因是,它由一名公立学校的老师建立,希望就此对公立教育领域普遍不尽人意的教育水平进行回应。

凯瑟琳·博巴尔西恩(Katharine Birbalsingh)的父母来自印度西部,她就读于加拿大一所公立学校,然后是英格兰的利明顿温泉学校(Leamington Spa),后来在牛津大学学的法语和哲学。她创建了一个匿名的博客,描述她在伦敦一所中学的经历,引起了人们的关注。2010年,她在保守党会议上就英国的教育体系现状发表演讲后,成为了全国知名人物。这次演讲以后,她的学校告诉她不要来上班了,"因为学校资深教师和学校理事们要就她的立场进行讨论"。随后,因为她无法接受学校开出的条件而辞职。凯瑟琳基于她的博客所创作的小说《带着爱思念》于2011年3月出版,她希望在麦克拉将书里提及的很多教育过失根除。

凯瑟琳在伦敦其他地方徒劳地寻找了很多办学地点,最终得到了在地铁温布利公园站对面的一个改造过的办公大楼创办自己的学校(独立学校)的许可。学校于2014年开学,招收了120名7年级的学生——四个班,每个班30人。它以凯瑟琳死于癌症的前同事的名字命名。

2015—2016年,这所学校有58%在过去六年的某个时段享受学校免费餐的学生,英语是50%的学生的第二语言。

13.1 学校有如下与众不同的特色

1. 校长的激情

凯瑟琳可以证明这一点——她希望她学校的学生比其他很多学校学生有能力取得超凡成就。她对Ofsted很有看法,对那些奉承Ofsted的学校也很有看法("你失去了心和灵魂")。学校网站上如是说:

"麦克拉的老师会摒弃21世纪被接受的所有智慧,从我们授课的方式,到我们应对有特殊教育需求的学生的方法、我们对家长的期望、我们对不端行为的零容忍态度和我们对任何时候学生和老师的职业穿着的要求。"

与这一特点相关的是学校的急迫意识。孩子们在学校的时间有限,许多都大大地落后于私立学校的学生所取得的进步。因此,没有时间可以被浪费——每天的每一分钟。

2. 纪律

凯瑟琳告诉潜在的家长,"我是一个龙女士①,我会总说不。"家长们笑了……但是她是认真的,她希望家长支持她定下的规矩。

在学校的网站上,有这样一段对潜在老师说的话:

"我们信奉零容忍。我们不会容许例外,当我们说我们要求很高时,我们是认真的。如果你认为学生忘记带钢笔就让他留堂不人道,这所学校不是你该来的学校。我们要求家长也承担起责任,他们要通过支持我们的规章制度来支持他们的孩子,以创建一所孩子们感到安全的有秩序的学校。它要求老师乐意小题大做,你需要懂得面对一件小事该如何上纲上线。"

学校的每一件事都有严格的规定,每一件事——学生说话的方式,走路的方式,坐姿、吃相、阅读的方式——每一件事都需要遵循明确的规定。

在学校的墙上悬挂着海报:

我们如何做到礼貌:STEPS②

先生或女士

谢谢

抱歉

请

微笑

---

① 这里的龙 dragon 指意志坚定,说一不二。
② STEPS = Sir or miss, Thank you, Excuse me, Please, Smile 的首字母缩写。

> 我们如何讨论事情：SHAPE①
>
> 句子
>
> 手放好
>
> 表达
>
> 项目
>
> 眼神交流
>
> 我们如何倾听：SLANT②
>
> 坐直
>
> 倾听
>
> 回答问题
>
> 不要打断（别人的话）
>
> 跟紧老师（眼神交流）

如果学生做出了错误的选择，违反了学校的纪律，就会被记过，当做改错的提醒，或者出现了如下行为：

1) 在课上妨碍或打断他人（在老师下指令、解读、讨论或静默练习的时候出声或耳语）。
2) 在楼道行为不当（奔跑、走错边或聊天）。
3) 持续不紧跟老师，不 SLANT（倾听），或注意力不集中。
4) 穿错服装，带错用具（没有钢笔、铅笔、尺子；领带没有系紧或衬衫没有掖在裤子里等等）。
5) 不听从记过或指令（发出嘘声或翻白眼）。

行为不端的学生需要写反思，给家长打电话和见家长，以及被安排自控辅导。持

---

① SHAPE = Sentence, Hands down, Articulate, Project, Eye contact 首字母的缩写。
② SLANT = Sit up straight, Listen, Answer questions, Never interrupt, Track the teacher 首字母缩写。

续捣乱的学生会在每个课程上安排到教室后面的独立桌子坐,总是无法完成晚上预习作业的学生被要求放学后或午餐的时候参加自适应学习社团、阅读俱乐部和自我测试,总是迟到的学生会收到辅导员或高层管理人员的叫早电话和信件、不得参加每半学期一次的奖励活动、家长会被叫到学校见校长。

如果学生把手机(或任何电子设备)带到学校,被老师看到就没收——没收整个学期。如果是在一学期的最后两周被没收——下学期也不归还。完全没有例外或者借口,如同凯瑟琳说的那样:"这就是纪律。"

每天下午有两个留堂时间,由资深教师来负责管理,一个是 4 点到 4 点半,一个是 4 点半到 5 点。

学校楼道中间有一条线,学生需要安静地顺着一边行走,楼道里"沉默是金"。

学生禁止进入校园周围的商店。

3. 迅速进步

在英格兰,学校课程被分为五个"关键阶段":第一关键阶段从 4 岁到 7 岁(一到三年级);第二关键阶段从 7 岁到 11 岁(四到六年级);第三关键阶段从 11 岁到 14 岁(七到九年级);第四关键阶段是 GCSE——14 岁到 16 岁(10 到 11 年级);第五关键阶段是 A-level,16 岁到 18 岁(12 到 13 年级)。

在许多英国的中学,第三关键阶段是浪费时间——学生和老师停滞不前,直到他们升入 10 年级,忽然压力剧增,因为接近 11 年级的 GCSE 考试。但是,麦克拉学校却非常强调第三关键阶段的快速进步,许多学生在九年级结束的时候就达到了 GCSE 的水平。

我们会问,让那些已经为 GCSE 做好准备的学生在 10 年级和 11 年级又做什么呢?答案是:他们会选择超过 GCSE 要求的更大范围的课程,GCSE 只是检验了他们所掌握的知识的一个分支。

学校采取了以下方法来实现如此快速的进步。

第一,学习重点是牢记大量"事实性"知识。其他学校的普遍的做法是学生一周记 10 个法语新单词,但在麦克拉,学校要求学生每周记 50 个。

第二,在数学和英语上落后的学生会被从其他课上叫出来,专门强化补习直到他们跟上。比如,七年级的一名数学差生,每周会上 11 小时的数学课。

学生们被分班教学，但是学校期望所有学生在年终的时候都达到一个好的水平。

第三，学校的纪律要求学生不能犯懒。如果学生的作业没有达到要求，他当天就会被留在学校（补作业）。

第四，学校在校时间长——从早上 7:55 到下午 4 点。那些想在学校做作业的学生可以呆到晚上 5 点，每天有六节时长一小时的课程。

最后，学校优先安排最要紧的课程（见表 13-1）。

表 13-1：第三关键阶段的课程设置

	周课时数	
	典型的独立托管学校	麦克拉学校
英语	4	5
数学	4	5
科学	4	4
艺术	1	2
舞蹈	1	0
戏剧	1	0
人文	4	5
计算机	1	0
现代语言	2	2
音乐	1	2
个人发展	1	0
体育	2	2
劳技	1	0
素养提升类活动	1	0
总计	28	29

凯瑟琳对每周只上一节课的课程不值安排这一点心知肚明——这只能取得很小的进步。她也很清楚一周只有两课时学习现代语言也是不讨好的事情。

4. 强调知识的课程设置

麦克拉的口号是"知识就是力量"。凯瑟琳深受赫士（见第 138 页）调研结果以及她在其他学校的工作经历的影响("我遇到一个16岁的男孩,对大屠杀全然不知。")。

麦克拉全部课程都采取牢记知识的方法来讲授(与培养"技能"对立),在艺术和音乐上尤为突出。在艺术课程中,学生们需要学习艺术家的生活经历和艺术风格(比如,八年级的学生要会描述和解释毕加索艺术发展的所有阶段),学生会花时间模仿著名艺术家的艺术作品。他们先在原画的复印件上画上方格,然后把画誊到一张打上类似方格的空白画纸上,老师在前面展示绘画和阴影的技法,将母版画作投放到一个大屏幕上。

学校通过"知识构架图"告诉学生每门课程需要掌握的关键信息。每门课程的构架图都被要求收到一个文件夹中,形成"知识书",用于他们随后的复习。

麦克拉学校认为学生必须懂音乐、了解广泛和具体的音乐史、理解音乐理论——音高、音节、节奏、和弦等。他们直截了当地训练学生读懂音乐。他们让学生在九年级结束的时候音乐水平达到4级,这是严格的学术课程要求。

在英格兰,学校教孩子们很多东西,但是他们理解得很少。我学习了八年的法语课程,但A-level没有考及格,对法语我等于一无所知。因此,光教知识不够……你必须确保学生学会。麦克拉学校要求学生每门课程准备两个练习册,一个练习册用来记录他们需要掌握的知识,另外一个练习册供他们书写。他们通过写来学习,然后自我测验,检验自己是否能够靠记忆把答案写出来。还有课堂定期的测验,以及1月份和6月份的考试。

麦克拉学校强调测验的重要性。如果知识不能变成学生的长期记忆,拥有一个强调知识的课程体系就毫无意义,长期记忆只能通过定期的复习和测验来实现。学校考试的内容范围是年年累积的,每次考试你必须复习所有此前已经学到的知识。

由于学生们记住了他们所学,每个老师确切地知道每个孩子在前面几年已经掌握了什么,这一点相当有用,因为它意味着他们可以自信地在已经掌握的知识的基础上发展。

5. 高期望值

学校期望老师教学水平高,特别是在知识传授方面。我注意到麦克拉学校八年级的法语课超出了GCSE的标准(这些是12岁的孩子)。学校要求**所有**学生都学好,所以,哪怕有学生被打上诸如诵读困难的标签,也没有借口不好好学。当然,**确实**有学生有特殊需求,但是这并不是要降低期望值,能力弱的学生只是需要更多的练习和更严格的要求。

现有的教材同学校期望达到的水平有很大的差距,因此,每个学科都需要自己编教材。

所有学生每天要做两个小时的作业。作业主要是复习,意味着:

- 30 分钟用于 IXL 自适应网站上的数学测试或现代语言 Quizlet(一个免费网站)。
- 30 分钟用于根据指定页的知识构架图进行自测,第二天会就此进行测试。即使孩子们没有上学,他们也准确无误地知道缺勤的时候他们应该补上什么,因为学校准备了一个自我测试主题的时间表。
- 30 分钟阅读。
- 30 分钟英语词汇学习。

老师每周检查学生的练习册和测验情况,如果学生没有完成自测,就会被留堂。

学校期望所有学生随时要有一本从学校图书馆借来的书。

学校期望学生上大学。

6. 教学方法

"我们认为应该站在教室前面讲课。我们不相信学习风格对学习会有影响,我们不相信其他很多学校的个性化或区别化学习。我们不相信设定目标或优先技能有多大作用。如果你相信这些事情,麦克拉学校就不是你要来的学校。

我们认为应该站在教室前面给学生反馈,因为他们有可能重复犯错。我们认为桌椅就要排排摆放。我们认为要把知识背下来。在麦克拉我们从来不做小组活动。"

新老师必须接受麦克拉教学之道。凯瑟琳喜欢那些以前没有接受过培训的新人。所以,学校所有的老师都站在教室前面讲课。

不许有小组活动(见第 82 页)。

不许使用PPT(见第84页),学校认为信息技术的价值有限。

学校不让老师在晚上评判作业,因为学校认为这是错误地使用老师有限的时间。老师给作文成绩,但不提供反馈,取而代之的是老师列出常见错误清单,用于下次课的教学。麦克拉做得对,这比写反馈更高效——把老师从晚上的工作中解放出来。

> "我们受从简哲学的影响,目标是用最低的教师超负荷的工作量来实现最大的学生学习效果。我们在每件事上采取这种付出-影响比例,降低过劳工作。比如,我们通过简化作业评判、集中留作业、尽量减少学生作业展示把工作量降到了最小。我们使用口头反馈降低工作量。我们对严守纪律的高要求降低了师生间充满压力的对抗。"

所有科目都运用反复练习的方法。探索式学习太慢、效率低。

学校不展示学生的作业,因为这需要花费老师太多的时间,效果有限。

在学校研发的教材中,每行课文都在空白处标有字母(A/B/C等),老师能够迅速引导孩子到指定的行。所有学生有一把有机玻璃材质的透明尺子用于阅读,一行一行地往下读。如果老师在大声朗读,所有学生就用尺子跟上老师所读的内容,这样,学生能够紧跟课文。如果遇到难词,老师会停下来说:"我读你说",然后重复这个单词,全班跟着老师读这个词。学生由此积累了大量词汇。

麦克拉学校相信比赛的驱动力。学校每天公示学生在IXL上数学作业的排名,还公示每天的测验成绩排行榜,以及记过和表扬名单。

7. 我们如何做事: 麦克拉之道

学生必须学会麦克拉的做事之道,这就是为什么在七年级开始的时候他们要参加一个七天的集训。老师必须按照麦克拉所要求的方法教学,因此所有人都必须经过精心的培训。

午餐正好30分钟,所有学生必须吃学校提供的午餐。孩子们到达餐厅,6人一组和一到两个大人一起围坐在桌前("家庭午餐")。学生们从1到6编号,每个人都接受一项任务,学生1负责取餐,学生2负责收拾餐盘,学生3负责往杯子里倒水等等。但是,在用餐之前,所有人需要站立,朗读事先学过的一首诗或者一段散文,比如吉普林

(Kipling)的《如果》或者威廉·亨利斯(William Henleys)的《永不屈服》。

> 无论通路多么狭窄
> 尽管考验无法躲避
> 我是我命运的主宰
> 我是我心灵的统帅

学生1开始上餐。这时,一位老师出现,并对全体学生讲话,所有学生举起手来,停止交谈。老师宣布下面一段时间的对话主题"……今天我们要想出四种对别人表示友善的方法……"然后学生们开始讨论。五分钟以后,老师再次出现,宣布第二个话题,如此继续。

用餐结束后,老师邀请学生表达"感恩",许多学生举手。一个孩子被叫到"……我想谢谢史密斯老师评判我的长篇作文,一天之内就交还给我。感谢史密斯老师!"所有学生鼓掌两次。然后又一个孩子站起来说,"我想感谢和我同桌的列农先生今天来参观我们学校,感谢列农先生!"学生鼓掌。

学生们采用这样的方法学会如何交谈,如何礼貌行事,如何表达感谢。他们学会团队合作。学校的一项中心任务是让学生学会流利的口头表达。

来自富裕家庭的孩子能在家里学会口头表达,比如如何围绕一个主题开展阅读,如何树立理想,等等。麦克拉学校的目标是确保他们的学生也拥有同样的优势,因此经常参照私立学校的做法。学校外面的宣传板上对此作法的阐述是:"麦克拉社区学校……私立学校的理念……免费。"

8. 保护员工的时间

麦克拉学校对老师期望很高。所以,学校不嫌麻烦地将那些无效或者收益很小的事情砍掉:与成绩挂钩的薪酬、具体课程的教案、整理储物柜、作业收集和评判、复印讲义、不必要的信息技术。

9. 文化体验

学校带学生们去参观国家美术馆、格林威治天文台、自然历史博物馆、大英博物馆等。最棒的是在出游之前,学校把要看什么教给学生来计划,因此学生的参与度就高。

10. 善意

由于学生行为举止得体,校园欺凌非常罕见,麦克拉学校的学生强调这是这所学校与他们以前的学校主要的不同。不善表达的学生能够在全年级同学面前发言,不担心被嘲笑或者戏弄。

在30分钟午餐自由活动的时间里,学生们不容许有身体的接触。

13.2 所有学校都应该成为麦克拉这样吗?

凯瑟琳受到她来麦克拉之前的那些学校的影响——美国的特许学校、莫索伯恩学校(Mossbourne)、德克森三一学校(Dixons Trinity)和国王所罗门学校,因此她不是唯一采取这般行事方式的人。按理说,她强硬的手段最适合弱势背景的孩子,他们缺乏中产阶级的文化背景,麦克拉学校正好补足。这种方法将经受考验,因为学校规模变大,学生们也长大了,但目前看,它还是受益于独立学校政策的一个样板。

要想了解更多信息,请阅读贝贝斯(Birbasing K)(2016)的书《虎师战歌;麦克拉治学之道》(Birbalsingh, K (ed), 2016, *Battle Hymn of the Tiger Teachers*; *the Michaela Way*)。

第 14 章　圣玛丽莫得琳学校(St Mary Magdalene Academy)，伦敦 N7 区

这是一所短时间内进步神速的学校。

第 14 章　圣玛丽莫得琳学校(St Mary Magdalene Academy)，伦敦 N7 区

当我们走访这所中学的时候，它的规模是 1 200 名学生，67% 在过去六年的某个时段享受免费学校餐。这是一所独立托管学校，由英格兰教会伦敦教区资助。学校说他们的资助人没有要求学校必须如何发展，但是会帮助安排学校与其他教区学校见面分享经验，这对学校很有帮助，称得上是一个无为而治的资助者。

学校有一所小学和一所附近的特殊需求学校，我们只走访了它的中学部分。

2016 年，学校在五门或以上包括英语和数学在内的 GCSE 课程中取得 A^*—C 成绩的学生占比从 2012 年的 46% 升至 76%——成为英格兰进步最快的学校之一。

14.1　这一切是如何发生的？

1. 学校领导层具有强烈的道德意识

所有事情都以对学生最好为准则。比如，他们在年中调整课程设置，因为他们觉得这能够给学生带来益处，尽管这意味着员工要多做很多工作。

2. 一切从简

学校聚焦在"规划—教学—评判"上，设计好的课程、提供好的教学、给予有效的反馈，砍掉其他的事情，比如背景提升类活动日。学校高管将重点放在教和学上，每天在学校巡视三遍，检查课堂、打分和练习册的质量。

学校高层和中层领导不多头担责，而是负责一项明确的任务。

老师的待遇比常规高出 2 500 英镑/年，高层管理团队则小而精。

3. 收集有关学生进步的常规和可靠的数据

如果一个教研室的预测成绩很糟糕，那么其中一人就要去做考官，以便更好地了解考试。

教研室主任必须检查教研室老师的预测成绩，然后按月向校长提交 11 年级的纸质成绩单。同简单地把数据输入电脑相比，这样做更能够在心理上提高重视度。主任还必须提供成绩预测的依据。

4. 第四关键阶段的"学生关怀组"

学校发现 11 年级的 25 名学生如果得不到帮助就会考试不及格,但一旦得到帮助,就有可能及格。

学校要求这些孩子的在校时间从 8:45am—3:30pm 更改到 7:30am—5:00pm。学校要给辅导这些孩子的老师额外付酬,每年每个孩子的花费是 5 000 英镑。学校告诉家长"如果你不这么做,你的孩子就会不及格"。情况确实如此,因此,提高了这个机制的可信度。这些学生还得到额外的职业规划建议,以便激发他们的志向。英语和数学教研室主任负责给这些孩子提供额外课程和严格考试,学校还给他们配备一名学习导师,使劲把他们往前推。

5. 确保行为举止得当

学校在马路对面建了一个学生转移室(名为圣大卫中心),把行为不端的学生送到那里。学校采取三个阶段:

第一阶段——九周的严密看护,日子安排得井然有序,让学生反思自己的不端行为,7—8 年级 12 人一班,9 年级 8 人一班。

第二阶段——如果没有效果,学生就在学生转移室度过整个九年级。

第三阶段——开除(比较罕见)。

学校纪律严明,但是,"总的来说,我们不是一个沉默和强制的校园环境,我们希望学生主动选择好好表现。"

6. 帮助更有能力的学生树立理想和提出挑战的奋进项目

这个项目包括大师班、牛剑课程、汉语(学校设有孔子课堂)、拉丁语、大学夏校和竞赛。

德勤(Deloittes)公司在做一个很棒的项目,让学生参与辩论和讨论。他们阅读《周刊》杂志,然后讨论,他们提供性格养成工作坊、领导力培养项目、教授面试技巧以及个人简历的编写、职业辅导和励志讲座。

这是一所学校免费餐学生众多的学校,短时间内取得了惊人的进步。

第 15 章　德克森国王学校(Dixons Kings Academy)，布莱福德(Bradford)

又一所短期内进步神速的学校。

德克森国王学校是又一所快速取得进步的学校。2011年，学校在第一轮独立学校热潮中开校，当时的名字叫国王科学学校（Kings Science Academy）。2013年，学校被 Ofsted 评为"要求改进"。后来，建校校长被判定造假。出师不利，学校在 2015 年 1 月被德克森独立托管机构接收，尼尔·米利（Neil Miley）任新校长。

德克森独立托管机构在布莱福德经营着八所学校。最初的出资人卡尔姆斯（Kalms）勋爵创建了德克森连锁商店，他对学校情有独钟，因此机构保留了他的名字。

尼尔·米利来自德克森艾乐顿学校（Dixons Allerton Academy），在那里他担任副校长并教数学。2016 年，德克森国王学校 GCSE 八门成绩进步值达到了 0.47，布莱福德地区的平均数是 0.15。这所学校在 18 个月内从一个棘手的学校变成一所吸引了超过 700 名申请者申请 180 个学位的学校。2017 年，它被 Ofsted 评为"杰出"。

15.1　校长如何做到的？

1. 严明纪律

尼尔说这是首要事宜。如果纪律良好，老师就可以专心教学，他们不用浪费时间在处理教室里的各种问题上。

学校制定了六条简单的规定：

- 你必须按时上学和上课。
- 你必须带对每节课的课本和用具。
- 你必须完成你的作业。
- 你必须上课积极参与。
- 你必须礼貌待人。
- 你必须穿着得体。

学校不接受任何借口，违反以上任何一条规定都会在当天放学以后被留校 30 分钟。在第一学期，校长就看到迟到的学生从 150 人减少到 7 人。学校培训每位教师贯彻执行这六项规定。

尼尔从来都没有碰到过不得不开除的学生，即使在他上任的第一个学期。

2. 学校对所有学生抱有很高期望

学校 43% 的学生曾经或者正在享受免费学校餐，如果他们想摆脱弱势境地，就必须取得 GCSE 的好成绩。由于学校生源多样，因此，把学生进步作为重点，而不是具体的 GCSE 成绩。学校将小学最后一年的第二关键阶段的成绩作为基准线，每六周或七周测量每个学生的进步，最后是八门成绩进步值。学生佩戴一个挂绳，显示他们基于上次测验以后每个科目的进步成绩，以及总的进步成绩。这可以时刻提醒学生每个课程的进步是最重要的。

除此之外，学校到处都有展板，张贴在 12 周内取得最大进步的学生的照片、名字和成绩。

在教室的门上，展示了那些去年以最高进步成绩毕业的学生的照片和成绩。

德克森国王学校充分利用了八门成绩进步值！

3. 干预措施

当然，不是所有的学生所有时候都刻苦努力，很多学生基于各种原因而掉队。学校每六周测试一次学生，如果任何一名学生在任何科目落后了，学校就启动干预计划，总结学生薄弱的知识领域，以及老师要采取的措施。对于有些学生来说，只是在课堂关注此事即可；对于另外一些学生，则意味着放学以后要增加额外课程。

4. 聚焦教学质量

学校告诉老师只要完成两件事——好好教学和评判课业。学校高管每天巡视楼道，每天每节课都听。好的做法被拍下来分享。

此外，每位老师，包括校长，都有一名"教练"，每周对他们做 5～10 分钟的观察，然后就他们可以改进的地方提出建议。

老师的每节课都按照详细的教案来讲授，这些教案由本校老师编写（描述了什么时候教什么，有什么资源，如何测评学生）。这意味着如果一名老师缺勤，或者新老师到来，对于学生们已经掌握了什么，以及下一步该教什么一清二楚。

所有课程的开始和结束都遵循统一的模式。

学生作业按照一个明确的体系来评判，老师会提供如何更好地答题的建议，写在标签上贴到每份作业里。

学校每年一次给老师做绩效评估，只有那些达到事先确定的目标的老师才会获得涨薪。

5. 质量保障

学校定期检查各处的文化氛围（设备的可用性、作业展示、教室环境等），以及学习质量（练习册、进步、老师反馈质量等）。学校采取每周派一名高管检查一个特定部分的方法，比如"八年级的文化氛围"或者"音乐课程的学习质量。"学校按照详细计划行事，因此不会忽视学校的任何情况。

6. 与其他学校的强烈竞争意识

尼尔希望他的学校成为最好（他正在实现目标的过程中），他希望他的学生们知道他们选择了一所出色的学校，他希望家长们信赖学校对他们孩子的看法，与其他学校竞争、要成为最好的动力驱动着学校的发展。

7. 来自联合教育托管机构的支持

德克森联合教育托管机构负责学校的人力和财务管理。更重要的是，根据学校所需提供帮助，例如，如果地理教研室水平较弱，学校可以依靠托管机构中最强的地理教研室给出专业建议。

在德克森中学的所有学生参加学年末统一的数学、英语和科学考试，这可以让他们相互比较进步。

德克森学校共同合作成为全国师训基地来培训老师，它们与利兹大学合作颁发教师证书。

8. 学校开放时间长

学校从早上 8:00 到下午 3:30 结束，每周 28 节时长一小时的课程，超过全国平均

25 课时的安排,外加每天 2～3 小时的家庭作业时间。

9. 重视 EBacc

教育部推出了 EBacc 成绩表现,因为担心有些学校的弱势背景孩子选择"容易"的课程,就更难进入优质大学。尼尔·米利对此完全赞同。学校的很多学生选择 GCSE 的英语、数学、科学、宗教教育、历史或地理、西班牙语和另外其他三门课程。2016 年,43％的学生获得了 EBacc 证书,全国平均水平是 22.8％。

10. 简单化和清晰化

尼尔相信清晰和简单的规章制度、清晰和简单的体系:"如果要做的事情一页纸写不下,我们就不做"。只有这种方法才能让每个孩子、每位老师和家长准确了解学校期望他们做什么。

11. 用好家长

在我走访这所学校的那一周,校长刚刚见完 11 年级每个没有取得满意进步的学生的家长。此外,学校还为 11 年级的家长提供"如何帮助你的孩子复习"的课程。

这是一所扭转了发展趋势的好学校。尼尔用三个词总结学校的成功——严格、清晰和决心。

ns Boys' High School),布莱克本(Blackburn)

成绩突出,进步飞快的学校。

布莱克本是位于曼彻斯特北部20英里的一座10.5万人口的小镇,它发迹于纺织工业中心,和兰卡郡(Lancashire)的其他小镇类似。这一工业在20世纪60年代吸引了大批巴基斯坦移民(超过30%的人口为少数族裔),但是国际竞争开始以后,纺织业迅速衰落。

在这一背景下,2016年,托依杜尔伊斯兰男校6年级到11年级学生的GCSE的成绩位居英格兰前列,学校的八门成绩进步值是1.16,意味着学生的进步超过了几乎全英格兰其他所有学校。

托依杜尔伊斯兰男校由托依杜尔教育托管公司运营,目前旗下有14所学校:5所在兰卡郡,2所位于大曼彻斯特地区,1所在西约克郡,3所在西米德兰兹郡(West Midlands),3所在伦敦。托依杜尔的意思是"1",意味着学校共同的目标和社区团结的概念。有些学校是宗教学校,有些不是,有些是小学,有些是中学。这个机构由穆夫提·哈米德·帕特尔(Mufti Hamid Patel)管理,他曾经当过托依杜尔伊斯兰女校的校长。托依杜尔伊斯兰男校是机构旗下的第一所学校。

托依杜尔伊斯兰男校是一所面向11—16岁学生的独立学校,于2012年开校,学校每个年级120人,所有学生都是穆斯林男生,因为在录取条件中,这些男生优先。每周五,学校的正式课程到中午12点结束,这样学生们就可以观摩这一天的宗教活动,周一到周四,学校开放时间是从8:00am到3:00pm。

21%的学生曾经在过去六年的某个时段享受学校免费餐,80%的学生的英语是第二语言。过去三年,学校没有开除过任何学生。

对我来说,学校具备以下饶有兴趣的特点。

16.1 高期望值

所有学校都有高期望值,但是这所学校将这一抱负转化为切实的行动。教研室主任每周都要和学校高管开会,他们参照校长给出的成绩目标检查所有学生的进步——90%GCSE成绩要达到A^*—C/4—9分。如果教研室主任对某个班或者男生的表现存疑,就要给他们制定提升到更高水平的行动计划。这些学生的老师**每天**见校长穆巴鲁克·易卜拉欣(Mubaaruck Ibrahim),参照计划监测学生的进步。

学校校长在之前的学校当校长的时候，让那所学校达到了杰出的水平。因此，如果老师告诉他有一组学生表现不佳的时候，他会用充足的理由来阐述，他相信目标成绩**能够**达到。

如果一个学生群组需要额外的教学，学校会要求他们放学后，或者周五的下午、周六或周日来学校补课，每次补课时间为 2～3 小时。补课班级 5～6 人，在这些补课时间里，他们的进步明显。**学校不给老师额外补课的报酬**。

如果学生犯懒，学校就叫家长来，告诉他们如何帮助自己的儿子。

如果学生没有完成作业，就要在当天留校两个小时。

16.2　定期测验

所有学生每门课程要在每六周参加一次正式的考试。联合教育托管机构聘请学科专家制定和审核考题标准和成绩分级。要达到目标，老师不能在试题上手软，或者在成绩定级时放水。学校聘请一个商业机构帮助确定和评判试卷，给教师减压，学生按照每科从 1 到 120 进行排名。

16.3　传统的教学方法

校长说，在有些学校，老师"唱歌跳舞"，课程得到"杰出"的评价，但是学生们收获寥寥。确实是这样。在托依杜尔伊斯兰男校，学生面对老师排排坐，教学基于对学科知识的掌握，老师很少使用信息技术。托管机构的小学遵循赫士（见第 138 页）的观点，按照英国核心知识顺序表（the UK Core Knowledge Sequence）讲授英语、数学、科学、历史和地理。

16.4　专门适用于男生的方法

男生需要采取有别于女生的方法。女生倾向于讨老师欢心,刻苦学习。男生倾向于犯懒,对自己的课业水平过于乐观。因此,要细心监测,制定清晰的秩序和规则,不要相信他们能够按时完成作业。

同时,人们普遍认为男生需要释放压抑的能量。因此,除了课程表上的体育课以外,学校提供诸如拳击、功夫、击剑和骑马等俱乐部活动。在周末,学习好的男生可以参加卡丁车或彩弹射击游戏。

16.5　突出学术的课程设置

托依杜尔托管机构坚信传统的课程,它负责制定旗下学校 90% 的 GCSE 课程:数学、英语语言和文学、科学、信息技术、宗教教育、历史或地理、法语或阿拉伯语(是的,孩子们在家不说阿拉伯语),这是托依杜尔伊斯兰男校在教育部 EBacc 证书上表现出色的原因。2016 年,72% 的学生获得了 EBacc 证书,全国平均水平是 23%。另外 10% 的时间用于学校安排的选修课——艺术、厨艺、商务、体育或公民教育。

他们不提供 GCSE 的音乐课程。

16.6　学生提前学习一些 GCSE 课程

10 年级的学生提前学习 3~5 门 GCSE 课程,从宗教教育、计算机技术、核心科学、法语和阿拉伯语中任选。他们不参加补考,不管学生们学得好不好,提前参加考试意味着鼓励他们在 11 年级刻苦学习①。

16.7　教育联盟托管机构的支持和管控

教育联盟托管机构确定每所学校每个课程的教案,由学科专家编写,并征求教研室主任的建议,最终确定一套教案供所有学校采用。

教育联盟托管机构提供学科专家培训和监测教师。

教育联盟托管机构经营一个教师培训学校,称为托依杜尔学院,开展教学和领导力的培训,并帮助培训后备教师。

教育联盟托管机构为全体教师提供职业发展机会,包括面向学校中层和种子校长的全国职业证书(National Professional Qualification)培训。他们聘用很多教学助理,接受培训后成为拥有教师资格的老师。

托管机构鼓励所有老师攻读硕士学位。

每件事都具有"托依杜尔特色"。

16.8　领导力专长

多数中学都有专长的学科,比如科学或者艺术。所有托依杜尔教育托管机构学校的专长是领导力。其中一部分是公民领导力,所有 11 年级的学生每周拿出一个下午到老人家里、小学或慈善商店去做事。

---

① 常规情况下,学生在 10 和 11 年级用两年的时间学习 GCSE 课程,并在 11 年级结束的时候参加 GCSE 考试。学校让学生在 10 年级的时候就参加 GCSE 的考试,还不让他们到了 11 年级再参加一次考试(补考),就是要督促他们刻苦努力,用一年的时间学完两年的课程,腾出时间来可以学习更多的 GCSE 课程。

16.9 一所宗教学校

这所学校是穆斯林学校。教育托管机构为此辩解,因为居住区的隔离意味着学校无论怎样都是以穆斯林为主。确实,在当地的一些英格兰教会小学的学生100%为穆斯林。托依杜尔伊斯兰男校70%的教职工是穆斯林。

学校知道它会因与其他信仰和种族学生的融合度有限而受到指责。但是,宗教学校也接纳其他宗教信仰的学生——比如英格兰教会、天主教和犹太教学校。

这所学校为弱势群体地区的穆斯林男孩提供了改变前途的机会。

第17章　伦敦出色学校(London Academy of Excellence)，伦敦新汉姆区(Newham)

一所杰出的高中学校。

伦敦出色学校(LAE)是2010—2015年英国联合政府独立学校项目中的第一所高中独立学校。它吸引了媒体的高度关注,部分是因为它是第一所取得了公共考试成绩的独立学校,部分是因为它与伊顿公学的关系。

建校的想法源于2006年。在中国的一辆汽车上,东伦敦新汉姆区的科恩福德社区学校(Kingford Community School)校长琼·德斯兰德(Joan Deslandes)恰巧坐在了布莱顿学校(Brighton College)校长理查德·凯姆斯(Richard Caims)身边,布莱顿是一所私立学校。他们一同参加了为热衷于提供汉语课程的学校校长组织的孔子课堂中国游。

琼的学校是一所面向11—16岁学生的综合学校,GCSE成绩很好。她告诉理查德,她最好的学生在新汉姆区没有更好的高中可去,理查德提出给她一些在布莱顿学校的高中奖学金学位——两校由此建立了联系。

2010年,英国选出联合政府,迈克尔·戈夫(Michael Gove)①根据瑞典的独立学校以及美国的特许学校的成功经验,推出了独立学校项目。家长和老师可以向教育部申请资金,在有需要的地方开设新学校——这种需求是基于当地学位少或者成绩好的学校少。

2011年,开校申请提交完毕。2011年11月,政府批准了一批2012年7月开校的学校。布莱顿学校的副校长西蒙·史密斯(Simon Smith)和财务主管保罗·韦斯特布鲁克(Paul Westbrook)被任命负责新建一所学校,即LAE。

17.1 LAE 与众不同的特点

1. 它得到几所私立学校的支持。

在本书出版的时候,这些学校包括:

布莱顿学校,为学校提供财务支持,同时做 A-level 地理和经济学课程的后盾。

卡特汉姆学校(Caterham School),提供现代语言课程的支持。

伊顿公学(Eton College),提供英语、数学、生物、财务管理课程的支持。

---

① 迈克尔·戈夫:Michael Gove,英国议会成员。

佛洛斯特学校(Forest School)，提供物理课程的支持。

海盖特学校(Highgate School)，提供化学和法语课程的支持。

汉姆斯特德大学学院学校(University College School，Hampstead)，提供历史课程的支持。

佛朗西斯霍兰德学校(Francis Holland)，提供心理学课程的支持。

普特尼高中(Putney High)，提供哲学和道德课程的支持。

这所学校需要这些支持是因为在建校早期，很多教师都很年轻，没有经验。显然，能够依靠其他学校成功教师的资源和经验是好事一桩。

合作学校的参与程度不等，从提供一名由合作学校付酬的全职老师到合作学校老师一年偶尔拜访几次都有。

2. 重点关注难课

我们知道，好学生进不了最好大学的原因之一是对申请积分要求高的大学认为学生选择的 A-level 课程没有吸引力。LAE 只提供以下课程：数学、化学、物理、生物、法语、西班牙语、汉语、地理、历史、哲学和道德、经济学、心理学和拓展项目证书。

3. 学术的雄心大志

LAE 一开始就决心提高本地区的 A-level 考试成绩，让比往常更多的学生进入牛津、剑桥和罗素集团的大学。最初两年，学校入学的最低要求是五门 GCSE 课程达到成绩 B−，要求不高，这反映了学校对申请人数没有太多把握。现在，入学的最低要求是五门 A/7 分成绩。学校称得上是学术精英学校——它的目标是帮助本地区最好的学生实现他们的潜能。取得五门或更多 GCSE 课程 A*/8 分成绩的学生享受入学奖学金，获得荣誉地位和一些资助。

4. 小班教学

学校每年招收 220 名学生，总学生人数 440 人左右。学校所提供的 A-level 课程数至少需要这么多的学生数量，但是对于一所崭新的尚未经过考试的学校来说，这是极限。

5. 得到汇丰银行（HSBC）的资助

汇丰银行总部离学校很近，在金丝雀码头（Canary Wharf）。2012年7月之前，学校大楼还没有完工的时候，他们慷慨地为学校提供开放日的场地，从此一直在给学校提供财务协助。

17.2 LAE 有多成功？

2012年7月，学校开校。在编写本书的时候，学校已办学四年。

1. 学位需求

第一年，400名申请者申请200个学位。2015年，申请人数增加到2100人。2017年，超过3000人。

2. 考试成绩

第一年（2014）A-level 考试中，39%的学生在至少含两门添彩课程中取得了 AAB 或更好的分数，这个成绩将学校推到了高中成绩排行榜同类统计数据的首位。学校获得了《星期日泰晤士报》英国高中年度学校的殊荣。

2016年，86% A-level 的学生取得了 A*—B 的成绩，成绩进步值为0.56，这个数据使 LAE 成为全英国最成功的学校之一。

3. 大学录取

2012年，整个新汉姆区仅有两名学生考入了牛津和剑桥大学，而2017年，LAE 有20名学生得到了这两所大学的录取通知——比很多英格兰的其他学校都多。

2012年，LAE 开校之年，整个新汉姆区有80名学生考入罗素集团大学。2016年，LAE 有165名学生获得了至少一所罗素集团大学的录取。

4. 杰出的师资

超过 1/3 的老师拥有牛津或剑桥大学的学位，另外 1/3 拥有从罗素集团大学获得的一等学位[1]。

5. 社会流动

学校 75% 的高中学生是家族第一个上大学的孩子，许多学生在家里不说英语（母语是另外一种语言），许多学生来自于新汉姆区和塔村区，这两个区是英格兰最贫穷的地方。93% 新汉姆区和 89% 塔村区的学龄儿童来自少数族裔家庭，超过半数的孩子根据教育部的分类是"弱势群体"。学校成为社会流动的引擎。

6. 提升新汉姆区的教育水平

迈克尔·戈夫常说独立学校将带来震动，能够让其他地方学校更显眼，并激励它们做得更好。自从 LAE 首次考试成绩发布后，其他高中相继开校，一些 11—16 岁的学校也设立了高中部。

2012 年，新汉姆区在伦敦 33 个区中 A-level 成绩为 AAB 的学生百分比排行榜上位于第 11 位。由于 LAE 以及它给本区带来的整体影响，新汉姆区目前排名第三。高中学生以往都会离开新汉姆区去红桥区（Redbridge）学习 A-level。现在，学生的流动倒了过来。

7. 提供辅助课程

每个学生每周选择至少一门体育运动和一门活动课程。此外，所有高中学生要参加一项对外活动，访问当地 11—16 岁学生的学校或者小学。LAE 讲座系列吸引了诸如温斯顿勋爵教授、巴特勒（Butler）勋爵和美国驻英国大使马修·巴尊（Matthew Barzun）的参与。所有学生获得 LAE 证书（见第 140 页），学校将课外教育置于学校核心价值观的框架中。

---

[1] 英国大学学位分为四个合格的等级，分别是一等、二等上、二等下和三等。获得一等学位的学生是最优秀的学生。

8. 鼓舞他人

一旦 LAE 走上正轨，其他学校都来参观，学习它的成功经验。一些学校复制了这所学校的做法，包括国王学院数学学校(King's College Maths School)和哈里斯威斯敏斯特高中(Harris Westminster Sixth Form)(由威斯敏斯特公学支持)。2017 年，第二所 LAE 学校在托特汉姆区(Tottenham)建校，由海盖特学校和托特汉姆热刺(Tottenham Hotspur)足球俱乐部资助。

17.3 LAE 所面临的问题

1. 财务

学校每年得到的生均费用是 5 500 英镑，但花费是 7 000 英镑，差额部分由汇丰银行慷慨资助。LAE 希望提供和私立学校一样水准的教育，但是在伦敦的私立学校平均学费是 1.6 万英镑/年。

2. 开校

学校在预计开校 10 个月前才得到了批准。那段时间，他们必须找到合适的大楼，将其改造成教室。他们看中的地方原先是新汉姆区政府办公室，靠近斯特拉特福(Stratford)地铁站。但是，改造还是没有按时完工。所以，第一学期的有些课程是在新汉姆镇政府大楼里上课。

许多学校开始的时候是 25～50 名学生，由于 LAE 是一所高中，必须提供一系列的 A-level 课程，因此最小学生数量应该是 200 人。学校没有历史记录，没有大楼，因此第一批学生不可避免相对较弱。

3. Ofsted

学校理事们和校级领导称得上无知，直到学校第一年结束的时候，他们才意识到

Ofsted 的督查要求。这些人全部来自私立学校，对于私立学校督查（ISI）要求了如指掌，但是 Ofsted 所要求的东西 ISI 并不要求，特别是他们要的 数据。他们期望数据按照学生的性别、家庭收入、种族、能力等分别展现，学校没有收集过这些数据（私立学校认为性别、种族等都是无关因素），因此需要快速补上。

4. 预测人数

学生可以注册多个高中，且没有一个机制要求他们只能选择一所。在学年开始的时候，学校对录取的学生有多少会来没有概念。第一年，学校发放的 2013 年录取通知太少，一些很弱的学生在最后一刻被录取，以填补空缺。

5. 要学医的学生太多

太多 GCSE 成绩一般般的学生却要成为医生。他们必须学习物理、化学、生物和数学课程，但他们不一定适合学习其中的某一门课程。

6. 教师质量参差不齐

在伦敦招聘好老师不容易，因为生活成本太高。刚开始，没有历史记录也没有校舍的学校很难吸引老师，化学和物理好老师更难找。因此，尽管第一批老师有些很出色，但有些并不是这样。

7. 不愿离家太远

很多学生不愿意到很远的地方去上大学，他们更愿意住在家里，部分原因是省钱，部分原因是文化考虑。这没事，因为他们住在伦敦，这里有好多优质的大学。但如果学校开在其他地区，这可能就是一个问题。

8. 对大学体系一无所知

因为学生家长没有上过大学，学生有时纠结于两个错误的认识。第一，他们没有大学排名的概念，他们不知道那些来自于中产阶级家庭的孩子知道的情况——大学在声望、设施和教学质量上差别很大。

第二,他们以为大学学位就应该和一门职业直接相关——医药、牙医、法律、金融。他们不知道很多职业并不要求某个特定专业的学位,一些在职业培训中似乎"无用"的专业,比如哲学,其实能够引导他们到广泛的优质职业选择中。

17.4　LAE 为什么能够取得成功?

1. 成功孕育成功——如果人们认识到这点

开始一所新的独立学校是一项冒险的业务,直接做高中则是难中难。学校在当地并不知名,其他学校的校长对它也许充满敌意。学校只能做好一件事——第一届学生取得好成绩,然后大声宣传。

2. 优秀的校长

学校建校校长是罗伯特·威尔恩(Robert Wilne),他曾在伦敦北部的海盖特学校担任数学教研室主任。他是一名鼓舞人心的领导,他帮助设计了一所令人兴奋的学校,他劝说学生入学,他与生源学校建立了紧密的联系。他的继任者是约翰·威克斯(John Weeks),原布莱顿学校的副校长,擅长制定常规和体系,建立了冷静而坚定的办学理念,继续为学校做了很好的对外宣传。

3. 合作学校

LAE 合作学校里有经验的成功老师提供了教学建议,他们将自己学校的高标准传递给了 LAE。

4. 富有经验的学校理事会理事

学校理事会的理事包括布莱顿学校校长、肯星顿社区学校(Kingston Community School)校长琼·德斯兰德,她本地经验丰富;佛洛斯特学校、海盖特学校、大学学院学校、伊顿公学、卡特汉姆学校的校长们；还有圣保罗男校（St Paul's Boys' School）的前校长。没有哪个理事会有过这样的知名校长阵容。此外，理事会还包括布莱顿前任和现任副校长、现任财务主管、一名律师、一位家长代表、一位汇丰银行的高级主管、牛津大学和伦敦大学学院代表，以及伦敦国王学院的招生官。这是一个具备超强能力的理事会。

5. 高期望值

作为这个国家最为成功的学校之一，学生为 LAE 而感到骄傲，他们期望也被期望着出色的表现。他们接受定期的测验，如果他们没有努力学习，学校会让他们清楚后果。如果他们的成绩能够申请牛剑，学校会给予他们鼓励。

这所学校选拔性高，聪明的孩子相互鼓励走向成功，所有学生都希望表现出色，这种精神具有传染力。

另外一个提升期望值的方法是建立宿馆制度。每个学生都属于一个宿馆，宿馆的名称参照了他们合作的私立学校的宿馆名称——伊顿公学、卡特汉姆学校等。学生们访问他们的合作学校，合作学校的学生进行回访。学生们与来自英国更富有家庭的同伴见面，这不仅开阔了他们的眼界，也让来自顶级私立学校学生的高期望值感染了他们。

6. UCAS 宝贵的建议

得到 UCAS 权威性的建议很重要。学校理事会理事之一保罗·图伦（Paul Teulon）是伦敦大学国王学院的招生负责人，对大学招生了如指掌——需要学习什么 A-level 课程，申请哪所大学需要什么成绩。副校长克劳迪娅·哈里森（Claudia Harrison）也是懂行人，她在威斯敏斯特公学负责大学申请建议。这所学校送进牛津和剑桥的学生人数比英国任何学校都多。

7. 孟加拉学生在增长

LAE 种族人数最多的学生是孟加拉女生。1991 年，在英格兰，只有 14% 的孟加拉学生五门或以上 GCSE 课程的成绩达到 A*—C，白人学生这个比例是 37%。2006

年,57%的孟加拉学生达到了这个水平,白人学生比例是58%(斯特兰德,2015)。到2013年,这两组数字为85%和82.7%,尽管很多孟加拉学生仍然来自社会-经济地位很低的群体。

我们再来看看享受学校免费餐的学生。2013年,英格兰59.2%孟加拉学生取得了包括英语和数学在内的五门GCSE课程A^*—C的成绩,这类白人学生的比例是32.7%(斯特兰德,2015)。

许多孟加拉人从孟加拉的农村地区来到伦敦,第一代人普遍英语口语表达能力十分有限。随着他们的融入,他们的学业得到改善,LAE学生的祖父母或父母相信移民到英格兰能够改善他们的地位,他们通过移民和努力工作走向成功,他们的后代通过教育延续这一成功。

不是所有的地方学校都欢迎LAE的到来,但是这所办学只有几年的学校的确取得了难以置信的考试成绩,包括进步成绩,并且提升了所在区域的整体教育水平。

第 18 章 布莱顿学校(Brighton College)

正在改进的私立学校。

多年来，私立学校的学术等级分层倾向于保持不变，甚至长达百年。很难找到一些学校反其道而行之，实现了排名上升，但是布莱顿学校做到了。

1996 年，这所学校的高年级有 475 名学生，学校财务紧张，默默无闻。幸运的是它遇到了两位校长，为改变学校做出了贡献。安东尼·塞尔登(Anthony Seldon)从 1997 年到 2005 年担任该校校长，在他的关爱下，学生人数升至 600 人。理查德·凯恩斯(Richard Cairns)自 2006 年开始担任校长，现在学校有 1 080 名 11—18 岁的学生，其中 345 人是住校生。

学业方面，学校彻底改观。GCSE 成绩达到 A*/A 的百分比从 2006 年 64% 提升到 2016 年的 92%，A-level 成绩 A*—B 的百分比从 2006 年的 78% 提升到 2016 年的 97%。这一年，39 名学生被牛津或者剑桥大学录取，成为英国成绩最好的学校之一。

两任校长都为此立下了功劳，但是他们是如何做到的呢？

18.1　市场宣传

两位校长都以他们咄咄逼人和锲而不舍的推广天份而知名。两人都不厌其烦地和全国的媒体建立了良好的关系，随时准备上阵评论，经常写文章。安东尼创办了一个备受关注的校长年度论坛直至今日。早期，两人都快速宣称他们的学校是"萨塞克斯最好的学校"。最近，他们改口为"英国最好的学校"，成为自我实现的预言。

他们创造了学校的良性循环：好的市场推广＝更多的申请学生＝学生的学术水平提升＝更好的考试结果＝市场推广受益。

我们不可低估安东尼开创的人格魅力的重要性，理查德继承了这一魅力，虽然没有那么花哨，但仍然很坚定。两人都给家长留下了深刻印象。安东尼在上任的时候在家长中间做了一个调查，希望发现他们真正的需求，这促使他做出了不再在周六上午上课的决定。他下足功夫与家长见面，了解他们，通过记住他们的名字给他们留下深刻的印象。他还带着家长到法国北部的战场遗迹去旅游。

18.2 找到合适的定位

所有私立学校,特别是那些寄宿学校,需要特立独行,并且以此为基础做推广。在一段时间,布莱顿学校就是一所传统的寄宿学校,取消周六课程让学校成为只在平时寄宿的学校——这对住在伦敦的家长来说很有吸引力。学校高中部从 1973 年开始招收女生,九年级从 1989 年起开始招收女生,这使得潜在的申请者翻倍。所以,学校的定位很清楚:布莱顿是一所男女混合的日校和寄宿学校,高度聚焦学术。

学校改变了招生的年龄结构带来了利好结果。2009 年以前,学校的中学部学生起始年龄是 13 岁。那年,学校使用极具竞争力的 11＋考试开始招收 11 岁的学生,这提升了学校的学术质量,对成绩产生重大影响。

18.3 聚焦教师质量

学校**持续努力,聚焦优质教学**。教师的绩效考核参考了学生通过保密的在线填写方式定期对老师的评估,学生的调研能够马上辨别出能力弱的老师,学校会解聘他们(或他们自己辞职)。学校严格执行老师的实习期制度。

比这更进一步的是理查德在老师休息室讲话的方式,以及他对热闹一时但并非必要的技术应用以及不加思考就要实施的改变所持的固有的质疑。如果他确信一名老师可以激励学生,他不在乎他们是**如何**做到的。

学校聘请好老师,关注老师的学科知识。理查德不担心聘用大学应届毕业生,或者转行做老师的人(核物理学者、律师等)。他在内部提拔任何有前途的老师,"如果你够好你就够资深"。

教研室主任有权决定他们所负责的学科的教学方法。学校不强加统一教学风格,然而,学校会集中监测和强调清晰无误的讲解、评判和反馈。

18.4　学术管理

部门领导非常重要(比如，年级组长，特别是中学 11 年级和高中 13 年级的组长)。有部门领导在，就可以实施年级范围的监测，确保对没有达到应有水准的孩子采取统一的措施。部门领导属于学校高层领导，能够发挥影响力。他们制定行动计划，与宿馆舍监和教研室组长密切合作，为每一个孩子量身定制学习策略。

他们将 A-level 课程 C 或以下的成绩定为不及格，他们对每一个有可能得 A-level 课程 B 以下成绩的学生了如指掌，对每一个 13 年级存在拿不到大学录取风险的学生了如指掌。他们针对每个学生制定行动计划，和教研室共同努力争取最佳成绩。

部门主管将 80% 的时间用于学术管理，与学业支持主管(负责每个年级最需要日常指导的学生)一起，对提升成绩负责。

部门主管要确保学生选择正确的课程，鼓励他们如果学习不顺，提早放弃某个课程。教研室主管则承受教学压力：教研室会议聚焦在目标和监测上。

理查德·凯恩斯组建了高效运作的高管队伍，分工明确、人尽其用，确保整个团队的才华和个性和谐均衡，多数离开的高管都走上了校长级岗位。

18.5　课程创新

布莱顿学校的课程在很多方面都比较传统。但是，出于最大化市场推广的效果，学校采取了三项创新举措。第一，所有九年级学生必修汉语课程。第二，七年级和八年级学习**热土往事**课程，这门课程主要讲授英国从最开始到乔治王朝之间所发生的故事，将历史、地理、哲学和宗教融合在一起。第三，12 年级的时候开设引人入胜的创业课程。

18.6 办学理念

一位副校长解读如下：

"我们强调个性、尊重和善意。这不像其他学校那样做表面文章，它根植在我们的办学理念和学校生活的每一天。每一位学生和老师都佩戴一个橡胶手环，提醒他们每天随手做善事，这是一种提醒每个人这是我们做事的核心的方法。我们拥抱多样性，对此欢欣鼓舞，这是我们学校的本色，学校要让不同肤色的学生感觉舒适，喜欢上学。在这些方面，我觉得我们学校比其他我工作过的学校做得更到位——而且，除了这些本身就是办学目标的鲜明的价值观以外——我相信学校给学生提供了取得学业更大进步的基础，他们不再那么担心其他人对他们的看法，因此更专注做自己的事情。如果理查德有格言的话，应该是'如果你想成为别人，那谁成为我呢？'这说明学校生活同那些对我们品头论足的人所说的完全不同（比如，认为我们是考试工厂）。"

人们能够强烈地感受到每个布莱顿人都卯足了劲在工作，教室内外，你都看不到偷懒的老师。学生的休闲室也不像其他学校那样充满了愤世嫉俗。老师废寝忘食地工作，到了期末都身心疲惫。但是，这是公平竞争，大家都有齐心协力朝着共同方向努力的感觉。

大家也都给予公立学校的发展强有力的支持，布莱顿学校参与创建了伦敦出色学校（第 17 章）。

18.7 课外活动

布莱顿学校一直在曲棍球运动上享有盛誉，部分是因为它与萨塞克斯曲棍球的渊源,安东尼和理查德通过重视比赛成绩进一步发展了这项运动。学校的英式橄榄球很强,女子曲棍球出众,音乐、舞蹈、戏剧和艺术都生机勃勃。

18.8　生源预备校

如果你能够掌控生源学校并且帮助学校改善,你就能够改善入学学生的质量,有些公立中学就是通过教育联合托管机构来做到这一点。布莱顿学校在2003年买下了位于侯福(Hove)的圣克里斯多夫小学(St Christopher's Prep),2011年又收购了罗定恩初中(Roedean Junior School)作为它的预备生源学校。

18.9　钱

布莱顿学校建立了海外连锁学校:阿布达比布莱顿学校(2011)(BC Abu Dhabi)、阿尔艾因布莱顿学校(2013)(BC Al Ain)、曼谷布莱顿学校(2016)(BC Bangkok)以及一些正在筹建的学校。从这些学校挣来的钱用于资助建设宏大的校舍。

此外,学校近年筹款工作也做得相当成功,连俄罗斯都做了捐赠。

18.10　从简

我和理查德·凯恩斯的副校长们交流,他们都提到了"愿景的清晰化":

"理查德不容许学校与它的核心目标背道而驰,一旦出现不利于目标实现的事情,他就会挺身而出。如果家长蛮不讲理,或者提出他没有放到优先级的非分要求,他会力挺老师,他坚定不移地表达愿景,每位在学校工作的人都知道他们要做到什么。"

"我觉得强调理查德愿景中的简单性也很重要——确保每个学生实现他们力所能及的最大学业进步。这一点贯穿在所有决策中。"

布莱顿是一所市场推广极佳的学校。

第 19 章　社会流动的难题

服一剂药吧；
暴露你自己去感受这些不幸的人们的感受，
你们才会分一些多余的东西给他们，
表示一下上天还是公正的吧！

——李尔王,第三幕第四场[1]

---

[1] 本译文选自朱生豪的译著《莎士比亚全集·悲剧卷·下》,译林出版社(1999)。

当我帮助在伦敦低收入区筹建一所独立学校的时候，人们告诉我，我在试图推动社会流动。当我为私立学校工作的时候，人们指责我把学生培养出来就是阻碍了社会流动。这是什么意思呢？

"社会流动"，顾名思义，就是人们在社会阶层中向上或者向下流动——比他们的父母更好或者更糟。社会流动的重要性体现在来自贫穷背景的有能力的孩子如果不能学好，我们就是在浪费人类的潜能，对于个人和国家来说都不是好事。

它的另外一个重要性体现在人们认为，如果没有社会流动，对那些卓有成就的人的嫉妒之心就情有可原，从而导致社会关系紧张以及可能发生动乱。

社会流动在政治上也举足轻重，因为唯才是举是当今英国主要政党的核心信条。1958年，工党成员迈克尔·杨（Michael Young）在他的《唯才是举的兴起》一书中把这个词当做贬义……但是，现在，唯才是举肯定不会被当做恶意之词。我们更常听到的说法是"机会均等"，没有人敢对此提出异议。

2016年，特蕾莎·梅成为英国首相的那天，她对国人发表演讲：

> "面对机会的时候，我们不会强化幸运少数的优势，我们会全力以赴地助力所有人，无论背景如何，达到你的能力能够让你实现的目标。"

这是对更大的社会流动的呼吁。

19.1 英国到底是否存在社会流动？

1. 社会学家有异议

有证据表明，同20世纪50年代相比，彼时由于经济变化产生了更多的中产阶层的工作职位，现在的社会流动降低了。伦敦政治经济学院的乔·布兰顿（Jo Blanden）和斯蒂芬·马奇恩（Stephen Machin）跟踪了1958年和1970年某一周出生的孩子的生活……他们发现后者表现出更低的社会流动。艾比盖尔·麦克奈特（2015）研究了1970年出生的1.7万名孩子，在他们五岁的时候进行了智商测试，研究发现，在这些孩子 42 岁的时候,那些来自高收入家庭的低能力者比那些来自低收入家庭的高能力者挣得更多。

由此引发了一场学术争论,随后的一些研究挑战了布兰顿和马奇恩的发现。戈德索普(Goldthorpe)和杰克逊(Jackson)(2007)发现,战后男性和女性的相对流动保持"基本频繁",当戈德索普和米尔斯(Mills)(2008)研究了从 1972 年到 2005 年的数据以后,他们再次发现社会流动没有减弱。帕特森(Paterson)和安内利(2007),以及兰伯特(Lambert)等人(2007)得出了类似的结论。有些发现相对流动实际上有一定程度的提升,比如希思(Heath)和佩恩(Payne)(2000)以及李(Li)和迪瓦恩(Devine)(2011)的研究。所有人都认同约翰·戈德索普(John Goldthorpe)的说法:"20 世纪末期,无论绝对还是相对流动,都没有降低。"(戈德索普,2012)

萨塞克斯大学(Sussex University)的社会学教授彼得·桑德斯(Peter Saunders)在他最新的作品《社会流动的迷雾》中指出,英国的社会流动很大,"在贫穷家庭中的每五个孩子中有四个孩子在他们成人以后摆脱了贫困。英国的社会流动是常态,而不是特例。"

有众多实例显示,很多人的成就超过了他们的父辈,但很少有人只经历一代就能够从低收入人群进入高收入人群。63% 出生在 1970 年最贫穷的 25% 家庭的孩子长大成人以后摆脱了低收入,然而,许多这样的流动范围较窄,七人中只有一人成年以后能够进入收入的前 25%。这和那些父母财富处于前 25% 的群体形成反差,他们中的 45% 成人以后仍然可以保持这样的财富。

2012 和 2015 年的 PISA 测评分析显示,同其他国家相比,英国在教育成果上的公平性高于平均值。有些国家和地区公平性更高,比如日本、韩国、中国香港、芬兰和加拿大。但也有很多公平性更低的国家,包括法国、西班牙和德国。

基于 2015 年的调研完成的 OECD 报告得出这样的结论:学生在科学测试的表现(2015 年调研的主要关注点)中,只有 11% 的变量与他们的社会经济地位的不同相关,OECD 平均百分比是 13%(OECD,2016)。

2. 教育成就的差距依旧很大

在过去的 25 年中,富裕和贫穷背景的孩子之间的教育成就差距有所减小。比如,2013—2014 年,有资格享受学校免费餐的学生有 55% 的可能性和他们的同学一样取得包括英语和数学在内的五门 GCSE 课程的好成绩——2004—2005 年,这个比例只有 39%(教育部,2014)。

然而,差距依然巨大。到五岁的时候,有资格享受学校免费餐的孩子中,有 48% 达到了"良好水平的发展"(根据政府对学生入学准备程度的测量),而其他孩子,这个百分比是 67%。到了 11 岁,有资格享受学校免费餐的孩子中,有 60% 达到了预期的学业水平,这一比例在不享受学校免费餐的学生中是 79%。2015 年,享受学校免费餐的学生中,有 33% 取得了五门 GCSE 课程 A*—C 的成绩(包括数学和英语),其他孩子这一比例为 61%(如图 19-1)。

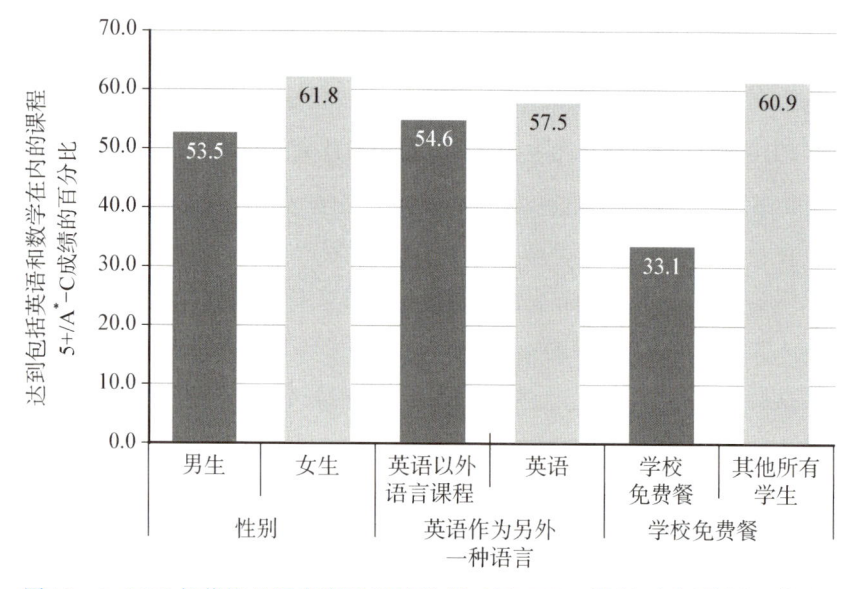

图 19-1:2015 年英格兰国家资助学校取得五门 GCSE 课程(包括英语和数学)A*—C 的学生百分比

(来源:教育部,2015 年 GCSE 成绩)

贫困家庭的孩子不仅上学起点低,而且进入学校后进步小。富裕家庭的孩子的在校成绩突飞猛进,而最贫穷家庭的孩子则停滞不前。这意味着更富有家庭的孩子超越了他们的教育潜能,而最贫穷家庭的孩子都无法接近实现自己的潜能。

尽管讲了这么多,贫困与学业成绩之间的关联并不是像我们常说的那么大。在 16 岁学业表现垫底的 20% 的学生中,只有 1/4 的学生享受学校免费餐。在享受学校免费餐的学生中,只有 1/3 处于垫底的 20%。因此,为了提升贫困学生的学习成绩而实施的学生补助，其实没有帮到这垫底的 20% 中的 2/3。

3. 女性在社会流动中的作用

基于 20 世纪 50 年代和 70 年代的数据研究主要关注男性群体，因为他们是劳动力的最大组成部分。从 20 世纪 70 年代开始，劳动力市场最显著的变化就是女性承担了越来越多的工作。

女性的社会流动有所改进，因为职场女性普遍增加，生育后重返工作岗位的中产阶层女性也在增加，更多女性上大学，诸如法律和医药等领域的高级职位向她们敞开大门。

1997 年以后的大学扩招本该是为工人阶级提供了上升机会的梯子，但这些多出来的职位却被中产阶级的女孩儿所占据。根据 UCAS 的统计，2016 年，约 40% 的年轻男性申请了大学，36% 最终上了大学，而女性申请大学的比例是 53%，最终上大学的比例是 47%。

来自富裕家庭能力较弱的孩子的社会地位没有下降，部分原因是大学扩招，而在真正的唯才是举的模式中，他们应该下降。在 1997 年以前，这部分孩子不可能得益于大学扩招而进入大学。

中产阶层的孩子上大学的人数增加还带来了门当户对姻缘的增加——女大学毕业生与男大学毕业生结婚，这类婚姻是减少社会流动的因素之一，因为受教育少的人只有相互联姻了。

4. 移民在社会流动中的作用

所有人都是社会经济群体（SEG）中的一员，尽管有时这比较难定义，但是所有人还会有性别和族裔，社会流动可以同样适用于社会经济群体、性别和族裔。

族裔动态研究中心（Centre on Dynamics of Ethnicity）的一份报告（2013）发现，同他们的父亲相比，43% 的白人男性和 45.6% 的白人女性流动到了更高的社会经济阶层，但只有 34.3% 的巴基斯坦和孟加拉族裔的第一代男性和 27.6% 的巴基斯坦和孟加拉族裔的女性流动到了更高的社会经济阶层。

因此，在英国，很难将社会阶层的影响与移民割裂开来。

5. 职业属性的变化在社会流动中的作用

20世纪的一个特点是劳动力人口技能混杂的变化。手工劳动职位减少，"中产阶层"职位增加：更少的矿工、更多的银行家，如此等等。因此，一些工人阶层的孩子获得了那些中产阶层的工作。

近年来，新增的高收入职位在减少，而且，同20年前相比，英国低收入职位在增加——所以，底层的机会更多。布科迪（Bukodi）等人研究了在1946、1958、1970和1980到1984年时期出生的人口，结论证实了社会流动并没有减少。如果单看女性，事实上有流动增加的迹象。然而，对于后面几代人来说，向上流动的情况在减少，向下流动的情况更普遍。

6. 收入的不平等

在过去的100年的大部分时间里，财富的分配变得越来越公平。1923年，1％的人口拥有61％的可交易资产；到了1976年，这一比例大幅下降到了只有21％（斯诺登Snowden，2015）。

国家数据统计局（Office for National Statistics）使用基尼系数来衡量英国收入的不平等，0意味着完全平等，100意味着完全不平等（一个人拥有所有收入）。这一系数显示，在过去五年中，收入的不平等减少的速度要快于20世纪70年代以来的任何时候。自2007—2008年开始，收入群体中只有最富有的20％的可支配收入出现了下降（如图19-2）。

同20世纪70年代相比，现在，所有群体的收入都大幅增长，穷人更穷不是事实。考虑了通货膨胀因素，收入最底层的20％的可支配性收入比1977年增加了86％（国家数据统计局ONS，2016）。2015年的平均收入是1977年的两倍。

政府有以牺牲经济增长或缓解贫困为代价，优先解决不均衡发展的问题的危险。有可能当每个人的生活水平都下降了，不平等也随之下降——正如英国最近所发生的情况一样。在中国，过去的20年中，不平等增加了，但是每个人都比过去过得更好。

7. 地区的分层

一项公共政策研究院（Institute for Public Policy Research）的研究（IPPR，2016）

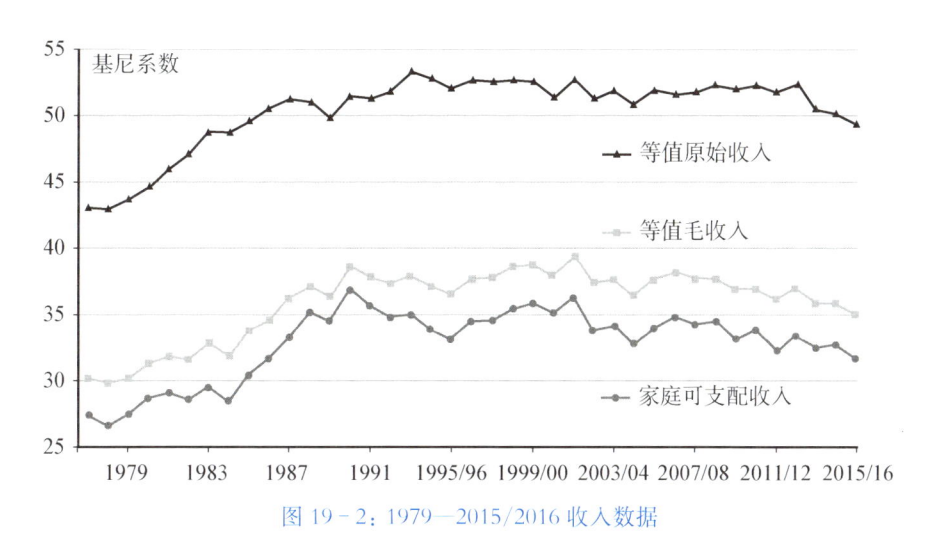

图 19-2：1979—2015/2016 收入数据

（来源：国家数据统计局数据公告，2017 年）

表明，北部的中学给英格兰平均水平拖了后腿，甚至在义务教育年龄开始之前，伦敦和英格兰北部学生之间的差距就已经很大。在伦敦，59%五岁幼儿园结业的学生达到"良好发展水平"，北部学生为 49%。IPPR 报告发现，达到 GCSE 五门课程 A*—C 成绩标准的学生占比如下：

- 55.5%北部学生
- 57.3%全英格兰学生
- 60.9%伦敦学生

对于学校免费餐学生，达到 GCSE 标准的学生占比为：

- 34%北部学生
- 36.8%全英格兰学生
- 48.2%伦敦学生

报告还发现，这一问题不仅发生在小城镇或沿海地区，这些地方常常是学生表现差的突出地区，而且，"即使在如利物浦、利兹和谢菲尔德这样的大城市，也需要改变现状。"报告指出，不同地区学校资金投入的分化，支持通过新国家资助策略改善北部学校资金情况的措施。2016 年，在北部，每个中学生平均年资助金额为 5 700 英镑，而伦敦则是 7 000 英镑。

2017 年，教育部公布的数据显示，八门成绩进步值低于政府最低标准 −0.5 的学校占比情况如下(如图 19-3)。

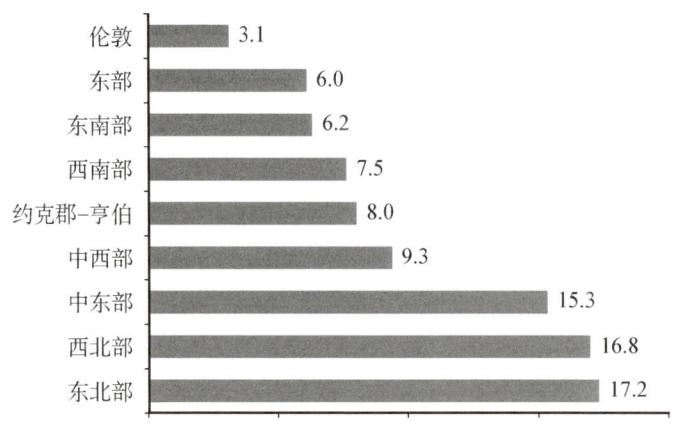

地区	百分比
伦敦	3.1
东部	6.0
东南部	6.2
西南部	7.5
约克郡-亨伯	8.0
中西部	9.3
中东部	15.3
西北部	16.8
东北部	17.2

图 19-3：2016 年英格兰各地 GCSE 低于最低标准学校的百分比

(来源：教育部，第四关键阶段成绩数据)

社会流动委员会(Social Mobility Commission)(2016)发现，在表现不佳的英格兰学校中，超过 1/5 的学生居住在十个行政地区：布莱克浦尔(Blackpool)、诺斯利、诺森伯兰(Northumberland)，唐卡斯特，雷丁(Reading)，特伦特河畔斯多克(Stoke-on-Trent)，旧汉姆(Oldham)，布莱福德，特尔福德-里金(Telford and Wrekin)，以及贝特福德中部(Central Bedfordshire)。

2016 年，英格兰西南部只有 28.2% 的 18 岁学生上大学，东北部只有 28.9%，而伦敦是 39.9%(UCAS)。

伦敦聚集人才。斯威尼(Swinney)和威廉姆斯(Williams)(2016)发现，伦敦占据了英国工作职位的 19%，但是，迁移到城市的毕业生在毕业六个月以后，伦敦聘用了 22% 的应届毕业生，其中 38% 是来自罗素集团大学的一等或二等以上学位的学生。截止目前，伦敦还拥有最高毕业生保有率和回归率，77% 的伦敦学生留在首都，74% 的学生到其他地方完成本科学业后返回。

8. 时间延后的问题

根据定义，我们必须等一代人才能知道一个群体是否经历了社会流动，因此，即使当下公立学校的改善为社会流动创造了良好的条件，我们也要等几十年才能证明此事。

同样，我们不能根据那些现在已经40岁或40岁以上的人的情况来判断如今年轻人的社会流动前景，但的确，很多就当前情况作出判断的人是参考了1960年以前出生的人的情况（接受私立教育法官的人数等）。

9. 最顶层的 0.000 1% 的问题

社会流动和儿童贫困委员会（Social Mobility and Child Poverty Commission）不断提醒我们，71%资深法官和62%部队资深军官接受了私立学校的教育。

但也许用资深法官和军官、奥斯卡金像奖演员或内阁成员的背景来衡量社会流动是一个错误，因为真正重要的不仅是最顶层的 0.000 1% 发生了什么，而且是剩下的那些人发生了什么。

2016年，唐宁街10号的内阁成员们从多数上过私立学校转为多数上过公立学校，这能够就**整体**社会流动告诉我们什么呢？

其实没有什么。

19.2 什么引发了社会流动？

1. 你在哪里上学

英格兰学校的质量参差不齐。那些地处不发达地区或存在招生劣势的学校，办学情况差别很大。位于巨大城市中心的学校曾经表现很差，现在则在最强学校之列。贫困的孩子更有可能进入表现不佳的学校，特别是在中学学段，强化了他们的弱势。2016年，布莱克浦尔超过半数的学生是在Ofsted评估中认定为不合格的学校中接受的教育。表现不佳的学校很难吸引优秀的老师，这让改进学校更加举步维艰。

在国际层面，PISA测评结果表明，因贫穷产生的学校隔离会让已经弱势的学生的成绩更低。与此相反，综合、中央集权以及资金平等分配的学校体系更能够带来好成绩以及贫富学生之间差距的缩小。如果一个国家的学校分层不明显、体系分配更加均等、成绩差距更小，它们更能够取得更高的平均成绩，以及更多技能熟练的学生。

《OECD教育一瞥2012年度报告》调研了"教育不足"的母亲会送孩子们到哪里上

学——这是指那些没有取得五门 GCSE 好成绩的学生的母亲——发现在英国,他们的孩子更有可能进入那些有大量弱势背景学生的学校。

在英国的移民家庭里的孩子,80%进入了移民或者弱势学生集中的学校——发展中国家移民占比最高。

学校教育中有独立和私立教育存在会增加学校的分层,但是,萨顿信托就此事的调研得出的结论是:"大多数按照社会阶级将学生分层的情况发生在公立教育领域"。一项萨顿信托 2013 年的报告指出:"我们发现,在大约 3 000 所公立中学中,根据传统的五门 GCSE 好成绩的标准排名前 500 的综合学校中,享受学校免费餐的整体学生比率将将低于全国平均值的一半,7.6%比 16.5%。"

2016 年,Schooldash①所做的调研显示,Ofsted 评估为"杰出"的学校、独立小学以及转变型独立托管学校招收的弱势背景学生的占比要低于它们所在社区这部分人群的占比。Schooldash 创始人蒂莫·汉内(Timo Hannay)说:"这个数据表明,根据居住地邮编摇号入学的政策远不是将贫困学生拒之好学校门外唯一有影响的因素;即使这些贫困孩子住在离这些学校很近的地方,也不太可能进入这些学校。"

我们知道,很多成绩最佳的学校位于中产阶级居住区,房价太高,除了最富有的人,其他人几乎不可能进入这些学校。2016 年,劳埃德银行(Lloyds Bank)研究考察了 30 所 GCSE 成绩良好的公立学校,发现当地房价比其他地方要高出 63 万英镑。同样,斯特林·阿克罗伊德(Stirling Ackroyd)的调研也发现,靠近巴内特(Barnet)出色的伊丽莎白女王学校(Queen Elizabeth's School)的房价比该地区平均价格要高出 34%。

2. 学校课程

爱丁堡大学的克里斯蒂娜·安内利研究了 1958 年某一周出生的一群人的生活(安内利,2013),她发现,在学校学习某些特定科目的学生比其他学生更有可能取得事业成功——即使孩子的能力相同,接受教育的学校的类型相同。这些最有价值的科目是:英语、数学、科学和语言。在文法学校的学生更有可能学习这些课程,而那些在非文法学校学习这些课程的学生也同样表现有佳。科目的选择比学校类型的选择更为重要。

---

① Schooldash:一家运用英国教育部和国家数据办公室所收集的数据为学校提供服务的机构。

3. 智商

彼得·桑德斯指出决定一个人的社会经济阶层的主要因素是智商和努力相结合。低收入职业的人没有高收入职业的人聪明，他对自己的同行社会学者不愿意哪怕考虑一下智商在社会流动中的决定作用嗤之以鼻，他将此形容为政治驱动的近视眼（他声称，只有3%的社会学教授投票给保守党），他们的研究经费取决于他们是否能够证明这是一个问题。

桑德斯宣称，英国没能实现唯才是举的理想，主要是无法让能力不强但富有的孩子降层。不过来自社会经济最底层的能力强并努力的孩子还是能够上升的。

罗伯特·普洛明教授主持了一项针对1994年到1996年期间在英格兰和威尔士出生的所有双胞胎的早期发展调研（Teds，Twins Early Development Study），他对比了同卵双胞胎和异卵双胞胎的结果，探索基因对成绩差异的影响。

他的研究表明，天性常常比我们自认为的更为重要，特别是在智商这个有争议的领域。基因与环境之间的互动非常复杂，但是，尽管如此，智商的遗传性仍然不容忽视。聪明的父母更有可能拥有聪明的孩子。

在11 116名16岁的双胞胎样本中，发现遗传力因素对GCSE成绩影响比率高，比如英语（52%），数学（55%）和科学（58%）（谢科夏福特Shakeshaft等人，2013）。与此相反，环境的整体影响，包括家庭和学校的影响，对于GCSE平均成绩的差异占到了大约36%。因此，教师或学校质量，并不是义务教育结束时的学业成绩的个体差异的主要影响指数。

2015年，普洛明将他的研究延伸到了A-Level课程，他发现了类似的规律：成绩影响因素中基因占60%，学校占20%。

4. 收入

来自富裕家庭的孩子会进入更好的学校，即使好学校附近的房价更高。他们还更有可能拥有私下辅导，即使他们上的是公立学校。来自贫困家庭背景的孩子在他们小的时候不太可能享有高质量的幼儿看护或早期教育，部分是因为在贫困地区高质量的幼儿看护少之又少。

那些居住在条件很差或房屋拥挤地区的孩子和家长的身体和心理健康都很糟糕，

他们更可能频繁更换居住地，这对于孩子的学业有非常不利的影响。诸如电脑、独立房间等教育资源非常昂贵。贫穷所带来的压力、高危抑郁等也影响着家庭，让家长助力他们孩子教育这件事变得更为艰难。

除了财务和经济上的劣势，来自贫穷背景的孩子在文化或社会资本上也处于劣势——他们不太可能参观博物馆、出国或者阅读。

双亲都受过教育的家庭平均每天花110分钟和孩子一起从事教育类的活动，而教育水平低的父母只有71分钟。

当学生拿到他们的GCSE成绩的时候，大约32%的成绩变量可以从5岁或者5岁以前观察到的指标中预测出来（沃斯布鲁克，2010）。

低收入家庭还更不太可能拥有双亲健全的福利。2001年，那些在社会经济最高层的人（被称为第一阶层）比那些处于最底层的人（被称为第七阶层）的结婚可能性高出25%。这一比率现在已经增至50%。居住在富裕社区的孩子更有可能家有慈父。

塞拉菲诺（Serafino）和东金（Tonkin）（2014）得出的结论是，在英国，在失业家庭长大的经历会影响到人们未来的贫穷状况。假设所有其他条件相同，那些14岁生活在失业家庭的孩子的贫困几率是那些有一个在职大人的家庭的大约1.5倍。

在他们研究的所有因素中，在英国，父亲的教育水平在孩子可能学业成绩不佳中所占的影响最大。假设所有其他条件相同，如果父亲的教育水平很低，孩子学业水平不佳的可能性是父亲教育水平高的孩子的7.5倍（塞拉菲诺和东金）。

然而，贫穷与考试成绩之间的关系并非必然。PISA2015年的测试（见第11页）发现，在英格兰，大约三个学生中有一人克服了社会经济背景弱势，在PISA科学测试中取得了前1/4的成绩，OECD平均数大约是29%（杰里姆和舒尔，2016）。

5. 住房市场

界定一个人的社会地位要基于对他们居住条件的考量。由于房价比工资增长得更快，过去购房更加容易——从1990年开始，租房家庭数量上升，购房家庭数量下降。现在，新建房少之又少，同10年前相比，有孩家庭租房的人数多出了将近100万。

家庭需要花费更高比例的可支配收入用于居住：80后需要将收入的20%多花在房子上，而20世纪40年代出生的人在和他们同龄时这一花费只需要10%（社会流动委员会，2016）。

1990 年以来房价的升值，特别是在英格兰南部地区，意味着那些在 20 世纪 70 年代和 80 年代成功拥有住房的中年或老年人所住房屋的价值比他们购买时要高出很多。伦敦风水宝地的平均房价已经超过 75 万英镑。当年轻人无力购买房子的时候，代际之间的财富鸿沟加大。不同地区差距越来越大的房价降低了人们异地迁移的能力。

6. 期望值

有证据表明，在低收入家庭中，普遍弥散着"低期望值文化"。千禧一代调研（Millennium Cohort Study）发现，七岁孩子的妈妈几乎无一例外地对孩子都有高期望值——97％贫穷和富有的妈妈说他们希望孩子读大学。然而，来自贫穷背景的孩子和父母随着孩子的成长期望值不断走低，他们可能仍然期待高等教育和专业职业，但他们对孩子成就这些期望的信念被削弱了。

触发这一现象的原因是多重的：目前孩子们的成绩不佳，缺乏社交网络告诉并鼓励他们如何实现这些目标，充斥着低技能工作的劳动力市场，以及用各类证书晋升到更好工作的机会有限。此外，父母本身不具备良好的教育背景，没有什么证书，他们要想在教育上给孩子帮助，比如给他们读书或者辅导作业，他们的知识、自信和技能都可能有限。

2016 年 6 月，萨顿信托的报告《相信能够更好》显示，女孩上大学的人数大大超过男孩的原因之一，是因为他们更会相信大学学历的重要性。即使在九年级，65％的女孩会说上大学很重要，男孩只有 58％。如果 GCSE 成绩近似的 15—16 岁学生认为大学是他们可能的目标，他们继续学习三门 A-Level 课程的可能性会增加一倍。同表现更好的同学相比，弱势学生不太可能觉得他们要上大学，只有 27％的学生有高期望值，而好学生这一比例为 39％。

7. 工作后需要的软技能

社会流动委员会发现，来自贫困家庭的聪明孩子虽然表现有佳，但他们的工资从来没有达到来自富有家庭的同伴们的最高水平。这也许是因为他们相对缺乏有用的软技能。阿什利（Ashley）等人（2015）分析了这一现象，他们所发现的软技能包括自信、冒险、善于口语表达、口音、团队合作、井井有条以及准时。

8. 网络与融入

迈克·萨维奇(Mike Savage)的"大英帝国阶层调研"分析(萨维奇，2015)发现，那些从事专业职业的父母更可能熟知同一领域的其他人，这让他们拥有了有影响力的网络，这一网络让他们的孩子进入这些职业的可能性增大。

2016年，社会流动委员会发表了研究证据，解释了为什么来自弱势家庭的年轻人可能很难成为投资银行家，他们很难具备这方面的工作经历，因为他们缺少必要的非正式网络。他们发现，经理们常常选择那些符合投资银行家传统形象的候选人，他们在谈吐、口音和穿着等方面表现出色。他们注意到，那些成长和背景对于他们不会意识到诸如大城市着装要求这样的事情的候选人来说，这样的情况会让他们处于劣势。

19.3 我们能为低社会流动做什么？

如何做是要看大家认为造成此事的原因是什么。如果大家和彼得·桑德斯观点一致，认为起因是来自低收入家庭的学生的认知水平和动力较弱，那么你需要集中精力提升父母养育技能。

1. 消除贫困

出生在贫困家庭的孩子一开始就处于劣势，并且发现追赶上来很困难。社会流动委员会在其2015年的"国家状况"报告中聚焦消除贫困："在一个统一的国家，儿童贫困会是一个短暂的经历，不会加重成年以后的持续不利影响。但如今，六个孩子中就有一人大部分时间都生活在持续贫困的家庭中，100万这种情况的孩子常常来自健康不佳、技能低下的家庭，而不是瘾君子父母或者关系破裂的家庭。"

2. 完善教育

莫索伯恩学校(Mossbourne Academy)、杜兰学院(Durand Academy)、国王所罗门

学校——这些都是在比较弱势地区取得好成绩的学校。2015年,18%的学校其享受学校免费餐的学生达到了一定水平的好成绩,高于全国**所有**学生的平均水平。

尽管独立学校和独立托管学校还处于早期发展时期,但是,有证据表明,它们能够提高相对低收入地区的教育水准。波特和西蒙斯(2015)研究了独立学校对其所在社区和邻里学校的影响,得出的结论是:积极有效。如果一个地区开办了一所独立学校,其他附近的小学和初中就会发生比全国平均水平更快的进步。

2016年,教育部宣布投入六千万英镑用于改进学校、支持教师以及针对其他社会流动"盲区"的举措,被称为**机遇区**。第一批地区包括布莱克浦尔,德比(Derby),诺威奇(Norwich),旧汉姆,士嘉堡(Scarborough)和西萨默塞特郡(West Somerset),随后是布莱福德,唐卡斯特,芬兰区(Fenland)&东剑桥郡(East Cambridgeshire),黑斯廷斯(Hastings),伊普斯威奇(Ipswich)和特伦特河畔斯多克。

法国:将老师派到不被喜爱的地区和学校

英格兰的一些地区比其他地区更难吸引老师。在法国,所有老师都被视为公务员,只能在政府要求他们从教的学校教学。

小学老师在学区范围内招聘,全国一共有30个这样的教育地区,他们会被派到这一地区的任何一所小学。中学老师在全国范围内招聘,被派到法国的任何中学。学校不挑选老师,这是政府的职责。教师工会支持这一做法,因为他们认为政府的这一角色可以确保各地区之间、学校之间和教师之间的公平,如果让学校挑选老师,就会出现不公平。

刚刚取得教师资质的老师被派到不受待见的地区的某些学校,一旦老师在这样一所学校教了几年书,他们积累了"积分",会让他们到法国更受欢迎的地区从教。

然而,我们面临的最大问题是英国教育体系顾及不到在学校学业不佳且不适应学术风格教育的30%的学生群体。我们的职业教育体系非常薄弱。在英国,18%的劳动力人口拥有离开学校以后所取得的非学历教育证书,在德国,这一比例是59%(社会流动委员会,2016)。

萨顿信托"流动宣言"(2016)提出了如下建议:

1) 确保所有弱势背景的孩子能够享有最好的早期教育和看护,特别是 2 岁的弱势儿童应该能够进入师资优秀的幼儿园。
2) 将改进课堂教学质量作为学校的头等大事,面向所有教师,建立有效的绩效考核体系以及高质量培训的保障。
3) 在 11 岁的时候,为公立文法学校和综合学校创造更加公平的招生政策,包括抽签和派位录取。
4) 通过更好地运用教育捐助基金会(Education Endowment Foundation)所提供的证据,以及对缩小成绩差距的学校的奖励,提高学生补助的影响。
5) 对于公立学校能力强的孩子,提供一个有效的全国教育项目,运用专项拨款支持看得见摸得着的活动,以及跟踪学生的进步。
6) 通过定期系统内督查、发布系统内更多的数据以及加速对运作不佳的学校的干预,强化独立托管学校对于低收入和中等收入学生的支持。
7) 通过推动更多的合作,以及根据个人能力而不是支付能力,向所有学生开放 100 所领军独立走读学校,以此打破公立与私立学校之间的隔阂。
8) 为每一位年轻人提供高质量的个性化教育和职业指导保障,强化国家职业生涯服务,以有效地支持学校和学院发展。
9) 建立一个新的机构,独立于各个大学,高效地协调基于实证的拓展项目,佐以更多地采取综合考量学生背景的录取机制来提高进入大学的机会。
10) 大力拓展好的实习项目,让年轻人在 18 岁的时候有真正的选择,雇主能够按他们所需的技能培养劳动力大军。

19.4 是否有人反对增加社会流动?

是的——反对的理由是,即使目前英国最贫困的人,也比 50 年前中等收入的人过得要好。帮助这些社会最底层人们的方法是增加更多的工作以及更多工资高的工作。关注不公平会很危险,因为你关注了错误的事情,承担了牺牲主要任务的风险——发展经济。在教育界,关注优势和劣势孩子之间的成绩差距会分散我们应对更该考虑的事情的精力——提升英格兰所有学生的教育水平,以应对日益增长的全球竞争。

社会流动政策会有其他摧毁性的副作用,比如,稀释学术水准,以便让更多的学生通过考试,就像 GCSE 所出现的情况,导致能力在前 50% 的学生不能充分发挥他们的潜能。有证据表明,更多的低收入家庭的学生进入积分要求低的大学,除了让他们负债以外,并没有改善他们的就业前景。

所有家长都希望有一个地区的优质学校,而不是选择,不是社会流动。只要一所优质学校,管理有效,师资优秀。但是,迈克尔·戈夫的特别顾问提到,虽然有些不公平:

"那些英国教育体系的掌权人对看上去'站在穷人和能力弱的人一边'更感兴趣,而不是提高教育水平。"(多米尼克·卡明斯 Dominic Cummings,博客,我的教育远征之作,2014)

2016 年,特蕾莎·梅(时任英国首相)提到要创造唯才是举的氛围,她说,"衡量"人生成功的唯一标准是自身的能力和努力工作的程度。

这一章节在开始时提到了迈克尔·杨在创作"唯才是举的崛起"时对这一个概念的担忧,原因是智商在很大程度上是基因所决定的,这意味着中产阶级以牺牲工人阶级为代价,总会主导唯才是举。如果社会遵循唯才是举,那么,就有这样的危险:那些处于上流阶层的人们会觉得他们的地位理所当然,同样,那些处于底层地位的人也本该如此。对于穷人的同情心消失殆尽:他们贫穷是他们的低智商造成的。

因此,有些人认为,一个更加唯才是举的社会不会带动社会流动,远远不能,因为唯才是举巩固了认知精英的特权。

第 20 章　我们该做什么?

20.1 确保所有学生学好,学校该做什么?

学校效能方面的研究已经非常广泛,对于"什么有效"的回答人尽皆知。多数校长从他们的经验中知晓了答案,但是总有人会觉得付诸实践很难。

人尽皆知的答案并不意味着所有成功的校长都同出一辙——情况远非如此。优秀的校长可以一言九鼎,也可以将决策和责任充分放权。

这很大程度取决于学校的本质。那些面临重大和快速改变的学校,同那些已经成型,只需在现有做法上改进的学校所需要的校长完全不同。一所崭新的学校需要擅长市场推广的校长;一所卓有成就的学校,市场推广就不那么重要了。总之,相关研究和我对学校的探访发现,拥有优秀学生的学校一般具备以下特点:

1. 纪律严明

没有纪律,其他什么都谈不上。幸运的是,多数孩子和家长对此认同。

通常严明的纪律来自校长,他们经常会:

1) 就教室、楼道、公共区域、上学和下学路上的行为制定明确的规范。
2) 明确(违纪的)惩罚措施。
3) 让所有老师了解行为规范和惩罚措施,并且随时随地不折不扣地实施。
4) 严守"不接受借口"的政策。
5) 学生如有违规,当天留校。
6) 如果学生的行为干扰到他人,临时劝退。
7) 与制造麻烦的学生家长面谈,争取他们的支持。
8) 指派专门的老师负责最捣乱的学生。
9) 为对维持纪律犯难的老师提供支持。

2. 对每个学生的高期望值

相信每个学生都能够表现出色并且努力学习,每个孩子都能够在 GCSE、BTEC 和 A-level 中取得好成绩。老师可以通过课堂提问、作业评判和频繁测验了解学生是否达到高期望值。学校需要相信努力比遗传智商更加重要。

伦敦的国王所罗门学校弱势背景的学生取得了出色的 GCSE 成绩,为什么?因为学校认为所有的学生都能够上大学——设定高期望值,其他事情都参照执行。

期望值不应该仅限于目标成绩或贴上特殊需求的标签,学校必须志向高远。目标成绩会激励学生刻苦学习,同样也会让他们失去学习的动力。我访问的一所综合学校的最好的老师说:"我完全忽略学校的目标成绩,因为我的目标是每个孩子达到最好成绩。我虽然做不到,但是**我的**目标影响我做每一件事情。"

如果学生**跟不上**预期,学校必须视情况采取相应的措施,可以包括:

1) 如果学生测验成绩差,补考。
2) 如果学生作业晚交或不符合要求,留校重做。
3) 见家长。
4) 额外辅导。
5) 给予受情绪或家庭问题困扰的孩子以关怀——但不能接受以此为借口不好好表现或学习差。

学校要大力奖励和表扬刻苦行为。

学校的课程设置应该富有挑战,特别但也不单单为了能力更好的学生,这意味着在英国文学课上啃课文,在音乐课上学习识谱,在艺术课上学会写生,在设计课上创作作品。

对所有学生抱有高期望值,建立体系迫使能力不足的学生跟上,这些事情比选拔、分班和分流学生更重要。

3. 强大的师资队伍

好学校会花时间想出吸引和留任优秀教师的妙计。优秀的老师应该拥有丰富的学科知识,对工作和学科富有激情,认真备课,检查学习效果,定期给学生测验和评判作业。他们对学生寄予很高的期望,真心尊重他们,营造学习氛围,让学生们都成为学者。

我们知道学校内部和学校之间存在成绩差距,一名好校长总会关注把能力最弱的老师和学科教研室提升到最好的水平。

4. 定期测验

学生必须学会如何将所学变为长期记忆,如果能够记住学习内容,他们就更有可能充分理解和进行分析性思考。他们必须有齐全的笔记和复习指导。他们必须至少每三周左右做一次测验，检查学业，最理想的是涵盖整个年级的每一门课程。学校需要**定期反复测评**，确保学生将**学习内容植入记忆**。学校应该把考试成绩给到家长，并且张榜公布。学习不好的学生需要有提升排名的目标，并提供相应的支持以便他们达到目标。

5. 日常规范和体系

很明显，我走访的所有优秀的学校都培训老师和学生遵守日常规范和体系规则，以便节省时间、确保纪律。例如，好学校会就如下日常定下规矩：如何在课程之间换教室、排队领午餐、进入教室、课程开始前从书包里拿出什么物品，如何结束一堂课，如何提交作业，如何评判作业，有大人走进教室应该做什么，如何称呼老师，如何穿着校服等。如果孩子在课程开始的第一分钟就很清楚应该做什么，这会节省大量的时间——这些时间可以转而用于教学。

6. 倾注情感

学生们必须相信他们的学校是一所好学校，他们为它感到骄傲。他们必须喜欢老师，尽管知道老师会严明纪律，他们必须好好学习让老师高兴，他们必须知道取得好成绩不是难事，而且意味着更好的工作和更好的生活，他们必须认清好成绩的关键性。

优秀的老师认为教学有着高尚的目标，对此要有紧迫感。

7. 文化资本

来自弱势家庭的孩子对世界了解不多。因此，学校必须逼着他们参观博物馆、美术馆、听古典音乐会、看话剧、听讲座……将这些经历写下来。学校还必须要求他们阅读文学经典。

8. 家长参与

家长需要积极参与学校事务——孩子的定期报告、对总不出现的家长做家访、简报、活动邀请、定期家长会。学校要明确地告诉家长，他们在家里必须坚持什么，以及如何帮助孩子做作业。

9. 英语好

很多学生在家不说英语，或者他们的家长词汇量有限，但是英语好是在很多学校以及工作上取得成功的**必要条件**。所以，11岁的孩子上初中的时候如果英语不好，必须额外补课。每个孩子都要学会流利的口语表达。

10. 课外活动

运动、辩论、音乐、戏剧、爱丁堡公爵奖计划——这些都能够帮助学生发展一生的爱好和友谊，备受学业压力的学校也能够从中受益。关键是强制学生每学期必须参加一些活动。

11. 合作

许多好的中学都受益于成为教育联合托管机构或者地方学校松散联盟的一员，学校可以**优势互补**。学校需要有社区责任意识，学校不可能独善其身。资源应该向薄弱学校倾斜。最成功的教育联盟学校定期收集成绩数据，期待持续进步。

当然，还有第十二条——一名好校长，要有人确保以上1—11条能够实现。校长需要目标清晰，毅然决然。

我与许多成功的校长交流，他们总说两件事：

"从简"以及"聚焦关键"。

20.2 政策总结

1. 英国教育体系最主要的问题是差生的长尾分布。2016年，公立学校57%的学生取得了五门包括英语和数学在内的GCSE课程 A*—C的成绩，这是一个很低的数字——毕竟,GCSE 成绩 C 对多数学生来说不是什么伟大的成就,学校免费餐学生达到这一水平的比例是 33.1%(教育部,2016)。

2016 年,69%的 GCSE 考生取得了 C 或以上的成绩,但是其中的 36%只是得 C——将将及格。

成绩处在顶端的学生做得很好,A-level 是可靠并富有挑战的证书,学习这个课程的学生能够走进优质大学。

那些没有达到五门 GCSE 门槛成绩的学生大多来自弱势背景,针对这种情况,**政府应该关注这一群体——处于尾部的差生**。根据 OECD 的报告,这是让英格兰有别于其他发达国家的原因。

PISA2015 年的报告发现,英格兰 15 岁学生在科学和数学成绩上前 10%和后 10%的差距相当于八年以上的学校教育——比其他很多 OECD 的国家的差距都大(杰里姆和舒尔,2016)。如果我们想从一个低收入低产出的国家变为一个高收入高产出的国家,我们需要做更多。而且,我们知道没有受过良好教育的家长会导致孩子也不能接受良好的教育,我们必须打破这样一个循环。

脱欧以后,我们就要依靠自己了。为了生存,我们必须成为全球最具竞争力的国家之一。在这一背景下,我们目前的教育水平不尽人意。

伦敦挑战(见第 24—26 页)项目告诉了我们**该如何行动**。10 年间,伦敦从一个英格兰学校考试成绩最差的城市变成了最好的。

少数非选拔性学校成功地消除了差生长尾,我们需要更加深入地了解它们是如何做到的。

2. 弱势背景孩子的成绩差距在幼儿园已经非常明显,政府需要在幼儿园阶段进行投资——幼儿园,以及托盖特小学(第 9 章)提供的那类家长课程。**我们需要就优先提高 2—4 岁儿童看护和教育质量制定政策**,应该培养更多的幼教老师,这样孩子们在五岁的时候可以达到一个良好的水平,他们的人生机会会得到极大的改善。

对贫穷家庭的学生的教育重点应该是增加词汇量、发展社会技能、端正行为举止,而不是在低龄阶段教阅读和数学。在小学阶段接受良好教育的学生,只要掌握了上学所需要的技能,就能够学好阅读和数学。

3. 孩子是走学术路线还是职业技能路线,这一决定应该在孩子完成 GCSE 课程之后做出,而不是之前。所有孩子都有能力完成常规的学术课程直到 16 岁,他们也有权力享受这些。

我们应该实施2016年塞恩斯伯里回顾中提出的16岁以后的15个职业技能专业，但如果找不到授课老师，就做不成事了。

2015年，63.3万名学生中只有26.6万人完成了A-level（教育部，2016）。为16—18岁学生提供全日制教育的学校类型包括继续教育学校（48.4万名学生）、带高中的学校（43.3万名学生）和高中学校（15.7万名学生）。我们充分相信要促进社会流动，就必须重视改革，投资继续教育学校，让他们为数量巨大的学生提供技术和职业教育：这个学生群体会从额外投资中受益最多。

正如温斯·凯博（Vince Cable）在他担任商务、创新和技能部国务大臣期间所指出的：

> "英国二战后的教育误入歧途。OECD指出，根据国际标准，我们初中以后的副学位职业技能证书①教育领域的规模很小——可能低于年轻人群的10%，而其他国家达到1/3。在美国，超过20%的劳动大军拥有初中以后的证书或副学士学位的最高学历，在奥地利和德国，获得副学位的人数达到适龄群组的50%左右。"（凯博，2015）

将理工学院转变为大学减弱了英国对职业教育发展的推动作用，在近期增加大学学生人数占比的持续压力下，这些学院什么事都想做，但常常什么事都做不好。有人提议建立技术学院，这是一个好想法——如果能够找到好老师并加以培训。但是从二战以来，类似的建议经历了无数的报告和规划而未果，成为一个不堪回首的政策失误。

政府应该重新聚焦，将那些学生挣不到钱的低水平的学徒项目，转向高水平的技术学徒制，这在德国非常普遍。

一旦我们在GCSE之后提供高质量的职业或技术通道，我们可以说服家长和老师，这些通道对有些孩子来说比学术通道更有价值。目前，学校出于巨大的经济需求方面的考虑，在让学生学习并不适合他们的A-level。

---

① 副学位职业技能证书：Sub-degree，次于学士学位，可以理解为我们的大专或职业技术学校的毕业证书。

4. 总的来说,我们不应该过多关注学校的组织类型,学校**内部**的质量高低比不同学校类型(地方政府管控学校、独立托管学校等)之间的质量好坏更为重要。

有些独立托管学校联盟在取得成功,有些则不然。政府需要让开校竞标过程的竞争更加开放,目前由独立托管机构形成的流程不够透明。

5. 对学生表现产生最大影响的是教他们的具体老师,政府需要制定政策,关注招聘和留任优秀教师,这方面我们仍需努力。有证据表明,教师培训学校和或者教师委托培养机构(School Direct)不可能自己解决教师短缺的问题。我们需要在教师招聘上投入更多,一个受过更好教育的师资队伍不仅能够确保投资回报,经济学家埃里克·哈努舍克(Eric Hanushek)估计,在美国用能力一般的老师替换5%~8%能力最差的老师将为年GDP多贡献75~110万亿美元(哈努舍克,2011)。

政府应该建立激励机制,鼓励好老师到挑战大的学校去任教,就像日本和新加坡的做法,政府应该给予这些老师慷慨的购房保障。

脱欧谈判应该让欧盟或者欧盟以外国家的老师更方便地到英国来承担师资短缺学科的教学工作。

6. 我们的师资培训和教师发展仍然做得不到位,不仅是和东亚国家相比,就是和其他国家的水平相比也有差距。我们应该对芬兰、新加坡和中国上海等地所采用的教师培训体系进行认真的考量,同时评估英格兰校内师训的有效性。

7. 影响老师效率的一个因素是教学方法(教学法)。过去六年,学生通过自然拼读和数学全会式教学法取得了显著进步,此事应该持续进行下去。

有证据表明教材比讲义或者数字资料更有效,应该鼓励老师使用教材。

教育部应该建立专门的部门协调为学校开发的优质在线资源,并鼓励出版商出版富有挑战的教材。

8. 文法学校应该参照国王爱德华伯明翰基金会(King Edward's Birmingham Foundation)旗下学校的做法,降低那些享受学校免费餐的学生11+岁的入学成绩要求,以将这部分学生的在校比例增加至20%。只有这样,文法学校才能施惠于最需要它们的学生群体。

9. 我们刚刚改革了考试体系中学术要求(GCSE和A-level)。许多这样的改革很出色,我们应该给它们时间来稳固,而不是再增加变化。考试体系的频繁变动会将老师的精力从关键事情上转移走。

GCSE 改革让证书要求更高，这是有必要的，因为英格兰应该达到的水准已经落后于其他国家（见第 10 页）。正如库塞拉等人（2016）所发现的那样，"证据显示，英格兰初中高年级部分的课程所要求的基本技能，比很多其他国家都要低。"

如果现有的考试局不能够表现出高水平的能力，我们应该考虑每门课程只让一家考试局来负责。

10. Ofqual 继续遏制无端的成绩贬值十分重要，如果任其发展，会给全国造成教育进步的假象。

11. 随着学龄人口的增加，很多地区需要增加学位。政府应该鼓励现有的最成功的独立学校、独立托管学校、教育联合托管机构学校和地方政府学校的老师参与建立新的独立学校。

公众对于独立学校的作用有些模糊认识——它们是为了应对地区学位短缺，还是给缺乏高质量学校的地区的家长提供充足的学位选择？我们需要思考是否应该推出两个独立的项目：满足基本需求的新学校项目，学校服务办公室需要和当地政府紧密合作，确认地方需求，找到合适的提供方满足这一需求；高质量的学校项目，教育部批准在教育质量较低的地方建立新学校。

同时，很多独立学校找不到办学地点，学校的规划条例需要尽快改进。

12. 政府应该利用私立学校帮助解决优质学位的供给。来自低收入家庭的父母（学生超级优秀）如果愿意，应该可以用本来要花在公立学校学位的钱，去购买私立学校的学位，学校负责补足学费的差额。

政府应该鼓励私立学校帮助那些希望得到帮助的公立学校。如果学校的任务是教育弱势背景的孩子，私立学校不是好建议的来源，但是它们在如下方面可以提供很好的建议：小学学科专家教学、住宿、大学申请、现代语言和科学教学，辅助课程活动比如体育、音乐、戏剧和军训队。

13. 学校靠自己无法缩短成绩差距，因为优势群体和弱势群体学生之间的成绩差距多是由非学校因素造成的，比如贫穷或家长能力差。认为学校自己有能力创造一个更加公平的社会是政策错误。政府需要在薄弱地区的经济状况、房价、收入分配以及养育质量方面采取措施。

14. 有一种日益增长的迷思，认为英国社会变得越来越不公平。我们必须进一步推动社会流动，但是也应该关注所有孩子能够取得的一定的成就。消除成绩差距自然好,但如果我们能够把英格兰的平均教育水平提升到世界最佳,那岂不是更好。在英国,40%的年轻人进入大学,一小部分学习STEM① 专业。在韩国,75%进入大学,大多数都是STEM 专业——所以差距很大。

在很多学校,不同种族、性别、社会-经济阶层之间的成绩差距依旧存在,但优秀学校在提升弱势背景学生成绩方面比其他学校做得要好。只关注不同类别的学生人群的差距,而不是提升在校**所有**学生的水平,意义不大。

15. 如果社会不能为学校和高中提供足够的资金,过去几年所取得的成绩将会停滞。

我们需要牢记的重要信息是:尽管数据显示,在学生平均表现上,英格兰学校同其他国家的学校相比做得不错,但平均表现隐藏了一个重要的事实——我们前20%的学生表现极佳,但垫底的40%的学生做得很差。这就告诉了我们政府的优先事务是什么。

在过去20年,英格兰的学校进步显著,整个教育体系充满希望。但是,表现不佳的学生往往和低家庭收入相关联,这就是为什么让弱势背景孩子取得好成绩的学校更引人注目,这些学校的成功归功于教学方法和纪律严明,这是关键因素。

---

① STEM = Science, technology, engineering, maths 的首字母缩写,泛指科学、技术、工程和数学这些优势理科专业。

附录1 英格兰教育的分类

各国的教育体制由于历史、文化、政治等原因,都形成了复杂的体系,要想更好地理解其运作,就需要从了解分类开始。《教育的承诺》这本书的大背景是介绍英格兰的基础教育,因此,读者在阅读本书之前,需要了解一下英格兰基础教育体系,会对更好地理解本书有所帮助。

一、按是否收费分类(fee-paying)

这一分类最直截了当,免费的是公立学校,收费的是私立学校。英国在这两大分类下面,还出现了更加细致的分类。英国的公立学校(可以统称为 state school 或者 state/government-funded school)有这样几种叫法:

1. Maintained school 保留学校。这个名称有些生无可恋的感觉。这是因为英国近年对公立学校机制进行了改革,借鉴了美国特许学校(charter school)和芬兰学校的经验,将一些学校(特别是评估结果差的学校)的掌控权从地方政府那里转移到了 Academy Trust(可以理解为教育托管机构),机构组成 body of governors(学校理事会)来管理学校,这些学校被称为 free school(独立学校),学校名称上有的时候会带 Academy 这个词。这样的学校仍然是公立,享受政府拨款,但是可以不受地方政府的管控,可以不按照国家课程大纲教学,在治校和教学上享有更高的自由度。当然,学校仍需像所有公立学校一样,纳入 Ofsted(英国教育督查机构)的督查。

2. Grammar school 文法学校。简单化理解,这些学校就是我们的公立示范校或者重点校。文法学校的发展有其历史原因,它是根据1944年的教育法案出现的三足局面:文法学校、现代中学和技术学校。但1965年开始,又出现了让这三种类型的学校为 comprehensive school(综合学校)让路的政策。到2016年,政府要恢复文法学校的时候,发现已经所剩无几。

   对于文法学校的存在,英国社会有着很大的争议,这种争议与我们争议是否应该设立重点学校同出一辙,就是公立教育的公平性。由于文法学校采用选拔性录取机制,绝大多数通过考试的孩子都来自中产阶层,也可以将它理解为中产阶级孩子的专属公立学校。只要有文法学校的地区,其他公立学校(非选拔性)的发展就受到限制,因为好学生、好老师都到了文法学校,其他学校自暴自弃,反而影响了整体教育的发展。

3. Free school 独立学校。前面已经说明,它属于英国教育改革的举措之一,将一些学校从地方政府管控变为教育托管机构管控,机构组成学校理事会来管理学校,学校性质仍然为公立免费,但是,不必像公立学校那样按照国家课程大纲教学,在治校和教学上享有更高的自由度。由于这一改革时间不长,所以,它的效果尚不能下定论,但是它的发展让英国公立教育的各个关联人都十分关注(政府、研究者、学校、家长、学生、管理者)。

4. Comprehensive school 综合学校。第二点已经进行了介绍。

英国的私立学校可以叫 independent school(独立学校,不同于 free school)、public school(公学)或者 private school(私人学校)。

1. Public school,中文直译过来是公立学校。但是在英国(英格兰和威尔士)的教育体系中,它有其特殊的历史发展和含义,我们一般把它翻译成"公学"。现在,在中国的国际学校也有叫公学的,大家一听觉得很高大上。其实,在英国,"公学"是一种学校类型的统称,没有哪所学校本身的校名中带"公学"两个字。从狭义上讲,英国只有七所+两所"公学",它们是:Charterhouse(切特豪斯)、Eton College(伊顿)、Winchester College(温切斯特)、Harrow School(哈罗)、Rugby School(拉格比)、Shrewsbury School(什鲁斯伯里)和 Westminster School(威斯敏斯特)加 St Paul's School(圣保罗)和 the Merchant Taylors School(麦钱特泰勒斯)。我们可以注意到,这些学校的校名有 School、College,或者直接是名字(Charterhouse)。因此,从学校名称上是完全没有"公学"这个字样的。

这九所学校有的时候被统称为克拉伦登学校(Clarendon Schools),是因为在 1861 年,英国政府成立了克拉伦登委员会(Clarendon Commission),专门调查当时英国领军的这九所学校的情况,调查报告最终引导了 1868 年的 Public Schools Act(公学法案)。这些学校当时的典型特征是:收费、男校、寄宿、学生年龄为 11 或 13—18 岁、精英。我们可以将它们理解为政商子弟中学:那时英国的殖民地遍布全球，那些派驻殖民地的高官和在那里经商的大老板把他们的儿子们送到这些学校读书，这也是为什么"寄宿"这个概念十分重要的原因，之所以是 7 + 2，因为后面两所学校是走读制。为什么叫"公共（Public）"呢？这是因为根据公学法案，这些学校与它们的东家（皇家、教会和政府）脱钩，由公众管理（public management），即学校理事会（body of governors）；所招收的学生不分宗教信仰、家长职业背景和家庭住址，面向公众（public），有钱都可以上。这是相对于当时英国的私立学校（private schools）所提出的概念，因为私立学校属于私人，如何管理由学校拥有者说了算，只招收本地或某个教会，或其他一些特定条件的学生。以上是对公学狭义的解读。

广义上的公学也不是随便可以叫的，而是校长属于英国校长会议（Headmasters' and Headmistresses' Conference，简称为 HMC）成员的学校，被统称为公学（public schools）。HMC 的第一次会议于公学法案颁布的第二年，即 1869 年召开，一直延续至今，目前有 289 名英国学校成员，54 名国际学校成员和 12 名合作成员。HMC 对会员资格有明确的要求，可以理解为会员所在的学校均属于英国顶级学校。

2. Independent schools 和 Private schools：独立学校和私人学校。英国所有的"公学"都归类到 independent schools（直译为独立学校，即私立学校），有时也会用 private schools（区别起见，这里可以翻译成私人学校）。但是在严格意义上讲，私人学校与独立学校不同：私人学校属于私人拥有，决策权在拥有者，而不像独立学校是以学校理事会为最高决策机构。无论是独立学校、私人学校还是公学，它们都是相对于公立学校（state schools）而言的，即由政府出资的学校（state-funded schools）。

二、按性别分类（gender）

这一分类很直接，英国大多数学校是男女混校（co-education），当然，有男校（boys' school）和女校（girls' school）。

三、按寄宿分类（boarding）

寄宿分为全寄宿 full boarding（周末也住）、周寄宿 weekly boarding（周一到周五住校)和混合寄宿 flexi boarding(前面两者的结合)。走读叫 day school。寄宿学校也会有部分走读生。

英国寄宿制度的吸引力,在于它不仅为学生提供住宿,它还是学校教育的重要组成部分。宿馆制(House system)就是基于这一传统发展而来的,Housemaster(舍监)的地位堪比校长。在《教育的承诺》一书中提到,有些家长不是选学校,而是选 House,如果孩子进不了某个 House,甚至会放弃这所学校。文学中的描述(如哈利波特)更增添了 House 的神奇色彩。英国是唯一为寄宿立法的国家,所以,在质量上有着法律保障。也正是基于这一原因,英国非常适合低龄留学,因为这个年龄阶段,学习是第二位的,监护才是第一位的。

四、按年龄分类(age group)

这一分类最复杂。在中国,我们知道小学一年级、初中一年级和高中一年级是学校选择的几个切入点,那么,在英国,这样的年级切入点是什么样的呢?

英国的学校教育是 13 年,孩子五岁就上学了,因此,和中国的年级错开了一年,小学、初中和高中的切入年龄和年级都和中国不同。英国将基础教育分为五个关键阶段,下表将这五个关键阶段所对应的年龄、年级、公立和私立系统的叫法、关键节点的考试以及与中国教育体系对应的年级做了解读。

Key Stage 关键阶段	年龄	年级	中国体系	英国公立系统	英国私立系统	考试
0	3—4			Nursery(幼儿园)	Nursery(幼儿园)	
	4—5		幼儿园	Reception(学前班)	Pre-prep(小学预备班)	
1	5—6	Year 1				KS 1
	6—7	Year 2	小学一年级			KS 1(retake)*
2	7—8	Year 3	小学二年级	Primary school(小学)	Pre-prep/Prep*	
	8—9	Year 4	小学三年级		Prep/Junior school(小学/中学预备班)	
	9—10	Year 5	小学四年级			
	10—11	Year 6	小学五年级			KS 2 SATs* or 11+*

续　表

Key Stage 关键阶段	年龄	年级	中国体系	英国公立系统	英国私立系统	考试
3	11—12	Year 7	小学六年级	Secondary school（初中）	Prep/Senior school*	Common entrance exam*
	12—13	Year 8	初中一年级			
	13—14	Year 9	初中二年级		Senior school（中学）	
4	14—15	Year 10	初中三年级			
	15—16	Year 11	高中一年级			GCSE
5	16—17	Year 12	高中二年级	Sixth form, College, Further Education（高中）	Senior school, Sixth form, College（高中）	A-level, IB, BTECs
	17—18	Year 13	高中三年级			

*：有些英国私立学校的 Prep 从 Year 3 开始，有些从 Year 4 开始；同样，有些 Senior 阶段从 Year 7 开始，有些从 Year 9 开始。

*：KS1 和 KS2 的考试主要是公立学校的学生参加，这是政府评估一所学校办学质量的标准之一。KS1 可以在 Year 1 考，也可以在 Year 2 再考。有些私立学校也会参加 KS2 的测试。11＋的考试一般用于私立学校以及公立的文法学校对学生的筛选。Common entrance exam（13＋）则主要是私立学校用来筛选学生进入中学阶段。

最后补充一点，英国学校重名的挺多，经常能看见以国王（King）、圣玛丽（St Mary）等命名的。所以，为了区别，学校名称后面有的时候会加上地名，比如 King's School Canterbury，King's School Rochester，King's School Chester，最后一个词指学校所在地区，这样不易混淆。

英格兰、苏格兰、威尔士和北爱尔兰有着自己的教育体系，其中苏格兰最独立，区别比较大，其他三个相对比较一致。《教育的承诺》这本书主要讲的是英格兰的基础教育体系。

附录2　英格兰教育专用名词解读

（按英文首字母顺序）

- A-level：General Certificate of Education Advanced Level 的缩写，即英国的普通中等教育高级证书，英国大学的录取主要看三到四门 A-level 课程的考试成绩，不同专业对课程选择的要求不同，可以理解为英国的一种高考类型。
- AQA：The Assessment and Qualifications Alliance，测评与证书联盟。
- AS：A-level 课程的学习分为两个阶段，第一个阶段为 AS，第二个阶段为 A2。A-level 的成绩为两个阶段成绩的综合计算，学生也可以在完成 AS 阶段的课程学习以后，放弃这个课程。2018 年，英国实施了改革，取消了 AS 的考试，A-level 变为一次性考试。
- Assisted Place：英国保守党政府于 1980 年开始实施的一项政策，学生在收费的私立学校的入学考试中的成绩如果能够达到前 10%～15%，他们可以免费或获得部分资助在私立学校就读。
- Attainment 8：即八门成绩进步值（Progress 8 measure）所指的八门课程的成绩。
- BMAT = the BioMedical Admissions Test，即生物医学入学考试，有些英国大学的医药、生物医学、牙科等专业要求申请者参加的一项考试。
- BTEC：由英国商业与技术教育协会（Business and Technology Education Council）研发的课程证书，可以理解为类似我们的职业技术高中证书。
- Boarding school：寄宿学校。
- CfBT：Centre for British Teachers，英国教师中心的简称，现已经成为教育发展基金（Education Development Trust），为提升全球教育而服务。
- Charter School：特许学校。专指那些接受政府资助但又独立于当地公立教育体系的学校类型，是一种公立教育的创新模式。
- Co-curricular activities：辅助课程活动。即围绕传统学科课程所开展的活动，与 extra-curricular activities（课外活动）相对应。
- Combined cadet force：由英国国防部资助的一个英国青年组织，其目标是为学校提供一个规范的组织,通过训练,提高学生的责任感、独立自主、足智多谋、容忍和坚持等品格,培养学生的领导力。

- Converter Academies:转变型独立托管学校。指 2010 年以后,第二拨独立托管学校成立热潮中成立的独立托管学校,这些学校被 Ofsted 评为良好或杰出。
- Conditional offer:有条件录取。英国大学的录取发生在高中最后一年的第一学期,那时,学生还未参加 A-level 考试(即英国的高考)并取得成绩。因此,大学是根据学生的预测成绩发预录取通知,在预录取中明确正式录取时需要学生达到什么样的 A-level 课程的成绩要求。学生需要在预录取学校中选择两所学校作为第一选择大学和保底大学,待 A-level 成绩正式发布以后(每年的 8 月份),可能出现四种情况:达到了第一选择大学的录取要求,则进入这所大学;只达到了保底大学的录取要求,则进入保底大学;两所大学的要求都没有达到(需要进入 UCAS Clearing 重新申请);超过了第一选择大学的录取要求(可以进入 UCAS Adjustment 重新申请)。
- Council house:英国政府为低收入家庭提供的租金低廉的房子。
- Day school:走读学校。即学生白天在学校上课,下午放学回家。相对于 boarding school 而言。
- Duke of Edinburg:爱丁堡公爵奖。英国爱丁堡公爵菲利普王子(Prince Philip)于 1956 年设立,旨在鼓励青少年自我完善,为国家与社会献力,实现自我生命价值。分为铜奖、银奖和金奖。
- EBacc:English Baccalaureate 的缩写。它是政府为鼓励学校开设 GCSE 中被普遍认为难度大但有用的课程而出台的一个课程组合证书,包括英语、数学、科学、历史、地理和一门语言课程,政府专门统计一所学校这些课程的成绩,并据此对学校进行排名。
- Enrichment activities:素养提升类活动。指除传统学科课程以外的活动,通常为艺术类、体育类和跨学科类的活动。
- EPQ:Extended Programmme Qualification 的缩写,拓展课程证书,相当于半个 A-level 课程,其内容为学生在老师的指导下完成他们所感兴趣的一个科研项目并撰写或分享研究报告。由于大学非常看重学生的科研能力,学习过这一课程的学生能够向大学表明,他们已经具备了基本的科研能力。
- Extra-curricular activities:课外活动。即为学生全面发展,在课外为学生提供的与课内学科课程没有直接相关性的活动,与 co-curriculum activities(辅助课程活动)相对应。

- Facilitating subjects：添彩课程。罗素集团的大学所推荐的 A-level 课程，大学认为学习了这些课程，能够增强学生的大学申请竞争力，并为大学学习打下更好的基础。添彩课程包括：英国文学、历史、现代语言（比如法语、德语、西班牙语等）、古典语言（拉丁语、古希腊语）、数学和进阶数学、物理、生物和化学。
- FE College：即 further education college，继续教育学校。这与我国大学的继续教育不同，这些学校面向的是高中教育。
- Free school：独立学校。这是英国近年来涌现出来的一种新型的公立学校，由当地的家长或老师、其他优质学校或者独立托管连锁机构、商人、当地政府或者大学建立起来的学校，虽然它们仍然是政府资助，不收学费，但脱离了地方政府的管控，在办学上比地方政府管控的公立学校享有更大的自由度。
- Free school meals：英国学校对那些家庭收入没有达到一定标准的学生提供免费餐，一所学校中这类学生所占百分比常常被用来反映这所学校学生的家庭背景情况。
- GCSE：General Certificate of Secondary Education 的缩写，即英国的普通中等教育证书，可以理解为英国的中考。
- Governors：理事。英国学校一般都设有学校理事会（Board of Governors）。理事们来自各行各业（比如教育、法律、金融、媒体等），参与学校发展战略的制定和办学效果的评估，他们主要的职责包括：监管学校财务状况，任命校长，确保学校和学生发展，但不参与学校的日常运营，属于公益性职位。
- Grammar school：文法学校。英国一种公立学校类型，质量一般都好于地方政府管控的公立学校。
- House：宿馆。本意是指英国寄宿学校住在一个房子里的学生组，但它已经发展成为一种教育机制，孩子们还以宿馆为单位开展校内的很多活动和比赛。负责宿馆的老师有多种叫法，如 House parent（宿馆父母）、House Master（宿馆男舍监）、House Mistress（宿馆女舍监），他们与所在宿馆的孩子们同住，像父母一样照顾着孩子们。
- IB：International Baccalaureate（国际文凭课程）的简称，由国际文凭组织（International Baccalaureate Organization）研发，它的课程体系覆盖从幼儿园到大学预科的全年龄段，最高阶段为 IBDP，两年学制，可以作为 A-level 的替代课程，相当于我们的高中课程。

- iGCSE：i = international，即国际 GCSE。这原本是为英国本土以外采取英国课程体系的学校所提供的课程考试，内容与 GCSE 不尽相同，但作用与 GCSE 相同，即检验学生第四关键阶段的学业成就，同时是进入下一阶段学习的敲门砖。
- Independent schools：独立学校，它属于私立学校性质，收费（fee-charging schools），但同私立学校（private schools）不同的是，它不属于私人拥有，最高决策机构为学校理事会（body of governors），一般为非营利性机构。
- ISC：Independent School Council 的缩写，即英国私立学校委员会。
- Key Stage：关键阶段。英格兰教育体系分为五个关键阶段，第一关键阶段为 5—7 岁，第二关键阶段为 7—11 岁，第三关键阶段为 11—14 岁，第四关键阶段为 14—16 岁，第五关键阶段为 16—18 岁。每个阶段都有相应的考试，用于学生进入下一个阶段的达标标准或筛选标准。
- Maintained schools：保留学校，即地方政府管控的学校，它是相对于 free school 而言的，保留学校的课程设置必须绑定国家课程大纲，但 free school 不受这一限制。
- OCR：Oxford Cambridge and RSA，牛津剑桥和 RSA 考试局。
- Ofqual：Office of Qualifications and Examinations Regulation 的缩写，即英格兰资格与考试办公室。专门负责监管英格兰的考试、测评和证书，以及北爱尔兰的职业证书。
- Ofsted：Office for Standards in Education 的缩写，即（英国）教育标准局，定期对英国公立学校和部分私立学校进行督查，发布督查报告。
- Oxbridge：University of Oxford 和 University of Cambridge 的综合写法，中文一般说牛剑，是英国最好的两所大学，也是世界各排行榜前十的大学。
- Mastery learning："全会式"学习。英国向新加坡等东亚国家借鉴的教学方法，将要学的内容分为小单元，要求学生必须完全掌握了每一个单元的内容以后才能够学习下一个单元。
- MAT：Multi-academy Trust 的缩写，联合教育托管机构，开设连锁性质的独立托管学校。
- Predicted scores：预估分。英国的大学申请季是在 13 年级（即高中最后一年）的第一学期开始，而 A-level 最终考试是 13 年级的第三学期结束时（英国每学年为三个学期）。因此，在学生们申请大学的时候，他们只能提交任课老师对他们选择的课程的预测成绩。大学根据这一预测成绩发放有条件录取（conditional offer），明确对学生最终所取得的考试成绩的要求。
- Pre-U：由剑桥大学考评部和各大学专家共同研发的课程证书，可以作为 A-level 的替代课程，普遍认为其难度超过 A-level，我们可以将它理解为英国的大学先修课体系。
- Progress 8 measure：八门进步成绩值。是英国政府 2016 年全面实施的一项旨在监测学生从小学毕业到初中毕业这段时间的进步，将学生的成绩同那些起步阶段水平类似的学生相比较得出的进步分数。如果这个值是零，表示没有进步也没有退步，如果是＋，表明取得了进步，如果是－，表示退步了。
- PSHE：即 Personal, social, health and economic education，个人、社会、健康和经济教育，是英国教育部于 2000 年提出的一个综合课程。
- Pupil Premium：学生补助，这是英格兰学校为最弱势群体孩子提供的一定数量的补助。
- Russell Group：罗素集团，成立于 1994 年，由英国最顶尖的 24 所世界一流研究型大学组成，是全世界产生诺贝尔奖得主最多的名校联盟。
- SCITTs：school-centred initial teacher training 的缩写。以学校为中心的初始教师培训。
- School Direct：指学校与一些教师培训机构合作，委托他们招聘和培养老师，然后直接到学校就业。
- School sixth form：带高中的学校，可以是从幼儿园一直到高中，也可以是从 13 岁以后到高中的学校，类似我们的 12 年制学校或者完全中学。
- Sixth form colleges：指那些只为 16＋以上的学生提供高中或职业教育的学校。
- Specialist sixth-form maths free school：指获得大学直接支持的高中，一般专注于某个特定的专业，仅开设与这一专业相关的 A-level 课程，录取的学生需要在这一专业上有突出的表现。
- Sponsored academies：资助型独立托管学校。指 2002—2010 年第一拨独立托管学校成立热潮中成立的独立托管学校，一般表现欠佳。
- State school/State-funded school：公立学校。
- STEM = Science, technology, engineering, maths 的首字母缩写，泛指科学、技术、工程和数学这些理科专业。
- UCAS：Universities and Colleges Admissions Service 的缩写，即（英国）大学和学院

招生服务系统,相当于我们的高考志愿填报系统,但其所提供的服务更多。
- UCAS points/UCAS tariff:UCAS 将不同证书的不同成绩折合成点数,比如 A-level 一门课程 A* 相当于 56 个点,如果三门课程都是 A* 则折合成 168 个点。有些大学在录取要求中就会明确需要达到多少点才能够申请,相当于一个最低分数线。
- UKCAT = UK Clinical Aptitude Test The UCAT,即英国临床能力测试,2019 年被 UCAT 所取代(University Clinical Aptitude Test 大学临床能力测试),多数英国大学的医药或牙科专业的申请者需要参加这项考试。
- UTCs:University Technical Colleges 的缩写,大学技术学院,由大学开设的与就业更直接挂钩的职业技术学校。

参考文献

Acton Smith, M. (2015) *Calm*, Penguin.

ALCAB (2014) *The A-level Content Advisory Board Reports*, ALCAB.

All-Party Parliamentary Group on Education, Governance and Leadership (2015) *Twenty-one questions for multi-academy trusts*, APPG and NGA.

Allen, R., Parameshwaran, M. & Thomson, D., (2016) *Social and ethnic inequalities in choice available and choices made at age 16*, Social Mobility Commission.

Andrews, J., Hutchinson, J. & Johnes, R. (2016) *Grammar Schools and Social Mobility*, Education Policy Institute.

Armstrong, P. (2015) *Effective school partnerships and collaboration for school improvement: a review of the evidence*, DfE.

Ashley, L., Duberley, J., Sommerlad, H. & Scholarios, D. (2015) *A qualitative evaluation of noneducational barriers to the elite professions*, Social Mobility and Child Poverty Commission Report.

Atteberry, A., Loeb, S. & Wyckoff, J. (2013) *Do First Impressions Matter? Improvement in Early Career Teacher Effectiveness*, National Bureau of Economic Research.

Baars, S. *et al* (2014), *Lessons from London schools*, CfBT.

Belfield, C., Cribb, J., Hood, A. & Joyce, R. (2015) *Living standards, poverty and inequality in the UK 2015*, Institute for Fiscal Studies.

Berliner, D. C. (2014) 'Exogenous Variables and Value-Added Assessments: A Fatal Flaw', *Teachers College Record*, Volume 116.

Birbalsingh, K. (2011) *To miss with love*, Penguin.

Birbalsingh, K. (ed) (2016) *Battle Hymn of the Tiger Teachers: The Michaela Way*, John Catt.

Black, B. & Newton, P. (2016), 'Tolerating differences of opinion', Ofqual paper.

Blanden, J., Goodman, A., Gregg, P. & Machin, S. (2001) 'Changes in Intergenerational Mobility in Britain', Centre for Economic Performance.

Blanden, J., Gregg, P. & Machin, S. (2005) '*Intergenerational mobility in Europe and North America, Centre for Economic Performance*', LSE.

Blanden, J., Gregg, P. & Machin, S. (2005) '*Social Mobility in Britain*', CentrePiece.

Blanden, J., Gregg, P., & Macmillan, L. (2007) *Accounting for Intergenerational Income Persistence: Noncognitive Skills, Ability and Education*, LSE.

Blanden, J. (2009) *How much can we learn from international comparisons of intergenerational mobility?*, CEE DP 111, Centre for the Economics of Education.

Blanden, J. (2013) 'Social mobility matters, and the government can affect the mechanisms which promote it', LSE blogs, 4 November

Blanden, J., & Machin, S. (2007) *Recent Changes in Intergenerational Mobility in Britain*.

Blatchford, P., Chan, K., Galton, M., Lai, K. & Lee, J. (2017) *Class Size: Eastern and Western Perspectives*, Routledge.

Blatchford, P. (2003) *The Class Size Debate: Is Small Better?*, Open University Press.

Bloom, B. (1956) *Taxonomy of educational objectives: the classification of educational goals*, McKay.

Bolton, P. (2014) *Oxbridge elitism*, House of Commons Library

Bowes, L. et al (2015) *Understanding progression into higher education for disadvantaged and underrepresented groups*, Department for Business, Innovation and Skills.

British Educational Suppliers Association (2015) *Research report: ICT in UK State Schools 2015 – Vol I: Opinions and Trends*

Britton, J., Dearden, L., Shephard, N. & Vignoles, A. (2016) *What and where you study matter for graduate earnings–but so does parents' income*, Institute for Fiscal Studies.

Brophy, J. E. (1979) *Teacher behavior and its effects* (Occasional Paper No. 35). East Lansing, MI: Institute for Research on Teaching, Michigan State University.

Broughton, N. et al (2014) *Open Access*, Social Market Foundation.

Bruner, J. (1960) *The process of education*, Harvard University Press.

Buffardi, L. & Campbell, W. (2008) *Narcissism and social networking web sites*, Personality and Social Psychology Bulletin.

Bukodi, E., Goldthorpe, J. H., Waller, L. & Kuha, J. (2015) *The Mobility Problem in Britain: New Findings from the Analysis of Cohort Data*.

Bukodi, E., Erikson, R. & Goldthorpe, J. H. (2013) *The Effects of Social Origins and Cognitive Ability on Educational Attainment: Evidence from Britain and Sweden*.

Bukodi, E., Goldthorpe, J. & Waller, Kuha, J. (2014) 'The mobility problem in Britain: new findings from the analysis of birth cohort data', *British Journal of Sociology*.

Burgess, S. (2014) *Understanding the success of London's schools*, CPMO, University of Bristol.

Blanden, J. Greaves, E., Gregg, P., Macmillan, L. & Sibieta, L. (2015) *Understanding the improved performance of disadvantaged pupils in London*, Centre for the Analysis of Social Exclusion.

Burgess, N. (2016) *A tale of two counties*, King's College London.

Campbell, D. T. (1975) 'Assessing the impact of planned social change', in Lyons,

G. *Social Research and Public Policies*: The Dartmouth/OECD Conference.

Carter, A. (2015) *Carter Review of Initial Teacher Training*.

Carter, S., Greenberg, K. & Walker, M. (2016) *The Impact of Computer Usage on Academic Performance: Evidence from a Randomized Trial at the United States Military Academy*, SEII

Casey, L. (2016) *The Casey Review: a review into opportunity and integration*, HMSO.

Centre on dynamics of ethnicity (2013) *Addressing ethnic Inequalities in Social Mobility: Research findings from the CoDE and Cumberland Lodge Policy Workshop*, CODE.

Chingos, M. & Whitehurst, G. (2012) *Choosing blindly: instructional materials, teacher effectiveness and the common core*, Brookings.

Chua, A. (2011) *The Battle Hymn of the Tiger Mother*, Penguin.

Christian, D., Brown, C., & Benjamin, C. (2013) *Big History: between nothing and everything*, McGraw Hill.

Christodoulou, D. (2014) *Seven myths about education*, Routledge

Christodoulou, D. (2017) *Making Good Progress*? The future of Assessment for Learning, Oxford University Press.

Churchill, W. (1930) *My Early Life*, Thornton Butterworth Ltd.

Civitas (2015) *The Ins and Outs of Selective Secondary Schools: a debate*.

Clifton, J. & Cook, W. (2012) *A long division: Closing the attainment gap in England's secondary schools*, IPPR.

Clifton, J., Round, A. & Raikes, L. (2016) *Northern schools: putting education at the heart of the northern powerhouse*, Institute of Public Policy Research.

Coe, R. (2013)'Improving Education: A triumph of hope over experience', Inaugural Lecture of Professor Robert Coe, Durham University.

Coe, R., Aloisi, C., Higgins, S. & Elliot Major, L. (2014) *What makes great teaching? Review of the underpinning research*, Sutton Trust.

Coleman, J. S. et al (1966) *Equality of educational opportunity*, National Center for Educational Statistics.

Cook, C. (2013)'Grammar School Myths', *Financial Times*, 28 January, 2013.

Cook, C. (2016) 'Why not bring back grammar schools?' BBC news report, 14 July 2016.

Cordingley, P., Higgins, S., Greany, T., Buckler, N., Coles-Jordan, D., Crisp, B., Saunders, L. & Coe, R. (2015) *Developing Great Teaching: Lessons from the international reviews into effective professional development*, Teacher Development Trust.

Crawford, C. (2014) *Secondary schools characteristics*, HE participation and outcomes, 2014, Institute for Fiscal Studies.

Crawford, C. (2014) *Socio-economic differences in university outcomes in the UK: drop-*

out, degree completion and degree class, IFS.

Crehan, L. (2016) *Cleverlands: the secrets behind the success of the world's education superpowers*, Unbound.

Cribb, J. (2013) *Income inequality in the UK*, The Institute for Fiscal Studies.

Cullinane, C. & Kirby, P. (2016) *Class differences: Ethnicity and disadvantage*, Sutton Trust.

Cultural Learning Alliance (2017) *ImagineNation: the value of cultural learning*.

Cummings, D. (2013) 'Some thoughts on education and political priorities', *The Guardian*, 11 October 13.

Department for Education (2010) *The Case for Change*, London, DfE

Department for Education (2011) *The framework for the National Curriculum*. A report by the expert panel for the National Curriculum Review.

Department for Education (2014) *Governors' Handbook*.

Department for Education (2016) *Revised A level and other level 3 results in England*.

Department for Education (2016) *Revised GCSE and equivalent results in England*.

Department for Education (2016) *Schools, pupils and their characteristics*, National Statistics.

Department for Education (2016) *Specialist and non-specialist teaching in England: extent and impact on student incomes*.

Department for Education (2016) *National statistics: Participation in education, training and employment: 2015*.

Department for Education (2016) *Multi-academy trust performance measures: 2014 to 2015*.

Department for Education (2017) *Revised GCSE and equivalent results in England, 2015 to 2016*.

Dewey, J. (1897) 'My pedagogic creed', *School Journal*, vol. 54.

Dewey, J. (1907) *The school and society*, University of Chicago.

Dewey, J. (1916) *Democracy and Education*, Macmillan.

Duncker, K. (1935) *The psychology of productive thought*, Oxford.

Durlak J., Weissberg R., Dymnicki A., Taylor R. & Schellinger K. (2011) 'The impact of enhancing students' social and emotional learning: a meta-analysis of school-based universal interventions', *Child Dev 82*.

Dweck, C. (2007) *Mindset*, Random House.

Education Endowment Foundation (2016) *Testing the impact of project based learning in secondary schools*.

Elliott, G., Rushton, N., Darlington, D. & Child, S. (2015) *Are claims that the GCSE is a white elephant red herrings?* Cambridge Assessment.

Elston, J. (2013) *Technology in the Classroom: survey results*, CIE

Engleberg, E., and Sjoberg, L. (2004) *Internet use, social skills and adjustment,*

Cyberpsychology and Behaviour.

Erikson, R., Goldthorpe, J. H. & Portocarero, L. (2010) *Intergenerational Class Mobility and the Convergence Thesis: England, France and Sweden.*

Erikson, R., & Goldthorpe, J. H. (2006) *Trends in Class Mobility: The Post-war European Experience.*

Evans, G. (2006) *Educational failure and white working class children in Britain*, Palgrave Macmillan.

Eyles, A., Machin, S. & Silva, O. (2015) Academies 2: the new batch, CEP Discussion Papers, LSE.

Robert W. Fairlie, R. & Kalil, A. (2016) *The Effects of Computers on Children's Social Development and School Participation: Evidence from a Randomized Control Experiment*, NBER.

Fellows, E. (2017) *The Two Cultures: Do schools have to choose between the EBacc and the arts?* New Schools Network.

Feltovich, P., Prietula, M. & Anders Ericsson, K. (2006) 'Studies of expertise from psychological perspectives', in Anders Ericsson, K. *et al* (eds) *The Cambridge Handbook of Expertise and Expert Performance*, eds, CUP.

Finn, J. D. & Achilles, C. M. (1990) 'Answers and questions about class size: A statewide experiment', *American Educational Research Journal*, 27.

Foreman, A. (2015) 'In pill-popping America even shyness is a medical condition', *The Sunday Times*, 22 March 2015.

Gates Foundation (2010) *Learning about Teaching: Initial findings from the Measures of Effective Teaching Project.*

Bill and Melinda Gates Foundation (2012) *Ensuring Fair and Reliable Measures of Effective Teaching*, Measures of Effective Teaching (MET), Project research paper, 2012.

Gill, T. (2016) *Assessing the equivalencies of the UCAS tariff for different qualifications*, Cambridge Assessment.

Goldthorpe, J. (1987) *Social mobility and class structure in modern Britain*, Clarendon Press.

Goldthorpe, J. & Jackson, M. (2007) 'Intergenerational class mobility in contemporary Britain: political concerns and empirical findings', *British Journal of Sociology*, 58.

Goldthorpe, J. & Mills, C. (2008) 'Trends in Intergenerational Class Mobility in Modern Britain: Evidence from National Surveys, 1972—2005', *National Institute Economic Review*, 205(1): 83–100.

Goldthorpe, J. (2012) *Understanding-and misunderstanding-social mobility in Britain: the entry of the economists, the confusion of politicians and the limits of educational policy*, Barnet Papers in Social Research, Department of Social Policy and Intervention, Oxford.

Good, F. J. & Cresswell, M. J. (1988) *Grading the GCSE*, London: Secondary Examinations Council.

Goodwin, K. (2016) Every Chance to Learn website.

Gorard, S. (2016) 'The complex determinants of school intake characteristics and segregation, England 1989 to 2014', *Cambridge Journal of Education*.

Gorard, S., Hordosy, R. & See, B. H. (2013) 'Narrowing down the determinants of between-school segregation an analysis of the intake to all schools in England, 1989–2011', *Journal of School Choice: International Research and Reform*

Greany, T., Barnes, I., Mostafa, T., Pensiero, N. & Swensson, C. (2016) *Trends in Maths and Science Study (TIMSS): National Report for England Research report*, DfE.

Greaves, E., Macmillan, L. & Sibieta, L. (2014) *Lessons from London schools for attainment gaps and social mobility*, Social Mobility and Child Poverty Commission.

Greenfield, S. (2014) *Mind Change*, Penguin.

Gregg, P., Macmillan, L. & Vittori, C. (2014) *Moving Towards Estimating Lifetime Intergenerational Economic Mobility in the UK*.

Hall, J., Lindorff, A. & Sammons, P. (2016) *Evaluation of the Impact and Implementation of Inspire Maths in Year 1 Classrooms in England*, University of Oxford.

Hanushek, E. (2011) 'Valuing teachers: how much is a good teacher worth?' *Education Next*, Summer 2011, Vol 11.

Hart, B. & Risley, T. R. (1995) *Meaningful Differences in the Everyday Experiences of Young American Children*, Baltimore, MD: Brookes Publishing.

Hattie, J. (2009) *Visible learning: a synthesis of over 800 meta-analyses relating to achievement*, Routledge.

Hattie, J. (2012) *Visible Learning for Teachers*, Routledge.

Haydn, T. (2001) 'From a Very Peculiar Department to a Very Successful School: transference issues arising out of a study of an improving school', School Leadership & Management

HEFCE (2015) *Differences in degree outcomes: The effect of subject and student characteristics*.

HEFCE (2015) *Young participation in higher education A-levels and similar qualifications*.

Higgins, S., Katsipataki, M., Kokotsaki, D., Coleman, R., Major, L. E., & Coe, R. (2013) *The Sutton Trust-Education Endowment Foundation Teaching and Learning Toolkit*, London: Education Endowment Foundation.

Higgings, S., Xiao, Z. and Katsipataki, M. (2012) *The impact of digital technology on learning*, Education Endowment Foundation.

Hill, A., Mellon, L., Laker, B., & Goddard, J. (2016) 'How to Turn Around a Failing

School', *Harvard Business Review*.

Hill, A., Mellon, L., Laker, B. & Goddard, J. (2016) 'The One Type of Leader Who Can Turn Around a Failing School, *Harvard Business Review*, October 2016.

Hillman, N. & Robinson, N. (2016) *Boys to Men: The underachievement of young men in higher education-and how to start tackling it*, HEPI.

Hirsch, E. D. (1987) *Cultural literacy: what every American needs to know*, Houghton Mifflin.

Hirsch, E. D. (1996) *The schools we need and why we don't have them*, Anchor.

Hirsch, E. D. (2009) *The making of Americans*, Yale University Press.

Hirsch, E. D. (2016) *Why knowledge matters: rescuing our children from failed educational theories*, Harvard Education Press.

Hood, M. (2016) *Beyond the Plateau*, IPPR

House of Commons Education Committee (2014) *Underachievement in Education by White Working Class Children*.

Hutchinson, J. & Dunford, J. (2016) *Divergent Pathways: the disadvantage gap, accountability and the pupil premium*, Education Policy Institute.

Hutchinson, J. (2016) *School Inspection in England: is There Room to Improve?*, EPI.

Iannelli, C. (2014) 'Widening access to higher education: social inequalities in school subject choices matter', *British Journal of Sociology of Education*.

Iannelli, C. (2013) 'The role of the school curriculum in social mobility', *British Journal of Sociology of Education*.

Independent Schools Council (2017) Annual Census.

James, O. (2007) *Affluenza*, Vermillion.

Jacques S., Berkowitz, M., Kuehn, P. & Smith, K. (2003) 'The relationship of character education implementation and academic achievement in elementary schools', *Journal of Research in Character Education*.

Jerrim, J., Vignoles, A., Lingam, R. & Friend, A. (2014) 'The Socio-economic Gradient in Children's Reading Skills and the Role of Genetics', *British Educational Research Journal*, 41.

Jerrim, J. & Shure, N. (2016) *Achievement of 15-Year-Olds in England: PISA 2015 National Report*, DfE.

Jerrim, J. (2017) *Global gaps: comparing socio-economic gaps in the performance of highly able UK pupils internationally*, Sutton Trust.

Jepsen, C. & Rivkin, S. (2002) *Class Size Reduction, Teacher Quality, and Academic Achievement in California Public Elementary Schools*, Public Policy Institute of California.

Kidscape (2011) *Young people's cyber life survey*.

Krasnova, H., Wenninger, H., Widjaja, T. & Buxmann, P. (2013) *Envy on Facebook: a hidden threat to users' life satisfaction?* International Conference on

Wirtschaftsinformatik (WI). Leipzig, Germany.

Kuczera, M., Field, S. & Windisch, H. (2016) *Building skills for all: a review of England*, OECD Skills Series.

Kynaston, D. & Kynaston, G. (2014) 'The 7% problem', *New Statesman*, 6 February 2014.

Lambert, P., Prandy, K. & Bottero, W. (2008) 'By slow degrees: two centuries of social reproduction and mobility in Britain', *Sociological Research Online*, 13(1).

Laurison, D. & Friedman, S. (2015) *Introducing the Class Ceiling: Social Mobility and Britain's Elite Occupations*.

LeBlanc, J. (2012) *Cyberbullying and suicide: a retrospective analysis of 22 cases*, American Academy of Pediatrics.

Lemov, D. (2010) *Teach like a champion*, Jossey-Bass.

Lemov, D. (2012) *Teach like a champion field guide*, Jossey-Bass.

Lemov, D., Woolway, E. & Yezzi, K. (2012) *Practice Perfect: 42 rules for getting better at getting better*, Wiley.

Lessof, C., Ross, A., Brind, R., Bell, E. & Newton, S. (2016) *Longitudinal Study of Young People in England cohort 2: health and wellbeing at wave 2*, DfE.

Li, Y. & F. Devine (2011) 'Is social mobility really declining? Intergenerational class mobility in Britain in the 1990s and the 2000s', *Sociological Research Online*, 16(3)

Lindley, J. & Machin, S. (2012) *The Quest for More and More Education: Implications for Social Mobility*.

Lukianoff, G. & Haidt, J. (2015) 'The coddling of the American mind', *The Atlantic*.

McAfee (2010) *The secret online lives of teens*, McAfee.

McGregor, D. (1960) *The Human Side of Enterprise*, McGraw-Hill.

Macmillan, L. (2009) *Social Mobility and the Professions*.

McKinsey and Company (2007) *How the world's best-performing school systems come out on top*.

McKinsey and Company (2010) *How the world's most improved school systems keep getting better*.

McKnight, A. (2015) *The glass floor*, Social Mobility and Child Poverty Commission.

McNally, S. (2015) *Schools: the evidence on academies, resources and pupil performance*, LSE.

McNally, S., Ruiz-Valenzuela, J., and Rolfe, H. (2016) *ABRA: Online Reading Support Evaluation report and executive summary*, EEF

Mangen, A. & Balsvik, L. (2016) 'Pen or keyboard in beginning writing instruction? Some perspectives from embodied cognition', *Trends in Neuroscience and Education*.

Mangen, A. & van der Weel, A. (2016), The evolution of reading in the age of digitization: an integrative framework for reading research, Literacy, John Wiley.

Mangen, A. (2016) The Digitization of Literary Reading, *Orbus Litterarum*.

Martin, I. (2016) 'Why Clinton and the smug liberals lost the culture war', *Reaction*, 12 November 2016.

Matthews, P. (2009) *Twelve outstanding secondary schools*, Ofsted.

Matthews, P. (2009) *Twenty outstanding primary schools: Excelling against the odds*, Ofsted

Matthews, P., Rea, S., Hill, R. & Gu, Q. (2014) *Freedom to lead: a study of outstanding primary school leadership in England*, NCTL.

Mauri, M., Cipresso, P., Balgera, A., Villamira, M. & Riva, G. (2011) 'Why is Facebook so successful?' *Cyberpsychology, Behavior, and Social Networking*, Vol. 14.

Medrich, E. A. (1992) *International mathematics and science assessment: what have we learned?*, US Department of Education Office of Educational Research and Improvement.

Moss, G., & Washbrook, E. (2016) *The Lost Boys*, Save the Children.

Moss, G. & Washbrook, E. (2016) *The Gender Gap in Language and Literacy Development*. Bristol: University of Bristol.

Mueller, P. A. & Oppenheimer, D. M. (2014) 'The Pen is Mightier Than the Keyboard: Advantages of Longhand Over Laptop Note Taking', *Psychological Science*, 1–10.

Ndaji, F., Little, J., & Coe, R. (2016) *A comparison of Academic Achievement in Independent and State Schools*, Centre for Evaluation and Monitoring, Durham University

Niven, J., Faggian, A. & Ruwanpura, K. (2013) 'Exploring "Underachievement" among highly educated young British-Bangladeshi women', *Feminist Economics*, 19.

O'Shaughnessy, J. (2016) *A tide that lifts all boats: a response to the Green Paper*, Legatum Institute.

Oates, T. (2014) *Why textbooks count*, Cambridge Assessment.

Oates, T. (2015) *Finnish fairy stories*, Cambridge Assessment.

OECD (2013) *OECD Skills Outlook 2013: First Results from the Survey of Adult Skills*, OECD Publishing; Paris.

OECD (2014) 'Are grouping and selecting students for different schools related to students' motivation to learn?' *PISA in Focus* 39, OECD.

OECD (2015) *Education at a Glance*, OECD indicators.

OECD (2015) *The ABC of Gender Equality in Education: Aptitude, Behaviour, Confidence*, PISA.

OECD (2016) *Education at a Glance*, 2016.

OECD (2016) *Society at a Glance*, 2016.

OECD (2016) *Programme for international student assessment results from PISA 2015*.

Office for National Statistics (2016) *Families and Households in the UK*, 2016 *Statistical Bulletin*.

Office for National Statistics (2017) *Household disposable income and inequality in the UK: financial year ending 2016.*

Ofqual (2015) *Comparability of different GCSE and A level subjects in England: an introduction.*

Ofqual (2016) *Using differential step functioning analysis and Rasch modelling to investigate interboard comparability of examination standards in GCSE*, Ofqual.

Ofqual (2016) *Marking consistency metrics*, Ofqual.

Ofsted (2008) *White boys from low income backgrounds: good practice in schools*

Ofsted (2009) *Twenty outstanding primary schools: excelling against the odds.*

Ofsted (2009) *Twelve outstanding secondary schools: excelling against the odds.*

Ofsted (2016) *Annual Report 2015/16.*

Oliver, B. & Plomin, R. (2007) Twins Early Development Study (TEDS): A multivariate, longitudinal genetic investigation of language, cognition and behaviour problems from childhood through adolescence, *Twin Research and Human Genetics*, 10.

Ouston, J. (1999) 'School effectiveness and school improvement: Critique of a movement', in Bush, T., Bolam, R., Glatter, R. and Ribbins, P. (eds) *Educational Management: Redefining theory, policy and practice*, London: Paul Chapman.

Paterson, L. & Iannelli, C. (2007) 'Patterns of absolute and relative social mobility: a comparative study of England, Wales and Scotland', *Sociological Research Online*, 12 (6).

Peal, R. (2016) *Early Modern Britain 1509-1760*, HarperCollins.

Pearson (2016) *Global survey of educator effectiveness.*

Perera, N. & Treadaway, M. (2016) *Education in England: Annual Report 2016*, CentreForum.

Pink, D. (2011) *Drive: the surprising truth about what motivates us*, Canongate Books.

Policy Exchange Integration hub (2016) http://www.integrationhub.net/module/education/

Porter, N. & Simons, J. (2014) *Five reasons why a return to grammar schools is a bad idea*, Policy Exchange.

Porter, N. & Simons, J. (2015) *A rising tide: the competitive benefits of free schools*, Policy Exchange.

Power, S., Whitty, G. & Sims, S. (2013) *Lasting benefits: the long-term legacy of the Assisted Places Scheme*, Sutton Trust.

Rasbash, J., Leckie, G., Pillinger, R. & Jenkins, J. (2010) 'Children's educational progress: partitioning family, school and area effects', *Journal of the Royal Statistical Society*, 173.

Recht, D. & Leslie, L. (1988) 'Effect of prior knowledge on good and poor readers' memory of text', *Journal of Educational Psychology*, 80.

Reeves, R. (2016) *How much social mobility do people really want*, Brookings Brief.

Robinson, M. (2013) *Trivium 21c: preparing young people for the future with lessons from the past*, Independent Thinking Press.

Robinson, M. (2016) *Trivium in practice*, Independent Thinking Press.

Roediger, H. L. & Karpicke, J. D. (2006) 'Test-enhanced learning: Taking memory tests improves long-term retention', *Psychological Science*, 17(3).

Ruiz-Valenzuela, J. & McNally, S. (2016) *An Evaluation of Teaching Assistant-Based Small Group Support for Literacy*, EEF.

Sahlgren, G. (2015) *Real Finnish lessons*, Centre for Policy Studies.

Saunders, P. (2010) *Social Mobility Myths*, Civitas.

Sammons, P., Mortimore, P. & Hillman, J. (1995) *Key characteristics of effective schools*, Ofsted and the Institute of Education.

Sammons, P., Kington, A., Lindorff-Vijayendran, A. & Ortega, L. (2014) *Inspiring teachers: perspectives and practices*, CfBT.

Sammons, P., Toth, K. & Sylva, K. (2015) *Subject to Background: what promotes better achievement for bright but disadvantaged students?* University of Oxford Department of Education.

Savage, M. (2015) *Social class in the 21st Century*, Pelican.

Sax, L. (2005) *Why gender matters*, Potter/Ten Speed/Harmony.

Sax, L. (2007) *Boys Adrift*, Basic Books.

Scherger, S. & Savage, M. (2010) *Cultural Transmission, Educational Attainment and Social Mobility*.

Schmidt, J., Shierholz, H. & Mishel, L. (2013) *Don't Blame The Robots: Assessing the Job Polarisation Explanation of Growing Wage Inequality*.

Schurtz, M. *et al* (2015) 'Clarifying the role of mind areas during visual perspective taking: issues of spontaneity and domain specificity', *NeuroImage*, 117.

Siegler, R. & DeLoache, J. (2003) *How children develop*, New York: Worth.

Seldon, A. & Hupkau, C. (2014) *Schools United*, Social Market Foundation.

Serafino, P. & Tonkin, R. (2014) *Intergenerational transmission of disadvantage in the UK & EU*, ONS.

Simons, J. (2016) 'Forget mavericks, we need 'factory schooling', *Times Educational Supplement*, 3 June 2016.

Shakeshaft, N., Trzaskowski, M., McMillan, A., Rimfeld, K., Krapohl, E., Haworth, C., Dale, P., & Plomin, R. (2013) *Strong Genetic Influence on a UK Nationwide Test of Educational Achievement at the End of Compulsory Education at Age 16*, PLOS One.

Shaw, B., Menzies, L., Bernardes, E., Baars, S., Philip Nye, N. & Allen R. (2016) *Ethnicity, Gender and Social Mobility*, Social Mobility Commission.

Slater, H., Davies, N, & Burgess, S. (2009), *Do teachers matter? Measuring the variation in teacher effectiveness in England*, Centre for Market and Public Organisation Working Series.

Slater, J. (1992) *The Zulu Principle: Making Extraordinary Profits from Ordinary Shares*, Orion.

Smith, J. (2000) *The Learning Game*, Little Brown.

Snowden, C. (2015) *Income inequality: the facts*, IEA.

Social Mobility and Child Poverty Commission (2015) *State of the Nation*.

Social Mobility and Child Poverty Commission (2015) *Social and Emotional Learning: Skills for Life and Work*.

Social Mobility and Child Poverty Commission (2015) *Downward Mobility, Opportunity Hoarding and the Glass Floor*.

Social Mobility and Child Poverty Commission (2015) *Non-educational Barriers to the Elite Professions Evaluation*.

Social Mobility Commission (2016) *Socio-economic diversity in life sciences and investment banking*.

Social Mobility Commission (2016) *State of the Nation 2016: social mobility in Great Britain*.

Sparrow, B., Liu, J. & Wegner, D. (2011) 'Google Effects on Memory: cognitive consequences of having information at our fingertips', *Science*, 333.

Stevenson, H. & Stigler, J. (1992) *The Learning Gap: why our schools are failing and what we can learn from Japanese and Chinese education*, Summit Books.

Strand, S. (2010) 'Do some schools narrow the gap? Differential school effectiveness by ethnicity, gender, poverty and prior attainment', *School Effectiveness and School Improvement*, 21.

Strand, S. (2011) 'The Limits of Social Class in Explaining Ethnic Gaps in Educational Attainment', *British Educational Research Journal*, 37.

Strand, S. (2015) *Ethnicity, deprivation and educational achievement at age 16 in England: trends over time*, DfE.

Strand, S. (2013) *What accounts for ethnic achievement gaps in secondary schools in England?* BERA Insights, Issue 4, British Educational Research Association.

Strand, S. (2014c) Written evidence submitted to the House of Commons Education Select Committee inquiry into Underachievement in Education by White Working Class Children.

Strand, S. (2014) 'Ethnicity, gender, social class and achievement gaps at age 16: Intersectionality and 'Getting it' for the white working class', *Research Papers in Education*, 29.

Strand, S. (2014b) 'School effects and ethnic, gender and socio-economic gaps in educational achievement at age 11', *Oxford Review of Education*, 40, (2), 223-245.

Strand, S. (2014c) *Mind the gap: An analysis of the FSM gap in Buckinghamshire*

County Council. Buckinghamshire: Buckinghamshire County Council.

Strand, S., & Demie, F. (2005) 'English language acquisition and educational attainment at the end of primary school', *Educational Studies*, 31, (3), 275–291.

Strand, S. & Demie, F. (2006) 'Pupil mobility, attainment and progress in primary school', *British Educational Research Journal*, 32, (4), 551–568.

Strand, S., & Fletcher, J. (2014) *A Quantitative Analysis of Exclusions from English Secondary Schools*. University of Oxford: Department for Education.

Strand, S., & Lindsay, G. (2009) 'Evidence of ethnic disproportionality in special education in an English population', *Journal of Special Education*, 43(3), 174–190.

Strand, S., De Coulon, A., Meschi, E., Vorhaus, J., Ivins, C., Small, L., Sood, A., Gervais, M. C. & Rehman, H. (2010). *Drivers and challenges in raising the achievement of pupils from Bangladeshi, Somali and Turkish backgrounds (Research Report DCSF-RR226)*. London: Department for Children School and Families.

Strand, S., Malmberg, L. & Hall, J. (2015) *English as an Additional Language (EAL) and educational achievement: An analysis of the National Pupil Database*. London: Educational Endowment Fund.

Sturgis, P. & Buscha, F. (2015) *Increasing Inter-generational Social Mobility: Is Educational Expansion the Answer?*

Sullivan, A, Parsons, S., Wiggins, R., Heath, A. & Green, F. (2014) 'Social origins, school type and higher education destinations', *Oxford Review of Education*, Vol. 40.

Sutton Trust (2010) *Education mobility in England*.

Sutton Trust (2011) *Improving the impact of teachers on pupil achievement in the UK*.

Sutton Trust (2012) *State funded places in independent schools before 1976*.

Sutton Trust (2013) *Lasting Benefits: the long-term legacy of the Assisted Places Scheme*, Sutton Trust.

Sutton Trust (2013) *Selective Comprehensives*.

Sutton Trust (2015) *Private pay progression*.

Sutton Trust (2016) *Believing in Better*.

Swinney, P. & Williams M. (2016) *The great British brain drain: where graduates move and why*, Centre for Cities.

Tiggemann, M, & Miller, J. (2010) 'The internet and adolescent girls' weight satisfaction and drive for thinness', *Sex Roles*, Vol. 63.

Tinsley, T. & Board, K. (2016) *Language Trends 2015/16: the state of language learning in primary and secondary schools in England*, Education Development Trust.

Tomsett, J. (2015) *This Much I Know About Love Over Fear ... Creating a Culture for Truly Great Teaching*, Crown House

Tomsett, J. (2017) *This Much I Know About Mind Over Matter ... Improving Mental Health in Our Schools*, Crown House.

Tough, P. (2013) *How children succeed: grit, curiosity and the hidden power of character*, Random House.

Tough, P. (2016) *Helping children succeed: what works and why*, Random House.

Turkle, S. (2012) *Alone Together: why we expect more from technology and less from each other*, Basic Books.

Twenge, J., Konrath, S., Foster, J., Campbell, W. & Bushman, B. (2008) 'Egos inflating over time: a cross-temporal meta-analysis of the narcissistic personality inventory', *Journal of Personality*. UCAS (2016) *End of cycle report*, 2016.

Wakefield, M. (2013) 'Revealed: how exam results owe more to genes than teaching', *The Spectator*, 27 July 2013.

Warwick Commission (2015) *Enriching Britain: culture, creativity and growth*.

Waldfogel, J. & Reardon, S. (2016) *International Inequalities*, Sutton Trust.

Waldman, M., Nicholson, S. & Adilov, N. (2006) *Does television cause autism?* National Bureau of Economic Research.

Walker, S. (2016) *The Tribe Effect: measuring the non-cognitive impacts of state day, independent day and boarding education*, Mind. World

Washbrook, E. (2010) *Early Environments and Child Outcomes: An Analysis*, Commission for the Independent Review on Poverty and Life Chances.

Waterhouse, L. (2006) 'Inadequate evidence for multiple intelligences', *Educational Psychologist*.

Waters, M. (2013) *Thinking aloud on schooling*, Independent Thinking Press

Willingham, D. (2005) 'Ask the cognitive scientist: Question: What does cognitive science tell us about the existence of visual, auditory and kinesthetic learning?' *American Educator*.

Willingham, D. (2007) 'Critical thinking: why is it so hard to teach?' *American Educator*.

Wolf, A. (2011) *Review of Vocational Education-The Wolf Review*, Department for Education and Department for Business, Innovation & Skills.

Woodworth, J. *et al* (2015) Online charter school study, Center for Research on Education Outcomes.

Young, M. (1958) *The Rise of the Meritocracy*, Thames and Hudson.